Michael Röger

Alles aus Lebkuchen

Rezepte · Motive · Vorlagen · Dekoration

Augustus Verlag

Weihnachten auf den Bahamas, Weihnachten im sonnigen Süden! Man liest es – eigentlich mit Befremden. Was ist das alles schon gegen Weihnachten zu Hause, den stillen Schein der Adventskerzen an langen, dunklen Abenden, das Verpacken von Geschenken, das geheimnisvolle Treiben! Was ist das schon gegen den süßen Duft von Gebäck, der einen empfängt, wenn man das Haus betritt, durchnäßt und durchgefroren! Lebkuchen heißt das Zauberwort, das uns die Tür zur Adventszeit öffnet.

Lebkuchen haben eine lange Tradition, und was kann man nicht alles aus ihnen machen! Große runde Taler, Schnitten, Lebkuchenherzen, mit Schokoladen-, mit Zuckerguß, bunt verziert mit Liebesperlen und Mandeln für die, die nicht soviel Zeit haben, Figuren – von Engeln bis zu lustigen Weihnachtsmännern – für die, die gerne etwas Besonderes machen wollen, und nicht zuletzt Knusperhäuschen für alle, die ein bißchen mehr Mut haben.
All das finden Sie in diesem Buch, dazu hervorragende, erprobte Rezepte mit Weißmehl, Vollkornmehl und speziell für den Diabetiker. Alle Anleitungen sind gut verständlich, für Verzierung und Bemalung müssen Sie kein Künstler sein, nur ein bißchen Liebe zum Detail und Entspannung sollten Sie mitbringen. Übrigens, auch Ihren Kindern wird es nicht schwerfallen, nach diesem Buch zu backen und zu gestalten. Überraschen Sie Ihre Freunde und Bekannten mit kleinen Geschenken aus Lebkuchen, und schaffen Sie damit Weihnachtsstimmung!

Viel Erfolg wünscht Ihnen dabei Ihr

Michael Röger

Inhalt

Einleitung

Gegenüberliegende Seite: Modeln mit der Darstellung eines Narrenpaares. Winnerdonk, 18. Jahrhundert.

Jedes Jahr im Winter, wenn das Weihnachtsfest vor der Tür steht, werden Lebkuchen gebacken, verschenkt und verzehrt. Obwohl es also eine feste Tradition zu sein scheint, gerade zum Fest der Geburt Christi Lebkuchen auf den Tisch zu bringen, gehen die Anfänge der Leb- oder Honigkuchenbäckerei bis weit in die vorchristliche Zeit zurück.

Schließlich war der Honig einer der ersten für den Menschen verfügbaren Süßstoffe, und es wurde sogar bei der Öffnung ägyptischer Gräber mehrere Jahrtausende altes Honiggebäck gefunden.

Auch die Gestaltung von Backwaren hat eine lange Geschichte, denn oft wurde Gebackenes als Opfer- oder Festgabe verwendet, und was lag näher, als der Opfergabe eine symbolische Gestalt zu verleihen? Nicht erst die alten Germanen haben, um ihrem Gebild-Brot eine Form zu geben, den Teig in Modeln aus Holz oder Ton gepreßt, da sich durch diese Art der Formgebung die Gestalt beim Backen nur unwesentlich verzerren kann.

Doch von einem typischen Lebkuchen oder Lebzelter kann man eigentlich erst sprechen, wenn er aus „gesottenem" Teig zubereitet worden ist. Das Sieden meint hierbei das Aufkochen des Honigs oder eines anderen Süßstoffes mit Wasser oder Milch und das anschließende Erwärmen auf Körpertemperatur. Dann erst wird er mit Mehl zu einem Teig verrührt.

Aus dem Mittelalter gibt es kaum Hinweise auf die Lebkuchenbäckerei; es scheint aber, daß vor allem in Klöstern und an Fürstenhöfen Honigkuchen hergestellt worden sind.

Die Formen für den Teig wurden erst ab dem 16. Jahrhundert vorwiegend in Holz geschnitzt. Sie lösten die bis dahin verwendeten Modeln aus gebranntem Ton ab.

In und um Nürnberg entwikkelte sich rasch das Kunsthandwerk der Modelschnitzerei, da sowohl aus der Nürnberger Gegend viel Honig zu beziehen war, als auch Nürnberg selbst ein wichtiger Treffpunkt vieler Verkehrswege war und somit ein Zentrum des Gewürzhandels. Denn erst die Gewürze machten aus dem eher faden Honigkuchen den vollmundigen Lebkuchen, der ja auch den Namen Pfefferkuchen trägt.

Natürlich beschränkte sich die Lebkuchenherstellung nicht nur auf den Nürnberger Raum, aber noch immer denkt man beim Namen dieser Stadt an das weihnachtliche Gebäck. So gilt auch heute noch das Prädikat „Nürnberger Lebkuchen" als Qualitätsmerkmal.

Doch in der einschlägigen Literatur finden sich inzwischen beinahe vier Dutzend regional unterschiedliche Lebkuchensorten erwähnt, angefangen bei „Aachener Printen" bis hin zu „Zürcher Tirggel". Solch eine Aufzählung umfaßt aber nicht alle möglichen Rezepturen und Formen, denn gerade in ländlichen Gegenden gibt es wohl auch heute noch unzählige Familientraditionen bei der Herstellung von Lebkuchen.

Wenn man die Vielzahl der Zubereitungsmöglichkeiten betrachtet, scheint es nicht verwunderlich, daß der Beruf des Lebkuchenbäckers stets hoch angesehen war. Sind es heutzutage die Konditoren, die sich dem Lebkuchen widmen, so gibt es in Österreich noch immer den Beruf des Lebzeltermeisters.

Model mit einer Darstellung der Mutter Maria. Kevelaer.

7

Lebkuchenrezepte

Vorhergehende Doppelseite: Diabetiker-Lebkuchen.

Mandel-Honigkuchen

Zutaten:
500 g Bienenhonig
200 g Weizenmehl
100 g Roggenmehl
150 g fein geriebene helle Biskuitbrösel
200 g fein geriebene braune Mandeln
100 g Zitronat, ganz fein
100 g Orangeat, ganz fein
100 g Rosinen
10 g Lebkuchengewürz
10 g Pottasche in ca.
30 g Milch auflösen

Zubereitung:
Den Honig warm auflösen, auf Körpertemperatur abkühlen lassen und zusammen mit den anderen Zutaten zu einem Teig verkneten. Dann ca. 3 cm dick ausrollen, mit einem Rahmen aus Aluminiumfolie umwickeln, anschließend backen.
Backtemperatur: 175° C (Gas: Stufe 2)
Backzeit: ca. 25 Min.
Nach dem Backen dünn mit Eiweißglasur (Rezept S. 20) bestreichen, dann mit Hagelzucker bestreuen.
Die Mandel-Honigkuchen wirken besonders schön, wenn sie rautenförmig zugeschnitten werden.

Mein Tip **Die Lebkuchen nach dem Backen sofort auf ein Gitter abschieben, damit sie gleichmäßig abkühlen und nicht von unten naß werden.**

Mit Hagelzucker verzierte Mandel-Honigkuchen.

Honigkuchenteig für Formlebkuchen

Dieser Teig wird für die meisten der Rezepte benötigt, da er die Geschmeidigkeit besitzt, die wir zur Herstellung dekorativer Lebkuchenformen benötigen.
Wenn Sie viele oder schwierige Schnitte durchzuführen haben, sollten Sie den Teig vorher für kurze Zeit ins Gefrierfach legen, damit er sich leichter mit dem Messer bearbeiten läßt.
Wenn er dann ausgebacken ist, und Sie die Lebkuchen trotzdem noch nachbearbeiten möchten, nehmen Sie am besten eine Küchenreibe und glätten die Kanten mit den feinen Zähnen. Ebenso können Sie mit einem harten Sandpapier arbeiten.

Zutaten:
500 g Honig
100 g Zucker
450 g Weizenmehl
150 g helles Roggenmehl
10 g Hirschhornsalz
30 g Milch
2 Eigelbe
20 g Lebkuchengewürz

Zubereitung:
Honig und Zucker erwärmen, das Hirschhornsalz in der Milch auflösen und alle Zutaten zu einem glatten Teig verkneten. Vor dem Verarbeiten den Teig für 24 Std. im Kühlschrank ruhen lassen.
Backtemperatur: 175° C (Gas: Stufe 2)
Backzeit: ca. 20 Min.

Lebkuchenleckerli

Zutaten:
200 g Honig
100 g Farinzucker
1 Päckchen Vanillezucker
1 Päckchen Lebkuchengewürz
100 g Butter
50 g Zitronat, gehackt
50 g Orangeat, gehackt
75 g braune Nüsse, gehackt
75 g braune Mandeln, gehackt
500 g Weizenvollkornmehl
1/2 Päckchen Backpulver
2 Eier

Zubereitung:
Den Honig mit dem Zucker warm auflösen, auf Körpertemperatur abkühlen lassen und mit den restlichen Zutaten gut glattkneten. Auf ca. 1 cm Dicke ausrollen, mit 1 zusätzlichen Ei bestreichen.
Die Oberfläche in ca. 3x2 cm große Stücke aufgeteilt markieren. Je nach Lust und Laune mit Mandeln, Haselnüssen oder Walnüssen belegen.

Backtemperatur: 175° C (Gas: Stufe 2)
Backzeit: 25–30 Min.

Mein Tip Lebkuchenbackwaren bekommen einen schöneren Glanz, wenn man sie vor dem Backen dünn mit Milch und nach dem Backen mit einer Zuckerlösung (1 Teil Wasser auf 1 Teil Zucker verkocht) bestreicht.

Folgende Doppelseite: Lebkuchenleckerli.

Gebäck aus Honigkuchenteig für Formlebkuchen.

Elisenlebkuchen

Zutaten:
400 g Marzipanrohmasse
400 g Zucker
140 g Eiweiß (von 5 Eiern)
100 g geriebene braune Mandeln
20 g Orangeat, ganz fein gehackt
20 g Zitronat, ganz fein gehackt
50 g Weizenmehl
die abgeriebene Schale 1 ungespritzten Zitrone
1 Prise Salz
etwas Vanillepulver
1 EL Rum
1 Messerspitze Zimt

Zubereitung:
Die Zutaten vermengen und klümpchenfrei glattarbeiten. Mittels eines Spritzbeutels mit großer Lochtülle auf kleine Oblaten von 4 cm Durchmesser spritzen.
Die Masse läßt sich auch auf eine große rechteckige Oblate spritzen und nach dem Backen abbrechen. Vorher 2–3 Std. trocknen lassen.
Backtemperatur: 175° C (Gas: Stufe 2)
Backzeit: 20 Min.

Für die Verzierung der Elisenlebkuchen etwa 200 g Schokoladenfettglasur (Kuvertüre) im Wasserbad schmelzen und die Lebkuchen mit der Oberseite ganz oder nur zur Hälfte eintauchen. Mit dem Rest der noch flüssigen Kuvertüre dünne Linien über die weiteren Lebkuchen ziehen und diese dann sofort in bunte Liebesperlen oder einfachen Haushaltszukker stippen.
Die Elisenlebkuchen sind, wenn sie in einer stilvollen Blechschachtel verpackt werden, ein immer gern gesehenes Weihnachtsgeschenk.

Mit Schokoladenglasur verzierte Elisenlebkuchen

Dunkle Elisenlebkuchen

Zutaten:
350 g Marzipanrohmasse
350 g Zucker
1 Päckchen Vanillezucker
120 g Eiweiß (von 4 Eiern)
100 g geriebene braune Nüsse
40 g Zitronat, ganz fein
20 g Kakao
30 g Weizenmehl
1 EL Rum
1 Messerspitze Zimt
1 Prise Salz

Zubereitung:
Die Zutaten vermengen und klümpchenfrei glattarbeiten.
Mittels eines Spritzbeutels mit großer Lochtülle auf kleine Oblaten von 4 cm Durchmesser spritzen.
Die Masse läßt sich auch auf eine große rechteckige Oblate spritzen und nach dem Backen abbrechen. Vorher 2–3 Std. trocknen lassen.
Backtemperatur: 175° C (Gas: Stufe 2)
Backzeit: 20 Min.
Die Lebkuchen nach dem Backen mit einer Glasur aus Eiweiß und Puderzucker (1 Eiweiß auf 200 g Zucker) bedecken und mit Mandeln, Nüssen, Belegkirschen, Schokoladenstreuseln oder bunten Liebesperlen verzieren. Ebensogut lassen sich die dunklen Elisen natürlich auch in Schokoladenglasur tauchen.

Mein Tip **Braune Mandeln mit heißem Wasser überbrühen und nur so lange im Wasser liegen lassen, bis sich die Schalen leicht vom Kern ablösen. Eventuell in einem Küchentuch abrubbeln.**

Dunkles Elisenlebkuchenkonfekt.

Diabetiker-Lebkuchen

Zutaten:
2 Eiweiß
2 TL Süßstoff
1 EL Rum
1 TL Zimt
1/2 Päckchen Lebkuchengewürz
30 g Zitronat, fein gehackt
30 g Orangeat, fein gehackt
140 g Mandeln, weiß und feingerieben
50 g Mehl
1/2 TL Backpulver

Zubereitung:
Das Eiweiß steif schlagen, die restlichen Zutaten mischen und unter den Eischnee heben.
Die Masse dann auf Backoblaten verteilen und mit einem Messer darauf verstreichen. Mandeln, Pistazien oder Nüsse zur Dekoration auflegen.
Backtemperatur: 175° C (Gas: Stufe 2)
Backzeit: 20 Min.
Ergibt etwa 15 Lebkuchen mit etwa 406 kJ (97 kcal) je Stück.
Für das Hexenhaus aus Diabetikerlebkuchen auf Seite 62 wird als Klebstoff nur steif geschlagenes Eiweiß verwendet.

Mein Tip **Von den Diabetiker-Lebkuchen sollte man ruhig eine größere Menge herstellen, da sie auch nach längerer Zeit noch gut schmecken.**

Gegenüberliegende Seite: Gebäck aus Mandel-Honigkuchenteig (Rezept auf Seite 10).

Vollkorn-Lebkuchen

Zutaten:
500 g Weizenvollkornmehl
60 g Butter
150 g Ahornsirup
1 Ei
25 g Milch
10 g Hirschhornsalz
1 TL Lebkuchengewürz
100 g Honig

Zubereitung:
Das Fett mit dem Honig und dem Ahornsirup erwärmen und mit den restlichen Zutaten zu einem Teig verkneten. Den Teig dann mindestens 24 Std. verquellen lassen.
Backtemperatur: 175° C (Gas: Stufe 2)
Backzeit: 30 Min.
Die Vollkorn-Lebkuchen lassen sich nicht nur für das Hexenhaus auf Seite 60 verwenden. Sie schmecken mit Mandeln, Pistazien oder Nüssen belegt bestimmt ebensogut wie „einfache" Lebkuchenplätzchen.

Mein Tip **Vollkornteig unbedingt einen Tag vorher zubereiten und kühl stellen, da er sonst kaum zu verarbeiten ist. Sollte der Teig dann immer noch zu weich sein, muß er vorsichtig zwischen Plastikfolien ausgerollt werden.**

Lebkuchenteig für Hexenhäuser

Zutaten:
500 g Honig
150 g Farinzucker
900 g Mehl
50 g Wasser
30 g Orangensaft
20 g Lebkuchengewürz
10 g Hirschhornsalz

Klebemasse:
2 Eiweiß mit einer Prise Salz steif schlagen und für das Vollkornhaus mit Ahornsirup süßen. Ansonsten Zucker verwenden.
Die Teile des Hexenhauses aus Diabetiker-Lebkuchen, jedoch nur mit steif geschlagenem Eiweiß zusammenkleben.

Zubereitung:
Honig und Zucker erwärmen und wieder auf Körpertemperatur abkühlen lassen. Mit den restlichen Zutaten zu einem Teig verkneten.
Den Teig über Nacht ruhen lassen.
Backtemperatur: 175° C (Gas: Stufe 2)
Backzeit: 20 Min.
Nun die Teile des Hauses zuschneiden.
Falls der Teig schwierig zu zerschneiden sein sollte, müssen Sie ihn für kurze Zeit ausgerollt ins Gefrierfach legen.
Die zugeschnittenen Teile abbacken und mit der Klebemasse zusammensetzen.
Dabei die Öffnungen für Fenster und Türen nach dem

Backen in den noch warmen Teig schneiden.
Wenn beim Zusammensetzen größere Unebenheiten an den Kanten der Lebkuchenplatten die Stabilität des Hauses gefährden, diese nachträglich mit dem feinen Teil einer Küchenreibe glätten.
Bis zum Aushärten der Klebemasse die Teile mit schweren Gegenständen abstützen.

Verzierungen

Hier noch einmal die Dekorationen für das Lebkuchengebäck auf einen Blick:
Eiweißglasur: 200 g Puderzucker auf 1 Eiweiß verrühren.
Zuckerguß: 200 g Puderzucker mit 3 EL Rum verrühren.
Schokoladenkuvertüre: Die Kuvertüre kleinraspeln und im Wasserbad schmelzen.
Die Lebkuchenoberflächen bekommen eine schöne Farbe, wenn sie vor dem Backen mit Milch bestrichen werden. Sie erhalten einen starken Glanz, wenn Sie nach dem Backen mit einer Zuckerlösung bestrichen werden. Schokoladen- oder Eiweißglasur lassen sich gut mit Hagelzucker, bunten Liebesperlen und Kokosraspel bestreuen.
Sowohl die Glasuren als auch der noch weiche, gerade gebackene Lebkuchen können sehr stimmungsvoll mit halbierten Mandeln, Haselnüssen, gehackten Pistazien, kandierten Kirschen oder halbierten Walnüssen belegt werden.

Dekorative Bilder

Emailtechnik

Die Schwierigkeit besteht darin, eine glatte, ebene Oberfläche zu bekommen, ohne daß die Ränder der Farbflächen unschön verlaufen.

Zuerst zeichnet man mit einer spritzfähigen Eiweißglasur die Umrisse der Flächen, die mit der bunten, weicheren Glasur ausgefüllt werden, vor. Die festen Umrisse verhindern, daß sich die weiche Glasur mit den anderen Farben vermischt oder über den Rand läuft.

Mit der weichen Farbmasse wird nun am Rand der Fläche, die in der Farbe ausgelassen wird, begonnen. Dann führen Sie die Tüte in Schlangenlinien auf sich zu. Der Druck auf den Beutel sollte immer gleich sein, und seine Spitze immer in der zuletzt gespritzten Glasur stekken, damit man keine Ansätze sieht. Darum muß die Glasur immer so weich sein, daß sie leicht in sich verläuft.

Bevor die nächste Farbe daneben gespritzt wird, ist es ratsam, die Farbe des abgeschlossenen Arbeitsganges trocknen zu lassen. Das kann im Ofen, oder auch mit einem Heißluftfön geschehen.

Zur Herstellung der Eiweißspritzglasur auf 1 Eiweiß ca. 200 g Puderzucker verrühren. Wichtig ist bei der Herstellung, daß die Masse gut gerührt wird. Zum Einfärben nehmen Sie einfach Lebensmittelfarben.

Ein Tropfen Zitronensaft hinzugesetzt, und die Glasur härtet schneller aus.

Um die Glasur streichfähiger zu machen, etwas Eiweiß zusetzen.

Schneewittchen

Märchenszenen sind für Lebkuchenbilder ein äußerst geeignetes Motiv. Sie wecken Erinnerungen an die Kindheit und an schöne, lange Winterabende. Zu Weihnachten sind Märchenbilder aus Lebkuchen ein ideales Geschenk für Kinder, kann man ihnen doch mit dem Gebackenen die dazugehörige Geschichte schenken.
Wie für den Engel am Baum auf Seite 20 wird auch das Schneewittchen mit seinen sieben Zwergen auf eine Lebkuchenplatte gespritzt, die nach dem Mandel-Honigkuchen-Rezept von Seite 10 hergestellt wurde. Die Arbeitsgänge sind:
Den Teig am Vortag zubereiten, kühl lagern und nun 1 cm dick ausrollen. Mit Milch bestreichen und auf ein mit Backpapier belegtes Blech legen.
Die Maße der rechteckigen Platte betragen 20 x 30 cm.
Bei 175° C (Gas: Stufe 2) die Lebkuchenplatte ca. 20 Minuten backen.
Lassen Sie die Platte gut abkühlen und bereiten Sie die Eiweißglasur vor. Pausen Sie nun zuerst die Vorlage aus dem Buch auf ein Pergamentpapier durch und übertragen Sie die Umrisse durch einen leichten Druck mit dem Messerrücken auf den Lebkuchen.
Ziehen Sie die Linien jetzt mit der Eiweißglasur aus der Spritztüte nach.
Bei dieser Märchenszene müssen Sie darauf achten, daß die Umrißglasur gut angetrocknet ist. Gerade wenn so viele Farben verwendet werden, ist die Gefahr des Ineinanderlaufens sehr groß.

Die Vorlage zum „Engelskopf" von den Seiten 18/19 finden Sie auf den Seiten 64/65.

Die Vorlage zum „Engel" von Seite 20 finden Sie auf den Seiten 66/67.

Die Vorlage zu „Schneewittchen" finden Sie auf den Seiten 68/69.

Gestiefelter Kater

Auch wenn er noch so finster blickt, er möchte gerne vernascht werden!
Dieser abenteuerliche Katzen-Musketier ist ein leckeres Geschenk, besonders für kleinere Kinder.
Den Honigkuchenteig für Formstücke ca. 5 mm dick ausrollen, die Platte nach der Größe der Vorlage entsprechend ausschneiden und hell backen.
Bei der Farbe der Katze kann man gut an eine „echte" Katze anknüpfen. Wenn Sie das Bild verschenken möchten und der Beschenkte eine braune Katze hat, dann bekommt unser gestiefelter Kater ein braunes Fell, in die Eiweißglasur kommt ein wenig Kakao. Auch eventuell vorhandene Flecken oder Streifen lassen sich berücksichtigen, indem an den entsprechenden Stellen weiße Eiweißglasur aufgetragen wird.
Der Rand der Lebkuchenplatte läßt sich, wie auf dem Bild gezeigt, mit bunten Schokoladenplätzchen oder Smarties bekleben. Eine andere Möglichkeit, den Rand zu verzieren, ist, Eiweißglasur aufzutragen und in die noch feuchte Masse Schokostreusel zu drücken.

Mein Tip **Wenn Teile plastisch hervorgehoben werden sollen, muß dabei die untere Schicht ganz durchgetrocknet sein, dann erst kann die nächste Schicht zügig aufgespritzt werden.**

Sterntaler

Wer wagt es, Sterntalers Sterne zu essen?

Den Honigkuchenteig für Formstücke ca. 5 mm dick ausrollen, dann die Platte nach der Größe der Vorlage entsprechend ausschneiden und hell backen. Anschließend die Konturen des Mädchens von der Vorlage auf Butterbrotpapier durchpausen und auf die Lebkuchenplatte übertragen.

Die Sterne für unser Sterntalermädchen können entweder aus gelb eingefärbter Eiweißglasur gespritzt oder auch aus dünn ausgerolltem, gelb eingefärbtem Marzipan ausgestochen werden. Sehr originell sind kleine Schokoladenmünzen in Goldfolie, wie sie für den Kinderkaufladen erhältlich sind. Man kann sich aber auch vorstellen, daß die Freude über echte Münzen, die aufgeklebt wurden, sehr groß ist.

Den Boden, auf dem das Mädchen steht, mit Eiweißglasur bedecken und mit Hagelzucker bestreuen.

Mein Tip Das Gefäß mit der Eiweißspritzglasur sollte immer mit einem feuchten Tuch abgedeckt oder mit einem Deckel fest verschlossen werden, da sonst die Glasur zu schnell trocknet und sich Klümpchen bilden können.

Winterlandschaft

Die Vorlage zum „Gestiefelten Kater" von Seite 22 finden Sie auf den Seiten 64/65.

Die Vorlage zu „Sterntaler" von Seite 23 finden Sie auf den Seiten 78/79.

Diese beiden Winterlandschaften bestechen durch die Einfachheit der Herstellung, dennoch sind sie sehr wirkungsvoll, gleich ob sie weiß oder bunt gestaltet werden. Für ein individuelles Geschenk läßt sich das Wohnhaus des Beschenkten in stilisierter Form in der Winterlandschaft darstellen.

Der Honigkuchenteig für Formstücke wird ca. 7 mm dick ausgerollt und in 20x30 cm große Platten geschnitten. Um eine schöne Backfarbe zu erreichen, wird der Lebkuchen kurz vor dem Backen dünn mit Milch bestrichen. Mit halben Mandeln oder Nüssen lassen sich die Teile gut dekorieren. Die Nüsse sind aber gut anzudrücken.

Nachdem die Lebkuchen hell gebacken sind, werden sie sofort in heißem Zustand mit einer Zuckerlösung (1 Teil Zukker + 1 Teil Wasser) dünn bestrichen, das ergibt dann einen schönen Glanz. Auch die Nüsse und die Mandeln mitbestreichen, damit sie nicht so leicht abfallen.

Die Vorlage einer der Winterlandschaften auf den Lebkuchen legen und das Bild mit 4 Stecknadeln fixieren.

Nun lassen sich die Konturen entweder dadurch übertragen, daß man auf der Linie kleine Punkte mit einer Nadel möglichst eng aneinandersetzt oder einfach die Kontur mit dem Messerrücken nachzieht. Wird die Vorlage jetzt abgehoben, ist der Umriß auf dem Lebkuchen gut erkennbar und kann mit der Eiweißspritzglasur nachgezogen werden.

Unter Zugabe von etwas Eiweiß läßt sich die spritzfähige Glasur leicht wieder verflüssigen, d.h. streichfähig machen.

Die Verwendung von Hagelzukker in der Dekoration betont die winterliche Atmosphäre. Dabei wird die Fläche, die später mit dem Zucker bestreut werden soll, mit einem Backpinsel mit

Die Vorlage zu dieser Winterlandschaft finden Sie auf den Seiten 77/67.

Winterlandschaft

weißer Glasur ausgestrichen. Jetzt den Hagelzucker sofort aufstreuen und leicht eindrükken. Wird das Bild nun auf den Kopf gestellt, fällt der übrige Hagelzucker ab.
Die Winterlandschaften können Sie natürlich auch in größerer Form herstellen. Dazu müssen Sie lediglich die Vorlagen mit einem Fotokopierer oder per Hand mit Hilfe eines Rasters vergrößern.
Zeichnen Sie dieses Raster im gewünschten Verhältnis auf ein weißes Blatt Papier und übertragen Sie nun Kästchen für Kästchen, bis das ganze Bild Stück für Stück „zusammengewachsen" ist. Ganz ähnlich können Sie übrigens Ihr eigenes Haus oder das Ihrer Freunde zu einem Lebkuchenbild machen; alles, was Sie dazu brauchen, ist ein Foto des Hauses und seiner Umgebung.
Legen Sie ein Butterbrotpapier darüber und zeichnen Sie die auffälligsten Konturen nach. Dann ziehen Sie ein möglichst nicht zu enges Raster darüber und vergrößern das Motiv mit Hilfe der eben beschriebenen Technik auf das gewünschte Maß. Vergessen Sie aber nicht, in Ihrem Bild genügend Stellen einzuplanen, an denen sich der „Schnee", also die Eiweißglasur, auf der Landschaft niederlassen kann. Denn erst durch diese großen weißen Flächen erhält das Bild seinen winterlichen Charakter.

Mein Tip **Frisch geschälte Mandeln lassen sich am besten halbieren. Dazu einfach die Messerspitze in die Längskerbe schieben.**

Die Vorlage zu dieser Winterlandschaft finden Sie auf den Seiten 76/77.

Weihnachtsplatten

Für diese Lebkuchenplatten wurden Vorlagen verwendet, die man im Handel kaufen kann. Sie liegen Packungen für „Schneespray“ bei, mit dem man weihnachtliche Motive auf Schau- und Wohnzimmerfenster sprüht.

Unsere Lebkuchen, wie bei den Winterlandschaften beschrieben, herstellen.

Dazu die Mandeln in den noch warmen Teig eindrücken und die ganze Platte dünn mit einer Zuckerlösung bestreichen, so daß sie den typischen Glanz bekommt. Gleichzeitig bleiben dadurch auch die Mandeln besser auf dem Bild haften. Bevor Sie nun die Schablonen für die Figuren auflegen, sollte der Zucker ganz getrocknet sein.

Die Schablone dicht auf den Lebkuchen legen, eventuell mit 4 Stecknadeln fixieren.

Weiche, streichfähige Eiweißglasur wird mit dem Backpinsel gleichmäßig dünn aufgestrichen und sofort mit Hagelzukker bestreut, der dann leicht angedrückt wird. Nun das Bild auf den Kopf stellen, damit der übrige Zucker abfällt. Die Schablone muß jetzt gleichmäßig nach oben abgehoben werden. Mit der Rückseite eines Messers nun die Konturen nachziehen, so daß die Linien, die ohne Zukker sein sollen, wirklich frei liegen und die Motive voll zur Geltung kommen können.

Mein Tip **Achten Sie darauf, daß die Lebkuchenplatten eine schöne und glatte Oberfläche haben, sonst lassen sich die Schablonen nicht gut auflegen.**

Die Vorlagen für die Glocke und den Schneemann sind nur im Handel erhältlich.

Weihnachtsplatten

Die Vorlagen für den Engel und den Schlitten sind nur im Handel erhältlich.

Sportliche Nikoläuse

Die Vorlage zum „Nikolaus im Schlitten“ von den Seiten 28/29 finden Sie auf den Seiten 78/79.

Die Vorlage zum „Rodelnikolaus“ finden Sie auf den Seiten 76/77.

Die Vorlage zum „Skinikolaus“ finden Sie auf den Seiten 78/79.

Die Vorlage zur „Katze im Fenster“ finden Sie auf den Seiten 78/79.

Bahn frei! Die Nikoläuse kommen! Rollen Sie den Honigkuchenteig auf 5 mm Stärke aus und schneiden Sie Platten von 20 x 20 cm Größe aus. Bestreichen Sie sie dünn mit Milch und backen sie. Nach dem Backen mit der Zuckerglasur (1 Teil Zukker + 1 Teil Wasser) dünn bestreichen. Das Ausgarnieren darf erst erfolgen, wenn der Lebkuchen ganz trocken ist, da sonst die Vorlage am Lebkuchen festklebt.

Jetzt die äußeren Umrisse übertragen, die die weichere, farbige Glasur eingrenzen werden. Sind die Umrisse fest, kann mit dem Auslassen in den bunten Farben begonnen werden. Mit einem warmen Fön kann die Trocknung der einzelnen Farben beschleunigt werden, dabei aber nicht zu nahe an die Glasur gehen, da sich sonst Wellen bilden.

Sind die farbigen Glasuren alle trocken, darf die Fläche bestrichen werden, die mit Hagelzukker bestreut werden soll. Hierbei läßt es sich fast nicht verhindern, daß etwas von dem Hagelzucker über den Rand rollt, und das würde auf einer noch weichen Glasur unschöne Kerben hervorrufen.

Mein Tip **Stoßen mehrere Farbflächen aufeinander, so sollten Sie darauf achten, daß die einzelnen Farben jeweils gut getrocknet sind, um unerwünschtes Verlaufen zu vermeiden.**

Allerlei Schmuck

Nikoläuse

Die Vorlagen zu „Mond“ und „Komet“ von Seite 32 finden Sie auf den Seiten 68/69.

Die Vorlagen zu den „Nikolausköpfen“ finden Sie auf den Seiten 72/73 und 74/75.

Diese Nikolausköpfe eignen sich ganz besonders dafür, an den Weihnachtsbaum oder an Geschenke angehängt zu werden. Der Phantasie sind dabei keine Grenzen gesetzt.
Den Honigkuchenteig für die Formstücke rollen Sie auf 5 mm Dicke aus, schneiden die gewünschte Kopfform aus, bestreichen sie mit Milch und backen sie hell ab. Nach dem Backen sofort mit der Zuckerlösung (1 Teil Zucker + 1 Teil Wasser) bestreichen.
Um den Bart zu spritzen, verwenden Sie am besten eine Sterntülle. Damit ergeben sich die gewünschten Rillen, die dann den Bart so buschig aussehen lassen.
Am schwierigsten ist das Aufsetzen der Augen. Gerade sie geben den Nikolausköpfen erst den richtigen Pfiff.
Zuerst wird mit einer runden Tülle der Augapfel gespritzt, dann, gleichmäßig plaziert, mit eingefärbter dunkler Glasur (mit Kakao) die Pupille. Dabei kann diese auch nach oben, unten oder zur Seite sehen.

Mein Tip **Sollen Löcher in die Lebkuchen gestochen oder geschnitten werden, um Bänder zum Aufhängen durchzuziehen, muß das unmittelbar nach dem Backen geschehen, da bereits erkaltete Lebkuchen leicht brechen können.**

Nikoläuse

Dieser Nikolaus ist das richtige Geschenk für alle Freunde mit Beziehungen nach England oder Amerika, denn dort schätzt man zur Weihnachtszeit den Mistelzweig.
Wie bei den Nikolausköpfen auf Seite 34 rollen Sie den Teig auf 5 mm aus. Diesmal brauchen Sie ihn nach dem Backen weder mit Milch noch mit Zuckerlösung zu bestreichen. Der Zuckerguß verdeckt später ja den ganzen Lebkuchen.
Bei diesen Köpfen wird die Glasur absichtlich über den Rand gezogen, um mehr Profilwirkung zu erzielen. Das Dekorieren des Lebkuchens muß auf einem Pergamentpapier erfolgen, da sonst die Glasur am Blech klebt und abreißt, wenn man den fertig dekorierten Kopf abnehmen will. Die einzelnen Farben, deren Konturen sich berühren, müssen immer getrocknet werden, da sie sonst ineinanderlaufen, was sehr unsauber wirkt. Spritzen Sie zuerst die rote Mütze und den roten Mund, dann erst den Bart und das Fell an der Mütze (mit Hagelzucker), so erreichen sie eine plastische Dekoration. Wenn sie keine grüne Farbe zur Hand haben, können Sie auch Scheiben von Pistazien auflegen, damit lassen sich tolle Effekte erzielen.

Mein Tip **Lebkuchenteige lassen sich viel besser verarbeiten, wenn sie über Nacht an einem kühlen Platz gelagert wurden.**

Die Vorlage zum „Nikolaus mit Mistelzweig“ finden Sie auf den Seiten 76/77.

Schneemann und Bär

Die Vorlage zum „Schneemann" finden Sie auf den Seiten 66/67.

Die Vorlage zum „Teddybär" finden Sie auf den Seiten 72/73.

Diese Motive sind einfach herzustellen und zu dekorieren und eignen sich deshalb gerade für das Backen mit Kindern.

Der Honigkuchenteig für Formstücke wird auf ca. 4 mm ausgerollt und nach der Vorlage ausgeschnitten. (Ähnliche Schneemänner kann man auch als Ausstecher kaufen.) Soll es ein brauner Schneemann werden, müssen Sie den Lebkuchen zuerst mit Milch und nach dem Backen mit Zuckerlösung (1 Teil Zucker + 1 Teil Wasser) bestreichen. Für den weißen Schneemann können wir uns das sparen, er erhält ja seine eigene Glasur. Lebkuchenfiguren, die Sie aufhängen wollen, sollten immer etwas stärker gebacken werden, damit sie am Loch nicht einreißen.

Bei den braunen Figuren spritzen Sie mit der Eiweißglasur nur die Umrisse auf und tauchen anschließend die entsprechenden Stellen sofort, d.h. solange die Glasur noch feucht ist, in Liebesperlen. Die „Smarties" suchen Sie nach Kontrastfarben aus und kleben Sie dann auf frisch gespritzte Glasurpunkte auf.

Die weißen Figuren bestreichen Sie erst mit der Glasur und drücken sie entweder in Haushaltszucker oder streuen direkt Hagelzucker auf. Dabei den Zucker erst andrücken, anschließend, was übrig ist, abschütteln. Spritzen Sie sorgfältig die Augen und kleben Sie für die Knöpfe Smarties mit einem Glasurpunkt auf. Jetzt sehen die Figuren so richtig lustig aus.

Sterne und Glocken

Sonne, Mond, Sterne und Glokken sind traditionelle Motive und damit sicherlich der ideale Baumbehang zu Weihnachten. Bei der Gestaltung dieser Lebkuchenformen ist es Ihrem persönlichen Geschmack überlassen, ob Sie mit Hilfe der Emailtechnik dekorieren oder den Lebkuchen die natürliche Farbe belassen und lediglich die Konturen mit einer Spritzglasur zeichnen.

Alle Lebkuchen, die an den Weihnachtsbaum gehängt werden sollen, müssen dünner ausgerollt werden, da ihr Gewicht zu berücksichtigen ist.

Als Teig wird der Honigkuchenteig für Formstücke verwendet, nur etwa gut 3 mm dick ausgerollt, dabei schnell und stärker gebacken. Die Umrisse werden mit einer Lochtülle gespritzt. Möchte man die Konturen in Liebesperlen tauchen, so empfiehlt es sich, die aufgespritzte Eiweißglasur mit flüssigem Eiweiß dünn zu bestreichen, bevor Sie sie in die Perlen tauchen. Die Perlen kleben dann viel besser.

Die Glocken lassen sich ebenso gut mit Mandeln, Nüssen oder kandierten Kirschen dekorieren, und wer es sich zutraut, der kann auch darauf schreiben. Ein Schriftzug wirkt immer persönlicher.

Mein Tip **Lebkuchen, die Sie an Bändern aufhängen wollen, sollten unbedingt stärker gebacken werden.**

Die Vorlage zum „Mond“ finden Sie auf den Seiten 66/67.

Die Vorlage zur „Sonne“ finden Sie auf den Seiten 68/69.

Die Vorlage zu den „Glocken“ finden Sie auf den Seiten 64/65.

Bunte Leckereien

Die Vorlagen zu den Motiven von den Seiten 38/39 finden Sie folgendermaßen: „Schneemann“, „Pony“ und „Pferd“: Seiten 64/65, „Mond“: Seiten 66/67, „Sonne“ und „Lok“: Seiten 68/69, „Komet“: Seiten 70/71, „Kleeblatt“: Seiten 74/75, „Teddy“: Seiten 76/77.

Lebkuchen zu backen muß nicht immer mit Weihnachtsbäckerei gleichbedeutend sein. Für diese kleinen Teile, die sich für alle möglichen Verwendungen eignen, nimmt man am besten den Honigkuchenteig für Formstücke. Aus diesem Rezept hergestellte Lebkuchen sind gut zu schneiden.
Der Teig wird am Vortag hergestellt. Er wird nun auf 4 mm Dicke ausgerollt und nach den Vorbildern und Vorlagen ausgeschnitten. Die Teigstücke werden nun auf ein mit Backpapier ausgelegtes Blech gelegt. Um eine schöne Backfarbe zu erreichen, werden die Stücke dünn mit Milch abgestrichen.
Bei ca. 175° C (Gas: Stufe 2) werden die Lebkuchen etwa 15–20 Minuten gebacken.

Die Vorlage zum „Hahn“ finden Sie auf den Seiten 70/71.

Die Vorlage zum „Auto“ finden Sie auf den Seiten 66/67.

Bunte Leckereien

Nach dem Backen die Lebkuchen zum Auskühlen sofort auf ein Gitter abschieben und mit der Zuckerlösung (1 Teil Zucker + 1 Teil Wasser) bestreichen (abglänzen).
Die Dekoration auf den Bildern hier und auf der vorhergehenden Doppelseite soll nur als Beispiel dienen. Der Vielfalt der Ausschmückung sind bei diesen Motiven keine Grenzen gesetzt.
Gerade gemeinsam mit Kindern können die buntesten Muster und die schönsten Ideen entstehen. Backen Sie darum diese Figuren in großer Zahl. Was Sie nicht aufhängen oder anders verwenden, wird sicher gerne und rasch von Ihren kleinen Helfern verzehrt werden.

Die Vorlage zur „Eiswaffel" finden Sie auf den Seiten 70/71.

Die Vorlage zum „Huhn" finden Sie auf den Seiten 74/75.

a
für
Papa
e

Anhänger

Die Vorlagen zu „Hüte und Mützen" von den Seiten 42/43 finden Sie auf den Seiten 72/73.

Die Vorlage zum „Schiff" von den Seiten 42/43 finden Sie auf den Seiten 68/69.

Es erfreut jeden, wenn er ein Geschenk bekommt, das deutlich nur für ihn allein ist. Ein Geschenk mit Namen ist von besonderem Reiz, wenn dieser Name auf einem individuell gestalteten Lebkuchen zu finden ist.
Ganz gleich, ob diese Lebkuchen an einem Geschenk oder Weihnachtsbaum hängen, sie werden immer ein Erfolg sein. Verwenden Sie hier den Teig für Formteile. Schneiden Sie die Formen mit Hilfe einer Schablone, die Sie nach der Vorlage im Buch gefertigt haben, aus. Backen Sie sie dann etwas härter als gewohnt aus, damit die Löcher für die Bänder nicht einreißen können. Die Löcher jedoch erst nach dem Backen in den noch warmen Teig bohren oder schneiden.
Auch die Teile für die Tischkarten sollten härter gebacken werden, damit genügend Stabilität vorhanden ist.
Die Tischkarte aus Lebkuchen ist eine besondere Überraschung. Dabei hängt die Größe des Schildes von der Länge des jeweiligen Namens ab. Die Lebkuchenkarte sollte sehr zurückhaltend oder kaum dekoriert werden, da die Schrift natürlich als Hauptsache zur Geltung kommen soll.
Um sie richtig aufzustellen, schneiden Sie ein kleines, rechtwinkliges Lebkuchendreieck zurecht, das als Stütze mit Eiweißglasur hinter die Tischkarte geklebt wird. Für den Kindergeburtstag sollten Sie die Namensschilder allerdings ruhig etwas bunter gestalten. Ich empfehle Ihnen, dazu den Lebkuchen mit bunter Glasur zu beschriften und Smarties oder Liebesperlen aufzukleben.

Die Vorlagen zum „Oldtimer" von den Seiten 42/43 und zum „Stern" von Seite 45 finden Sie auf den Seiten 66/67.

Frohes Fest

Papa

Figürliches

Weihnachtliches

Die Vorlagen zur „Weihnachtskrippe“ den Seiten 46/47 finden Sie folgendermaßen: „Joseph“: Seiten 78/79, „Maria“ und „Krippe“: Seiten 68/69, „Kamel“: Seiten 66/67, „Komet“: Seiten 70/71.

Die Vorlage zur „Engelsschar“ finden Sie auf den Seiten 70/71.

Weihnachtskrippe

Der Honigkuchenteig wird auf eine Stärke von 7 mm ausgerollt und nach den Vorlagen ausgeschnitten, auf ein mit Backpapier belegtes Blech gelegt und bei 175° C (Gas: Stufe 2) gebacken. Nach dem Backen zum Auskühlen auf ein Gitter schieben. Erst wenn die Lebkuchen ausgekühlt sind, können sie dekoriert werden.
Die Mäntel und die Decke des Kamels werden aus eingefärbtem, dünn ausgerolltem Marzipan gestaltet.
Der Lebkuchen wird an den Stellen, wo das Marzipan zu liegen kommt, mit Eiweißglasur eingestrichen und das Marzipan dann damit festgeklebt.
Das Gesicht spritzen Sie dann mit eingefärbter Eiweißglasur.
Damit die Figuren frei stehen können, stellen Sie für jede Figur eine Stütze her. Schneiden Sie dazu ein rechtwinkliges Dreieck in der Höhe der Figuren aus, das ein Drittel der Höhe an Breite hat. An die hohe, glatte Seite kleben Sie die Figur mit Eiweißglasur fest. Mit dem Fön kann die Klebestelle schneller abgetrocknet werden.

Engelsschar

Auch für die Engel verwenden Sie den Honigkuchenteig für Formstücke, den man ca. 3 mm dick ausrollt und nach der Vorlage ausschneidet. Je nach Dekorwunsch müssen Sie nun die Lebkuchen bestreichen. Sie

Weihnachtliches

werden dann schnell hell abgebacken.
Beginnen Sie beim Dekorieren der Engel mit den Haaren und verwenden Sie eine kleine Lochtülle, damit lassen sich die Haare am besten darstellen. Auch die Flügel bekommen so ausgeführt am meisten Charakter. Die Dekoration des Kleides sollte man je nach Verwendungszweck aussuchen. Kinder freuen sich sicher am meisten über Smarties. Es kann auch das Kleid nur mit der weißen Glasur dünn bestrichen und mit Buntzucker überstreut werden.

Nikolaus mit Sack

Den Honigkuchenteig für Formstücke ca. 6 mm dick ausrollen und nach der Vorlage ausstechen. Da der Lebkuchen ganz dekoriert wird, brauchen Sie ihn nicht zu bestreichen. Zuerst die Konturen von der Vorlage übertragen, dann den roten Mantel und die Mütze in der Emailtechnik auftragen. Dabei kann über die Seitenkanten gespritzt werden, dann wirkt die Figur plastischer.
Im nächsten Arbeitsgang werden die Fellstücke mit Eiweißglasur vorgespritzt und dann mit Hagelzucker bestreut. Dazu erst mit einer größeren Lochtülle weiße Eiweißglasur aufspritzen, mit Eiweiß bestreichen und sofort den Hagelzucker aufstreuen. Wenn der Mantel gut angetrocknet ist, den Ärmel separat daraufspritzen. So erreicht man die gewünschte plastische Wirkung.

Die Vorlage zum „Nikolaus mit Sack“ finden Sie auf den Seiten 78/79.

Nikolauskutsche

Und nun kommen wir zu den kleinen Kunstwerken aus Lebkuchen, die sicher großen Eindruck machen werden.

Den Honigkuchenteig für Formstücke am Tag vorher zubereiten und kühl stellen, nun ca. 5 mm dick ausrollen.

Nach der Vorlage werden die Teile dann ausgeschnitten. Das zweite Pferd allerdings drehen und seitenverkehrt ausschneiden, damit die „schöne" Seite der Lebkuchen immer außen ist.

Die Teile auf ein mit Backpapier belegtes Blech legen und mit Milch bestreichen. Anschließend bei 175° C (Gas: Stufe 2) im vorgeheizten Backofen ca. 20 Minuten backen. Die Figuren vorsichtig vom Blech nehmen und auf einem Gitter auskühlen lassen.

Wenn man die Zeit hat, erst am nächsten Tag zusammensetzen, dann besitzen die Teile eine höhere Festigkeit. Mit der Eiweißspritzglasur werden die einzelnen Stücke zusammengeklebt. Zuerst die Pferde, zwischen denen ein Lebkuchenstück eingesetzt wird, damit sie stehen. Bei der Kutsche haben Rückteile, Boden und Vorderteil, die zwischen die Seitenteile gepreßt werden, die gleiche Funktion. Die so zusammengestellte Kutsche muß zwischen 2 schweren Gegenständen eingepreßt werden, bis die Eiweißglasur trocken ist.

Den Vorgang können Sie wieder mit dem Fön beschleunigen. Ist die Glasur fest, entfernen Sie die Hilfsmittel und garnieren die Kutsche sowie die Pferde. Mit der Eiweißglasur spritzen Sie die Kanten nach, die Pferde bekommen ihre Mähne mit der Sterntülle aufgesetzt.

Mit Smarties und Buntzucker lassen sich leicht farbige Akzente setzen.

Mein Tip **Wenn am ausgerollten Teig viel geschnitten werden soll, ist es vorteilhaft, den Teig kurz ins Gefrierfach zu legen, dann läßt sich viel leichter damit arbeiten.**

Die Vorlagen zur „Nikolauskutsche" finden Sie auf den Seiten 76/77 (Kutsche) und 64/65 (Pferde).

Lebkuchenbaum

Wer diesen Lebkuchenbaum, vielleicht sogar mit brennenden Kerzen in den Raum trägt, dem ist die Bewunderung der Gäste sicher. Allerdings steckt auch viel Arbeit dahinter, bis es soweit ist.

Nach der Rezeptur im 1. Kapitel bereiten Sie einen Honigkuchenteig für Formstücke zu und lassen ihn für ca. 24 Stunden ruhen. Rollen Sie dann den Teig auf 1, 2 cm Stärke aus.

Die Größe des Baumes wird nun durch die Größe ihres Backbleches bestimmt. Beginnen Sie mit der größten Vorlage, die auf das Backblech paßt, schneiden Sie sie aus und legen Sie sie auf das mit Backpapier belegte Blech. Die Lebkuchen brauchen weder vor noch nach dem Backen bestrichen werden.

Bei 175° C (Gas: Stufe 2) ca. 20 Minuten backen, die kleinen Sterne weniger. Verfahren Sie jetzt entsprechend mit den immer kleiner werdenden Vorlagen. Nach dem Backen auf ein Gitter zum Auskühlen legen.

Die gebackenen Sterne mindestens einen Tag härten lassen. Mit Eiweißglasur nun die Sterne bis über die Kanten einstreichen und sofort Hagelzucker aufstreuen.

Den Zucker leicht andrücken und die Sterne auf den Kopf stellen, damit der überflüssige Zucker abfällt.

Die Sterne müssen auch jetzt wieder gut abtrocknen, bevor sie zum Baum zusammengesetzt werden. Dies kann im warmen Ofen geschehen oder mit einem Heißluftfön, indem Sie vorsichtig darüberstreichen.

Zum Zusammensetzen stecken Sie in die Mitte des größten Sternes einfach einen Schaschlikspieß. Jetzt wird der Reihe nach der jeweils nächstkleinere Stern aufgespießt.

Die Vorlage zum „Lebkuchenbaum“ finden Sie auf den Seiten 70/71.

Nußknacker, Pyramide

Die Vorlage zum „Nußknacker“ finden Sie auf den Seiten 64/65.

Die Vorlagen zur „Pyramide“ finden Sie auf den Seiten 70/71 und 74/75.

Nußknacker

Rollen Sie einen am Vortag hergestellten Honigkuchenteig ca. 1 cm dick aus. Schneiden Sie nach der Vorlage den Nußknakker aus und setzen Sie ihn auf Backpapier, um ihn dann bei 175° C (Gas: Stufe 2) für ca. 20 Minuten zu backen. Gleich auf das Gitter abschieben und auskühlen lassen.
Die Figur wird jetzt in der Emailtechnik bunt dekoriert.

Pyramide

Am Vortag einen Honigkuchenteig für Formstücke herstellen und kühl stellen.
Den Teig auf ca. 7 mm Stärke ausrollen und die Einzelteile nach der Vorlage ausschneiden. Auf ein mit Backpapier belegtes Blech legen und dünn mit Milch bestreichen. Bei 180° C (Gas: Stufe 2) für ca. 20 Minuten etwas stärker backen und auf ein Gitter zum Auskühlen abschieben. Mit der Zuckerlösung sofort dünn abglänzen.
Es ist sinnvoll, die Pyramide erst am folgenden Tag zusammenzusetzen, da die Teile dann mehr Festigkeit besitzen.
Mit der spritzfähigen Eiweißglasur kleben Sie die Teile wie auf dem Foto zusammen.
Die einzelnen Etagen müssen mit dem Fön gut durchgetrocknet werden, da unser Kunstwerk sonst nicht stabil genug ist und zusammenfällt. Die entstandenen Freiräume lassen sich jetzt individuell dekorieren.

Lebkuchen-häuser

Hexenhaus

Sie müssen sich nicht wie Hänsel und Gretel im Märchen vor Hexenhäusern fürchten, denn mit unseren Hinweisen wird es ganz einfach, ein Lebkuchenhaus zu bauen.
Suchen Sie sich dazu zuerst den Haustyp aus.
Stellen Sie am Vortag den Honigkuchenteig her. Rollen Sie ihn dann ca. 1 cm dick aus, schneiden Sie ihn nach der Vorlage zurecht und schieben Sie die Teile auf ein mit Backpapier belegtes Blech.
Aus den Teigresten legen Sie einen Zaun, und auf 2 längere, dünne Streifen legen Sie wie bei Eisenbahngleisen kleine Querstücke.
Nachdem Sie die Lebkuchen dünn mit Milch bestrichen haben, werden sie ca. 20 Minuten bei 175°C (Gas: Stufe 2) gebacken. Danach auf ein Gitter abschieben und mit der Zuckerlösung dünn abglänzen. Die Kanten werden begradigt, am besten in noch warmem Zustand. Mit der Eiweißspritzglasur klebt man nun die Einzelteile zusammen und trocknet sie mit dem Fön. Wenn die Hauswände und das Dach zusammengeklebt sind, kann man den Kamin oben auf dem Dach ansetzen und den Baum an die Rückseite des Hauses stellen. Stecken Sie Watte, die wie Rauch aussieht, in den Kamin. Den Zaun kleben Sie auf der einen Seite an das Haus und auf der anderen an den Baum. Auf die Zaunlatten spritzen Sie nun einen kleinen Punkt, das wird wie Schnee aussehen. Das Haus selbst bekleben Sie nun ganz nach Ihren Vorstellungen.
Das Dach kann entweder vorher mit einer dünnen Glasur bestrichen werden, um den winterlichen Eindruck zu unterstreichen, oder auch nur mit den einzelnen Süßigkeiten beklebt werden, so daß der Lebkuchencharakter des Hauses besser hervortritt.
Für die Eiszapfen sollten Sie sich die nötige Ruhe lassen, sie sind sehr wichtig.
Man fängt dabei oben an der Dachspitze an. Setzen Sie einen großen Punkt aus Eiweißglasur an die Dachvorderkante und ziehen Sie jetzt, ohne auf die Tüte oder den Beutel zu drükken, langsam nach unten weg. So entstehen schöne, lange Zapfen.
Ein Hexenhaus muß nicht exakt wirken, denn es bekommt seine Atmosphäre durch eine in Kauf genommene gewisse Ungleichmäßigkeit.

Die Vorlagen zum „Hexenhaus“ von dieser Seite und den Seiten 54/55 finden Sie auf den Seiten 72/73 (Haus) und 76/77 (Baum).

Mein Tip **Öffnungen für die Lebkuchenhäuser immer aus dem noch warmen Lebkuchen schneiden.**

Blockhaus

Hänsel und Gretel

Die besonders bei Kindern beliebten Märchenfiguren können Sie auch selbst herstellen. Dazu den Honigkuchenteig für Formstücke 5 mm dick ausrollen und die Figuren anschließend mit Hilfe einer nach den Vorlagen im Buch gefertigten Schablone ausschneiden.
Auf ein mit Backpapier belegtes Blech legen, für ca. 20 Minuten bei 175° C (Gas: Stufe 2) backen, herausnehmen und zum Auskühlen auf ein Gitter legen.
Zuerst die Konturen mit einer dünnen Linie aus Eiweißglasur nachziehen und dann mit der weicheren, eingefärbten Glasur auslassen.
Da die Figuren sehr klein sind, benötigt man keine Rückstützen, sie werden mit einem Glasurpunkt an der Bodenplatte befestigt.

Blockhaus

Für das Blockhaus sind die gleichen Vorbereitungen wie beim einfachen Hexenhaus nötig. Verwenden Sie hier nur den entsprechenden Schnitt und übertragen Sie ihn auf den ausgerollten Teig. Dann schneiden Sie die Teile zurecht und backen sie wie im Kapitel „Lebkuchenrezepte" beschrieben. Um dem Teig eine kräftige Farbe zu geben, bestreichen Sie ihn, bevor er in den Ofen kommt, dünn mit Milch.
Die wesentliche Besonderheit beim Blockhaus ist die Behandlung nach dem Backen. Sowie die Lebkuchenwände aus dem Ofen kommen, werden die Öffnungen herausgeschnitten und mit dem Rücken eines langen Messers die Kerben der Balken eingedrückt. Jetzt erst kann man die Teile mit der Zuckerlösung abglänzen. Im lauwarmen Zustand die Kerben ruhig noch ein- oder zweimal sorgfältig nachziehen.
Die Kanten, an denen die „Balken" ineinandergesteckt werden, müssen Sie anschließend mit einem Messer oder einer Säge passend schneiden.
Die letzten Unebenheiten an den „Balken" können Sie mit einer gewöhnlichen Holz- oder Metallfeile begradigen.
Das Ausgarnieren des Blockhauses sollte sparsam sein, da sonst der typische Lebkuchencharakter verlorengeht. Sie sollten lediglich einige Eiszapfen aus festerer Eiweißspritzglasur an die Dachkante setzen.
Um die winterliche Atmosphäre dieser Szene zu betonen, können Sie das Blockhaus darüber hinaus noch leicht mit Puderzucker einstäuben.
Dazu verwenden Sie ein feines Sieb.

Die Vorlagen zum „Blockhaus" von den Seiten 58/59 finden Sie auf den Seiten 74/75.

Die Vorlagen zu „Hänsel und Gretel" finden Sie auf den Seiten 66/67.

Stille Nacht, heilige Nacht
Stil - le Nacht, hei - li - ge Nacht! Al - les schläft, ein - sam wacht nur das trau - te hoch - hei - li - ge Paar. Hol - der Kna - be im lok - ki - gen Haar, schlaf' in himm - li - scher Ruh'! schlaf in himm - li - scher Ruh'!
Stille Nacht, heilige Nacht!
Hirten erst kund gemacht;
durch der Engel Halleluja
tönt es laut von fern und nah:
Christ der Retter ist da!
Christ der Retter ist da!
Stille Nacht, heilige Nacht!
Gottes Sohn, o wie lacht
Lieb aus deinem göttlichen Mund,
da uns schlägt die rettende Stund,
Christ, in deiner Geburt,
Christ, in deiner Geburt.
Text: Joseph Mohr
Melodie: Franz Gruber
260
261

Vollkornhaus

Lassen Sie sich mit einem Hexenhaus aus Vollkorn zeigen, daß Hänsel und Gretel auch ohne Zucker von einem Knusperhaus verzaubert werden können. Und hier ist es ganz bestimmt nicht nur ein Märchen.
Der Vollkornteig wird, wie im Rezeptteil auf Seite 16 beschrieben, hergestellt. Den Teig mindestens 24 Stunden verquellen lassen.
Rollen Sie ihn nun auf 1 cm Stärke aus, schneiden Sie ihn nach der Vorlage aus und legen Sie die Teile auf ein mit Backpapier bedecktes Blech. Mit Milch dünn bestreichen und gleich bei 175° C (Gas: Stufe 2) backen.
Nach dem Backen die Lebkuchenteile zum Auskühlen sofort auf ein Gitter ziehen.
Mit der Klebemasse aus 2 steif geschlagenen Eiweiß, 1 Prise Salz und Ahornsirup als Süßstoff kleben Sie nun die Hausteile zusammen. Den Baum kleben Sie von hinten ans Haus an. Und damit ein jeder sehen kann, daß die Hexe zu Hause ist, lassen Sie Rauch aus dem Kamin aufsteigen. Dazu brauchen Sie nur etwas Haushaltswatte, die Sie oben auf den Schornstein drücken.
Zum Garnieren und Dekorieren eignen sich Kokosraspel, Sesamkörner, halbierte Mandeln und Nüsse, aber auch Pistazienkerne, die dem Haus Farbe geben. Aus den Teigresten lassen sich dann wieder der Zaun und auch ein paar Plätzchen herstellen, die ebenfalls auf das Dach geklebt werden können.

Die Vorlagen zum „Vollkornhaus“ finden Sie auf den Seiten 74/75.

Diabetikerhaus

Auch für Diabetiker wird ein Märchen wahr, wenn Sie ein speziell für sie gedachtes Lebkuchenhaus backen.
Bei der Herstellung eines solchen Hauses muß allerdings anders als bisher vorgegangen werden. Bereiten Sie dafür den Lebkuchenteig, wie im Rezept-Kapitel beschrieben, zu. Streichen Sie nun die Masse auf rechteckige Oblaten. Notfalls können Sie runde Oblaten rechteckig zuschneiden. Anschließend bei 175° C (Gas: Stufe 2) backen.

Nach dem Auskühlen kleben Sie von unten nach oben mit steifgeschlagenem Eiweiß (nur einige Tropfen Zitronensaft zusetzen) nun die frischen Lebkuchen auf saubere Kartonstücke, die Sie in Form der Vorlage im Buch zurechtgeschnitten haben. Für die Schrägen am Vorder- und Rückenteil müssen lediglich einige der Lebkuchen in noch warmem Zustand zerschnitten werden. Dieses Kartongerüst ist notwendig, da der spezielle Diabetikerteig alleine nicht genügend Festigkeit besitzt und die Wände brechen würden. Aus diesem Grund setzen die beiden Dachhälften auch direkt auf dem Boden auf, denn so läßt sich ihr eigenes Gewicht besser verteilen.
Da die Lebkuchenziegel dem Haus ohnehin sehr viel Struktur verleihen, empfiehlt es sich, die Dekoration sparsam zu gestalten. Bringen Sie sie bereits auf die Lebkuchenplatten auf, bevor diese auf den Karton geklebt werden. Zum Charakter dieses speziellen Teigs passen am besten natürliche Verzierungen wie Mandeln oder verschiedene Nüsse.
Wollen Sie Ihr Knusperhaus nun noch mit kleinen Figuren in eine Märchenlandschaft verwandeln, so können Sie kleine Plastikfiguren, die Hänsel, Gretel und die Hexe darstellen, in Ihrer Konditorei kaufen. Sollte man dort keine derartige Dekoration vorrätig haben, versuchen Sie doch, sich etwas Entsprechendes aus Modelleisenbahnbedarf zusammenzustellen. Andererseits wird es Ihnen und Ihren Kindern bestimmt großen Spaß machen, die Märchenfiguren aus bunter Knetmasse selbst zu formen.

Die Vorlagen zum „Diabetikerhaus" von den Seiten 62/63 finden Sie auf den Seiten 74/75.

Aus Teigresten gefertigtes Zubehör für das „Vollkornhaus".

Mein Tip **Das Diabetiker-Lebkuchenhaus sollte in einem Arbeitsgang hergestellt werden, da sich die Oblaten sonst leicht verbiegen und somit nicht gut auf den Karton aufzukleben sind.**

Für Kutsche 2 x

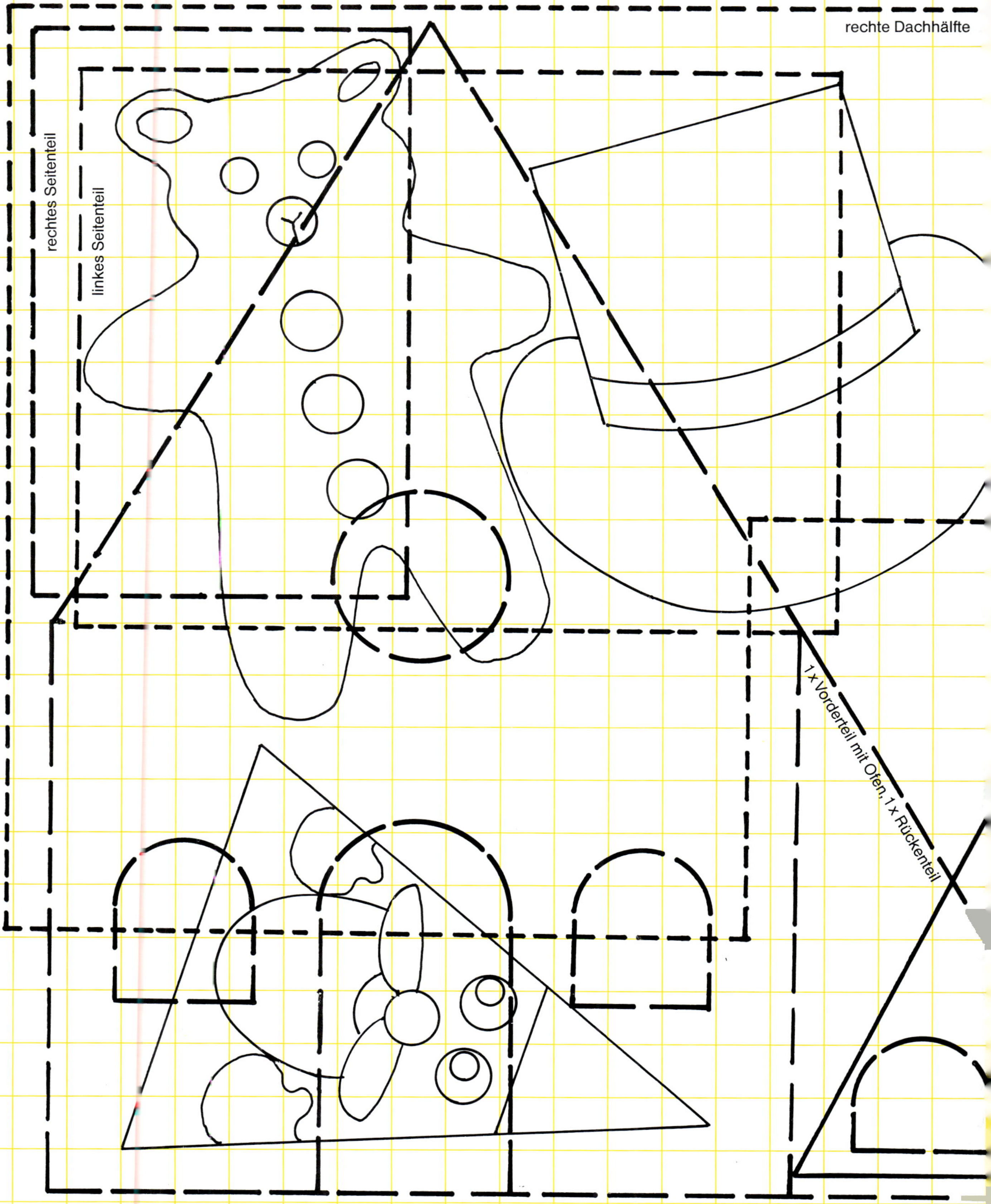
rechte Dachhälfte
rechtes Seitenteil
linkes Seitenteil
1 x Vorderteil mit Ofen, 1 x Rückenteil

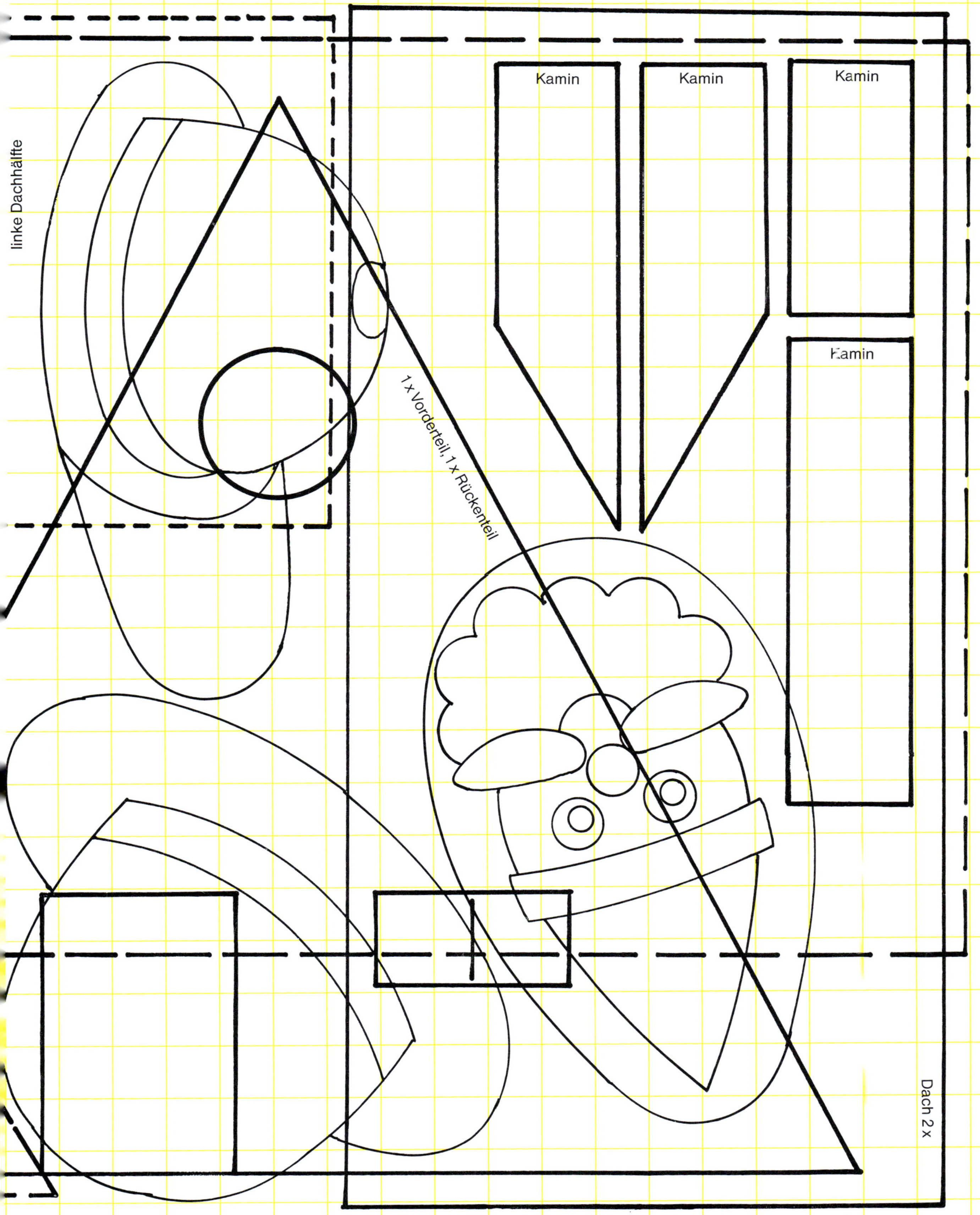
linke Dachhälfte
Kamin
Kamin
Kamin
Kamin
1 x Vorderteil, 1 x Rückenteil
Dach 2 x

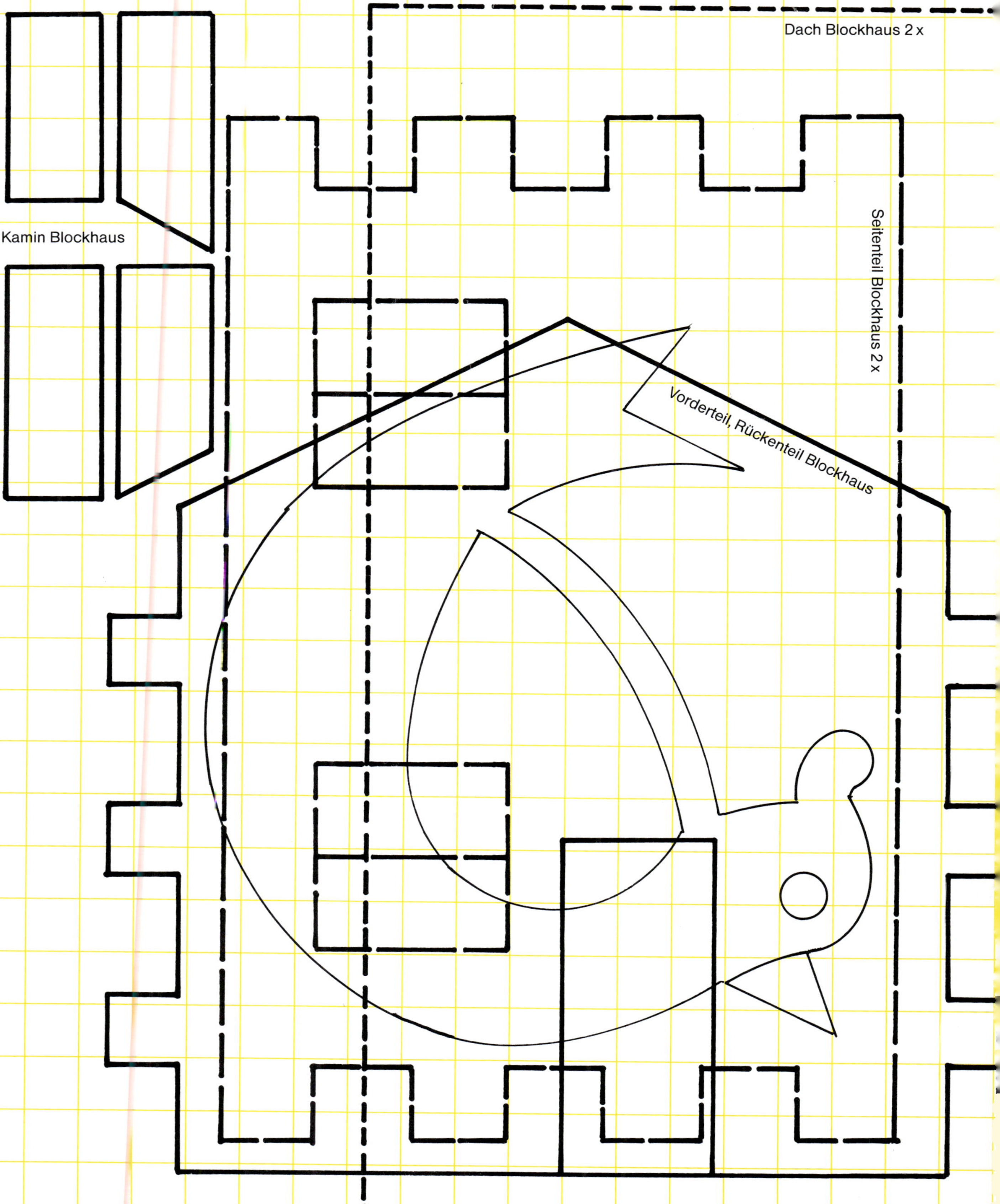
Dach Blockhaus 2 x
Kamin Blockhaus
Seitenteil Blockhaus 2 x
Vorderteil, Rückenteil Blockhaus

Dach Vollwert-/Diabetikerhaus 2 x
Vorderteil, Rückenteil Vollwert-/Diabetikerhaus
Für Pyramide je 6 Teile
Kamin Vollwert-/Diabetikerhaus

Bodenteil Kutsche
Rückenteil Kutsche
Für Kutsche 2 x
2 x

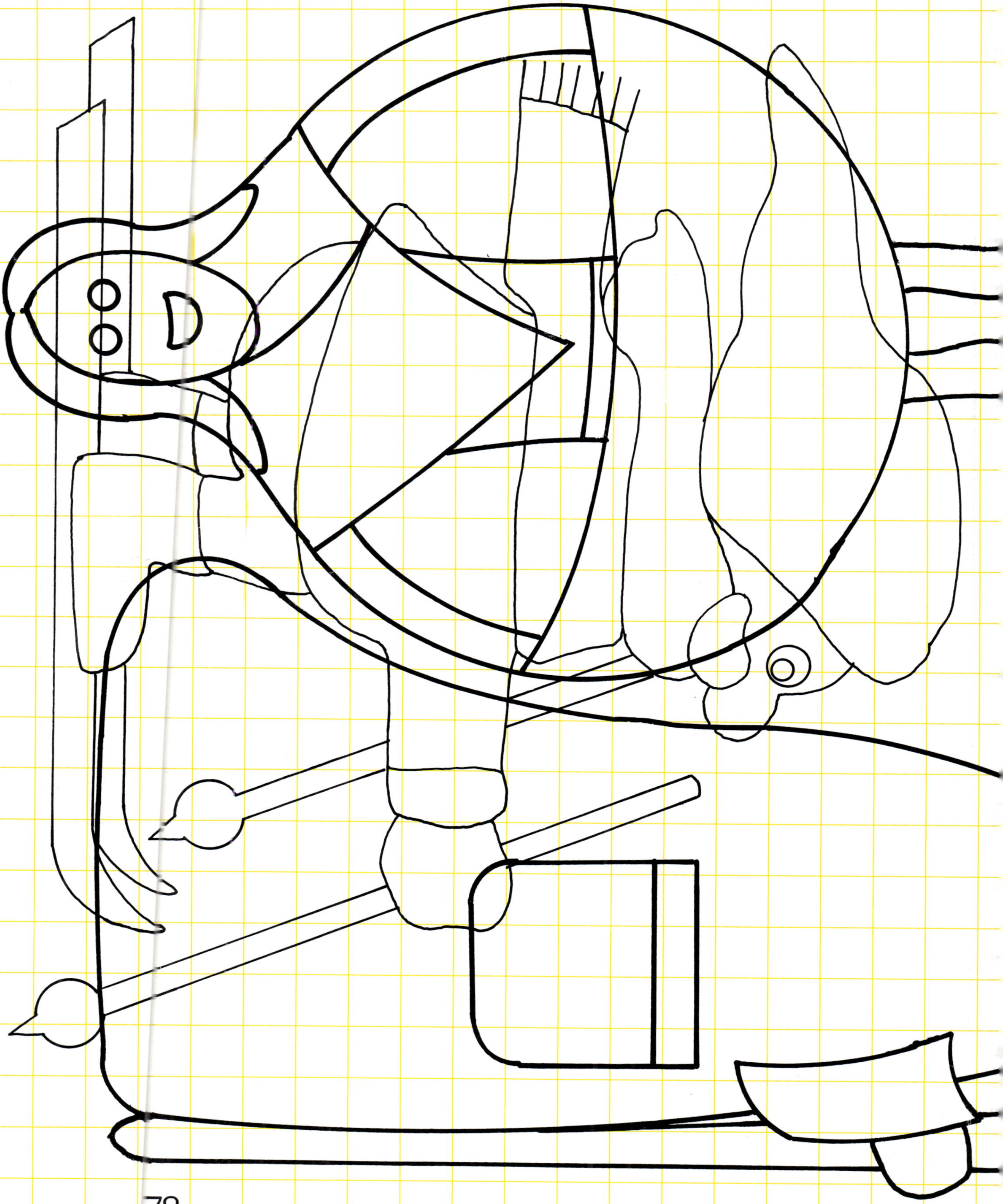

[Abbildung Titelseite]

Victor Hugo: La Souris, Velmich (Die Maus, Velmich), 1840
Feder- und Bleistiftzeichnung auf Papier, 27,5 x 22 cm.
(Maison de Victor Hugo, Paris)

DER KATALOG ERSCHEINT BEGLEITEND
ZUR AUSSTELLUNG
IM STRAUHOF ZÜRICH, 13.6.-1.9. 2002

AUF EINEM ANDEREN BLATT
DICHTER ALS MALER

STRAUHOF ZÜRICH

BAND 9: AUF EINEM ANDEREN BLATT: DICHTER ALS MALER
IM AUFTRAG DER STADT ZÜRICH
HERAUSGEGEBEN VON NICOLAS BAERLOCHER
UND MARTIN BIRCHER

IMPRESSUM

Editorische Betreuung und Bildredaktion: Ute Harbusch, Stuttgart
und Christina Feilchenfeldt, Zürich
Redaktion der Texte: Marion Elmer, Zürich und Ute Harbusch, Stuttgart
Beschaffung der Bildvorlagen: Ute Harbusch, Stuttgart
Gestaltung, Koordination und Satz: Mathis Füssler, Zürich
Lithos: Setzerei Hürlimann AG, Zürich
Druck: BuchsMedien AG, Buchs SG

ISBN 3-907496-18-3

INHALTSVERZEICHNIS

[Seite 10]

Michail Lermontow: Pjatigorsk, 1838
Öl auf Karton
(Staatliches Literaturmuseum, Moskau)

VORWORT

Dieser Band ist als Begleitpublikation zur Ausstellung «Auf einem anderen Blatt – Dichter als Maler» in dem auf literarische Themen spezialisierten Museum Strauhof in Zürich entstanden (Sommer 2002). Ausgangspunkt ist also das geschriebene Wort. Es geht um Persönlichkeiten, die als Autoren literarischer Werke bekannt sind, sich daneben aber auch zeichnend und malend betätigt haben. «Daneben» kann hierbei Vieles und Verschiedenes bedeuten. Bekanntlich sind auch bildende Künstler immer wieder literarisch hervorgetreten. Diese Formel eines doppelten kreativen Schaffens wurde jedoch bewußt ausgeklammert. Sie wäre ein anregendes Thema für sich.

Goethe, Hugo, Hesse, Dürrenmatt – daß diese Autoren nicht nur geschrieben, sondern auch ein beachtliches bildkünstlerisches Werk hinterlassen haben, ist den meisten Literaturinteressierten bekannt. Doch die Zahl der Romanciers, Dichter und Dramatiker, die ebenfalls gemalt und gezeichnet haben, ist noch um vieles größer. Nicht jeder wird wissen, daß auch von August Strindberg und Marcel Proust, von Federico García Lorca, Thomas Mann oder Patricia Highsmith Bilder und Zeichnungen erhalten sind. Die Reihe der Namen ließe sich beliebig verlängern. Eine Auswahl war notwendig; sie ergab sich zum Teil schon aus der Tatsache, daß manche Bilder und Blätter aus verschiedensten Gründen für die Ausstellung nicht zur Verfügung standen. Buch und Ausstellung erheben ausdrücklich keinen Anspruch auf die enzyklopädische Erfassung des Phänomens der «malenden Dichter». Zum Entdecken und vor allem zum Erstaunen sind die Beispiele zusammengetragen worden. Sie reichen von der Goethezeit bis in die unmittelbare Gegenwart und stammen aus verschiedenen Sprach- und Kulturräumen. Es ist die beinahe wuchernde Vielfalt, welche fasziniert. Eine Gliederung erfolgte darum behutsam, primär nach Themen und Genres, kaum nach Stilen.

Buch und Ausstellung gehen auf eine Anregung von Prof. Martin Bircher, Leiter der Fondation Martin Bodmer in Cologny-Genf zurück. Viel ist bei den Recherchen der Publikation *Peintures et dessins d'écrivains* von Serge Fauchereau zu verdanken. Dr. h.c. Friedrich Pfäfflin (Marbach am Neckar) begleitete das Vorhaben beratend. Als Kuratorin der Ausstellung und Herausgeberin dieses Bandes ist Ute Harbusch (Stuttgart) für Konzept, Auswahl und Gliederung der Exponate, zusammen mit der Kunsthistorikerin Christina Feilchenfeldt (Berlin) und dem visuellen Gestalter Mathis Füssler (Zürich), welcher auch diesen Band graphisch betreut hat, verantwortlich. Diesem engagierten, ideenreichen Team sowie allen Verfassern der Beiträge zum Begleitband, Ernst Halter vom Offizin Verlag und Daniela Lienhard als für die Organisation Verantwortliche gilt mein herzlicher Dank.

NICOLAS BAERLOCHER
MUSEUM STRAUHOF / PRÄSIDIALDEPARTEMENT DER STADT ZÜRICH

WENN SCHRIFTSTELLER MALEN

VON DER ROMANTIK ZUM SURREALISMUS UND DARÜBER HINAUS

SERGE FAUCHEREAU

Seit den längst vergangenen Zeiten der Hieroglyphen und Piktogramme ist die Schrift nie etwas anderes als Zeichnung, und noch dazu eine Zeichnung von durchaus konventioneller Art gewesen. Die Tinte wiederum, mit der wir seit langem schreiben und drucken, ist nichts anderes als eine Form von monochromer Farbe – beziehungsweise, wenn wir radieren, stechen oder schneiden: eine Form von Plastik. Vielleicht gilt deshalb der Übergang vom Schreiben zum Zeichnen gewissermaßen als selbstverständlich, vielleicht haben sich deshalb zahlreiche bildende Künstler auch der Literatur zugewandt: Michelangelo den Sonetten, Picasso dem Theater... Daß hingegen die Zahl der zeichnenden oder malenden Schriftsteller nicht weniger hoch ist, dessen ist man sich erst seit relativ kurzer Zeit bewußt. Mangels Informationen oder schriftlicher Beweise werden wir nie wissen, ob Dante, Shakespeare oder Calderón gezeichnet haben. Im Bereich der Plastik stellt sich die Frage kaum, vielleicht, weil sie eine ganz spezifische Technik erfordert (erwähnt seien gleichwohl Graf de Gobineau, Gerhart Hauptmann und, selbstverständlich, Hans Arp). Erst im romantischen Zeitalter beginnen die Schriftsteller denn auch zu zeichnen oder zu malen. Den Anfang machten Goethe und William Blake. Das malerische Werk wie die illustrierten und «illuminierten» Bücher des englischen Dichters sind bekannt; den Präraffaeliten und später den Symbolisten gilt Blake als Vorläufer. Weniger bekannt ist, daß Goethes bildnerisches Werk umfangreich ist und daß es ihm am Herzen lag. Er wußte um seine ungleiche Begabung in den beiden künstlerischen Domänen, ließ sich davon aber nicht entmutigen: «Es fehlte mir hierzu nichts weniger als alles; doch blieb ich hartnäckig daran...» Goethe war kein großer Maler, verfaßte aber eine noch immer lesenswerte *Farbenlehre*.

In der Romantik greifen die Dichter ohne Zögern zu Zeichenstift, Pinsel oder gar irgendeinem wenig orthodoxen Instrument und wagen sich sorglos in den Bereich der bildenden Kunst vor. Es lohnt sich, kurz auf die bereits vorhandene Vielfalt ihrer Ansätze einzugehen, kündigt sich hier doch bereits die Blütezeit der Eroberung der Kunst durch die Schriftsteller an – Symbolismus und Jahrhundertwende.

Nach dem Beispiel William Blakes wandten sich mehrere angesehene Schriftsteller der Romantik gleichzeitig mehr der bildenden Kunst als der Literatur zu. So etwa der Österreicher Adalbert Stifter, der Franzose Eugène Fromentin und der Pole Cyprian Kamil Norwid, die der Nachwelt vielleicht eher ihre Landschaftsbilder oder ihre symbolischen Kompositionen überliefern wollten als ihre Romane oder ihre Lyrik. Doch während die Malerei Fromentins heute ebenso geschätzt wird wie dessen Essays über *Die alten Meister. Belgien – Holland* oder dessen Roman *Dominique*, trifft das für die beiden anderen genannten Künstler nicht zu. Stifters Erzählungen und Romane werden noch immer gelesen, und Norwids *Promethidion* bleibt ein Meisterwerk des 19. Jahrhunderts; ihre Malerei hingegen findet nur noch dank ihres literarischen Œuvres Beachtung.

In die Kategorie der professionellen Zeichner gehört auch der Engländer William Makepeace Thackeray. Er hatte sich bereits einen Namen als Karikaturist gemacht, bevor er dann der großartige Romancier des *Jahrmarkts der Eitelkeiten* wurde. Aber auch Edward Lear, Thackerays Landsmann, gehört dazu. Heute ist Lear für den Humor seiner *Nonsense-Verse* bekannt, zu seinen Lebzeiten aber war er ein angesehener und ernsthafter Landschaftsmaler – er gab sogar Königin Viktoria Zeichenunterricht. Auch Dichter, die sich anfänglich der Malerei zuwenden und erst später endgültig zum Schreiben finden, sind nicht selten.

Erwähnt seien etwa Prosper Mérimée, Théophile Gautier, Eduard Mörike, Gottfried Keller oder Gustavo Adolfo Bécquer, die alle aus Liebhaberei gelegentlich noch zu Pinsel oder Zeichenstift greifen. Echte Dilettanten waren auch Friedrich Schiller, E.T.A. Hoffmann oder Alfred de Musset, die – zur eigenen oder zur Belustigung ihres Freundeskreises – höchst kreativ mit dem Zeichenstift umgingen, wenn auch unter Mißachtung sämtlicher akademischen Regeln. Mit diesen Regeln vertraut waren hingegen Alexander Puschkin, Michail Lermontow, Nikolaj Gogol (er besuchte in St. Petersburg die Akademie der Künste), Rodolphe Töpffer oder Hans Christian Andersen. Die Schar der Dilettanten überragten sie indes nur dann, wenn sie mit einem bisher

Edward Young: The Complaint, and the Consolation; or, Night Thoughts. Illustriert von William Blake, London, 1797.
(Fondation Martin Bodmer, Cologny-Genf)

Gottfried Keller: Aussicht vom Hottingerberg auf das Limmattal, 1841
Öl auf Leinwand, 22 x 25,5 cm.
(Kunstmuseum St. Gallen)

unbekannten Verfahren zur Malerei auf Distanz gingen: Spielerisch erfindet der Schweizer Töpffer die Erzählung in Form der Bildergeschichte, der dänische Märchenerzähler Andersen wiederum die Collage à la Kurt Schwitters. Gerade weil sie keine Berufsmaler sind und mit den etablierten Regeln unbefangen umgehen, zeichnen sich etliche Dichter durch ihren außergewöhnlichen Einfallsreichtum aus.
Ohne näher darauf eingehen zu können, sei doch zumindest der Hinweis auf die Liebhaber von zufällig hingestreuten Flecken, Klecksen und Abdrücken erlaubt, nehmen sie doch Techniken vorweg, welche später die Symbolisten und vor allem die Surrealisten systematisch ausloten und vorantreiben werden.
Vermutlich haben Schriftsteller von jeher Tintenkleckse zum Anlaß genommen, um daraus in spielerischer Weise wunderliche Kritzeleien zu entwickeln, doch erst im 19. Jahrhundert werden sich manche eingehend mit derartigen Verfahren befassen. Als erster sei der deutsche Dichter Justinus Kerner genannt: Seine ausgehend von Tintenklecksen mehr oder weniger stark bearbeiteten figurativen Formen bezeichnete er als Klecksographien. Durch Falzen erzielte er Symmetrieeffekte, die in etwa an die später entwickelten Flächenfiguren des Rorschach-Tests gemahnen (Kerner war auch Arzt), aber auch an sich im Wasser spiegelnde Landschaften oder an Köpfe phantastischer Wesen.
Bekannter ist das beträchtliche plastische Werk von George Sand. Um ihren Lebensunterhalt zu bestreiten, hatte die Romanschriftstellerin anfänglich Aquarelle gemalt, die sie zusammen mit kleinen, von ihr bemalten Dekorationsgegenständen verkaufte. Doch auch als berühmte und erfolgreiche Schriftstellerin gab sie die Malerei nicht auf und konnte nun, da sie auf potentielle Kunden keine Rücksicht mehr nehmen mußte, ihrer Phantasie freien Lauf lassen – etwa mit einem «Dendrite-Verfahren», so benannt in Anlehnung an die ausgefallenen, häufig baumförmigen Linien und Zeichnungen, die Kristalle in Gesteinsschichten bilden. Dieses Verfahren beschreibt sie wie folgt: «Zwischen zwei Bristolpapieren werden Aquarellfarben gepreßt. Dabei entstehen manchmal seltsam geformte Linien. Mit etwas Phantasie sehe ich darin Gebüsche, Wälder oder Seen, und ich akzentuiere die zufällig erzeugten schemenhaften Formen.» Im hohen Alter, in den siebziger Jahren des 19. Jahrhunderts, schuf George Sand so ihre vielleicht eigenartigsten Landschaften.
Wenn es um phantastische Traumgebilde geht, geschaffen aus Klecksen oder einigen, von einem realen Modell ausgehenden Federstrichen, dann hat Victor Hugo nicht seinesgleichen. Der große Romantiker war ein vielseitiger Künstler (nur wenige Schriftsteller sind auch in der Geschichte der bildenden Kunst herausragende Schöpfer) – nicht bloß, was die Fülle seines Werks und die über weite Teile des Jahrhunderts bis ins Todesjahr 1885 reichende Produktion anbelangt, sondern vor allem aufgrund der

Victor Hugo: Le château de Furstenberg dans la brume (Schloß Fürstenberg im Nebel), 1840
Feder- und Bleistiftzeichnung auf Papier, 23,3 x 29,5 cm.
(Maison de Victor Hugo, Paris)

außerordentlichen Vielfalt seiner Inspiration und seiner Techniken. Von der nachsichtig-liebevollen Karikatur bis zur visionären Tragik zieht er alle Register. Alle Materialien und Techniken sind ihm willkommen: Papier, Karton, Fließblatt, Holz, Tinten- oder Kaffeekleckse, Aquarell, Gouache, Zigarrenasche, Erde, Abdrücke von Blättern oder Spitzen, Schablone, Falzen oder Frottage, Radierung... Victor Hugo lebt von seiner Inspiration: Seine Phantasie wird von der kleinen realistischen Skizze ebenso angeregt wie von der im Halbdunkel einer spiritistischen Séance geschaffenen Komposition – Echos darauf sind die spiritistischen Experimente mancher Surrealisten, aber auch der das Fin de siècle in seinen Bann ziehende Okkultismus: vom Dramatiker Victorien Sardou bis zum Maler Odilon Redon. Victor Hugo hat zeit seines Lebens gezeichnet, echte Wertschätzung jedoch findet sein malerisches und zeichnerisches Œuvre erst in seinen letzten Lebensjahren: mitten im Symbolismus. Es ist kein Zufall, daß Hugos erstes Album auf Drängen seines alten Freundes Théophile Gautier gedruckt wurde; Gautier, der einstige, noch immer gelegentlich malende Künstler war Dichter genug, um die Originalität von Hugos künstlerischem Werk in seinen Resultaten wie in seinen bevorzugten Techniken zu erkennen: Seine Feder, «nicht mehr geführt, kritzelt lustvoll an den Rändern der Vorstellung, die träumerisch den flüchtigen Formen der Erinnerung, den kurz aus dem Nebel aufblitzenden Visionen, den Chimären der Phantasie und den zufälligen Launen der unbewußten Hand anhängt». Beschreibt Gautier hier nicht das automatische Schreiben, das spontane Zeichnen?

Im letzten Viertel des 19. Jahrhunderts ist die bildende Kunst hin und her gerissen zwischen dem Aufkommen der englischen Präraffaeliten und ihrer Ableger (eine sarkastische Version ist in Aubrey Beardsleys Werk zu finden) und, paradoxerweise, dem Impressionismus, der sozusagen unter den Pinselstrichen Manets, Degas' oder Monets entsteht.

Die einen sind in ihrer Formgebung um so präziser, als sie sich am Unwirklichen orientieren, die anderen «um so verschwommener und flüchtiger» (um mit Verlaine zu sprechen), als sie nur ihre Alltagswelt betrachten. Tatsächlich waren die Präraffaeliten – von den Anfängen mit Dante Gabriel Rossetti in der Mitte des 19. Jahrhunderts bis zur letzten Blütezeit mit William Morris und Edward Burne-Jones – eine weitgehend literarisch inspirierte Bewegung. Denn die Malerei eines Rossetti oder eines John Everett Millais ist die direkte Umsetzung ihrer Dichtung, und die *Kunde von Nirgendwo* (1890) eines Morris legt in Romanform dessen sozialreformerische Gedanken dar, die in den gemeinsam mit Freunden gegründeten Kunsthandwerkateliers praktisch umgesetzt werden – ganz zu schweigen vom starken Rückhalt von seiten John Ruskins, eines der berühmtesten Essayisten Europas, der zudem ein begabter Maler und Zeichner war. In dieser Verknüpfung von bildender Kunst und Literatur war

William Blake das Vorbild für die Präraffaeliten wie für den Dichter Gerard Manley Hopkins, der sich ebenfalls zur Malerei hingezogen fühlte. Ein Zeichen der Zeit, sollten sich doch von nun an überall in der westlichen Welt zahlreiche Schriftsteller neben ihrem literarischen Werk auch der Malerei oder dem Zeichnen widmen – mit mehr oder weniger Kontinuität, mit mehr oder weniger glücklicher Hand und auf ganz unterschiedliche Weise. Mein Buch *Peintures et dessins d'écrivains* (Paris 1991) führt denn auch allein für das letzte Viertel des 19. Jahrhunderts rund sechzig bekannte Namen auf. Was sie voneinander unterscheidet, ist vornehmlich ihre je eigene Intention.

Vom künstlerischen Standpunkt aus haben die meisten mit den größten bildenden Künstlern ihrer Zeit rivalisierenden Schriftsteller als Dilettanten zu gelten. Mit zwei gewichtigen Ausnahmen: Strindberg und Wyspianski. Der schwedische Dramatiker August Strindberg hinterläßt ein spektakuläres malerisches Werk, das in drei ganz präzis voneinander abgegrenzten Perioden entstand: zwischen 1870 und 1880, dann vor allem zwischen 1890 und 1895 sowie 1900 und 1907.

Es handelt sich meistens um grandiose Landschaften in intensiven Farben, mehr mit dem Spachtel als mit dem Pinsel ausgeführte Ölgemälde an der Grenze des Gegenständlichen und von bereits expressionistischer Gewalt. Das hat damit zu tun, daß Strindberg, anders als in seiner Epoche üblich, weder direkt am Motiv arbeitet wie die Impressionisten (die er nicht schätzte) noch mit einem Modell wie die akademischen Maler. Weshalb, erläutert er 1894: «Von der Mühe entlastet, die Farben zu erfinden, verfügt die Seele des Malers über die Fülle der Kräfte, um nach Konturen zu suchen, und da die Hand den Spachtel zufällig führt – sich dabei an das Vorbild der Natur haltend, ohne es zu kopieren –, erweist sich das Ganze als das entzückende Durcheinander von bewußt und unbewußt. Das ist natürliche Kunst, der Künstler arbeitet wie die launische Natur und ohne bestimmtes Ziel.»

Mühelos erkennen wir hier die von Gautier mit Blick auf Victor Hugo beschriebene Methode, welche die Vertreter des Automatismus im Surrealismus systematisch in die Praxis umsetzen werden.

Viele Theaterautoren zeichnen: der Ire Bernard Shaw, der Franzose Henry Bataille und allen voran der Norweger Henrik Ibsen – vermutlich, weil sie mit Inszenierungsfragen konfrontiert sind. Doch jener Künstler, der wie Strindberg für Malerei und Literatur gleichermaßen begabt ist, ist der Pole Stanislaw Wyspianski. Zwischen 1891 und 1893 hielt er sich in Paris auf, um Malerei und Plastik zu studieren, und begeisterte sich dort für das Theater. Daraufhin begann er, für die Bühne zu schreiben, gab aber die bildende Kunst nicht auf. Zurück in Polen, sollte er dann einer der Hauptvertreter der literarischen und künstlerischen Erneuerung um die Jahrhundertwende werden (Junges Polen). Von Wyspianskis Werk inspirieren ließen sich in unserer Zeit der Filmregisseur Andrzej Wajda, der namentlich *Die Hochzeit* verfilmte, und Tadeusz Kantor, der sich unter Wyspianskis Einfluß ebenfalls für eine Doppelkarriere als Theatermann und Maler entschied.

Ein Leben lang wirkte der Engländer George Du Maurier, ständiger Mitarbeiter der Satirezeitschrift *Punch*, als professioneller Zeichner und Karikaturist. Erst in seinen letzten Lebensjahren griff er, sich seiner Pariser Kindheit und seiner Jahre als junger Kunstmaler erinnernd, zur Feder und verfaßte die reich mit eigenen Illustrationen versehenen Romane *Peter Ibbetson* (1891) und *Trilby* (1894). Aus seinem Gesamtwerk sind gerade diese beiden Werke der Nachwelt bekannt, zumal der von den Surrealisten hochgeschätzte *Peter Ibbetson*. Ebenfalls als Illustrator für Zeitungen begann Pierre Loti seine Berufskarriere. Damals war er allerdings noch nicht der Romanschriftsteller Pierre Loti, sondern der junge Julien Viaud, der von seiner Reisetätigkeit und seinem Zeichentalent profitierte, um die Neugier des französischen Publikums zu befriedigen und seinen bescheidenen Sold als Marineaspirant aufzubessern. Heute suchen wir das exotische Moment lieber in seinen Romanen.

Manche Dichter gehen so geschickt mit dem Zeichenstift um, daß sie ihre Bücher selbst illustrieren wollen, ohne sich allerdings als professionelle Illustratoren zu verstehen.

Charles Baudelaire war einer der ersten. Neben anderen Zeichnungen fertigte er mehrere sorgfältig und detailliert ausgeführte Selbstportraits an, vermutlich in der Absicht, daraus ein Frontispiz für eine Ausgabe der *Blumen des Bösen* zu machen. Gleiches taten in der Folge die baudelaireschen Dichter Tristan Corbière und Charles Cros; Corbière selbst schuf das Portrait, das am Anfang seiner *Gelben Liebschaften* abgebildet ist, Cros die Radierung, die seine *Dixains réalistes* ziert. Daß nur wenige Dichter sich an die Radierung wagen, hat damit zu tun, daß sie gewisse technische Kenntnisse voraussetzt. Nicht unerwähnt bleibe deshalb, daß Jules de Goncourt persönlich die Platten für den gemeinsam mit seinem Bruder verfaßten Essay *Die Kunst des 18. Jahrhunderts* gestochen hat.

Daß Lewis Carroll darauf verzichtete, seine für *Alice im Wunderland* vorgesehenen Illustrationen zu veröffentlichen, ist bedauerlich; ersetzt wurden sie durch die sicherlich gekonnteren und kunstvolleren von John Tenniel. Doch in ihrer Spontaneität und Herzlichkeit werden Carrolls Bilder dem Charakter der Erzählung besser gerecht. Genau das wird später den Charme von Rudyard Kiplings *Einfach so Geschichten* ausmachen. Darin zeigt das Zusammenspiel von Skizze und Text sehr schön, daß Schlichtheit mit echter Feinsinnigkeit gepaart sein kann, ohne daß darüber der Humor verloren ginge. Es kann aber auch vorkommen, daß der Autor bewußt ein gewisses Spannungsfeld zwischen Text und Bild herstellen will. So illustrierte etwa Thomas Hardy seine *Wessex Poems* mit klaren und präzisen Zeichnungen

Maximilian Woloschin: Landschaft, 1924
(Staatliches Literaturmuseum, Moskau)

Lewis Carroll: Entwurfszeichnung für ‹Alice's Adventures Under Ground›, 1863-64
Federzeichnung auf Papier, 11,4 x 18,3 cm.
(Christ Church Library, Oxford University)

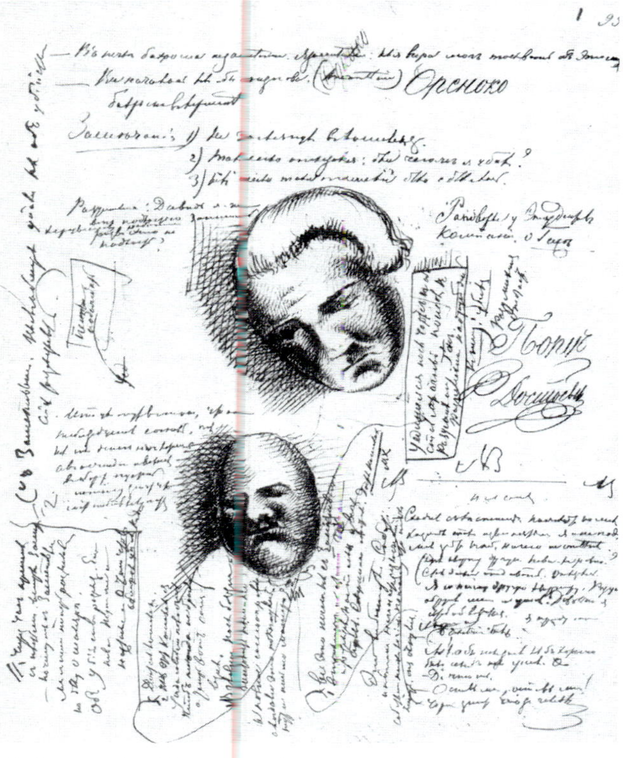

Fjodor Dostojewskij: Manuskriptseite des Romans ‹Schuld und Sühne›, 1865-66
(Staatliches Literaturmuseum, Moskau)

(Hardy hatte Architektur studiert), deren leise Ironie einen Ausgleich zum eher melancholischen und manchmal düsteren Grundton seiner Balladen schafft.
Bei der Beschäftigung mit Autoren, die ihre eigenen Werke illustriert haben, fällt auf, daß im letzten Jahrzehnt des 19. Jahrhunderts eine zwar ganz alte, damals aber gründlich vergessene Technik wieder aufkommt: der Holzschnitt.
Neue Wertschätzung erfährt er in der Epoche des Symbolismus dank Künstlern wie Paul Gauguin, Edvard Munch, Henry van de Velde und William Nicholson sowie dank Schriftstellern, die sich von ihrem Enthusiasmus anstecken lassen. Zu ihnen gehören Rémy de Gourmont und Alfred Jarry, die Gründer der Zeitschrift *L'Ymagier* (1894-1896); veröffentlicht wurden dort vor allem alte oder traditionelle Holzstiche, aber auch die Versuche der beiden Herausgeber als Amateur-Xylographen. Gourmont illustrierte nur ein einziges Werk, seinen *Phocas*, Jarry hingegen durchsetzte seine frühen Bücher mit zahlreichen Zeichnungen und Graphiken alter Meister oder von eigener Hand: *Les Minutes de sable mémorial*, *César-Antéchrist* und sogar *König Ubu*.
Ihr Freund, der belgische Dichter Max Elskamp, tat es ihnen gleich; doch seine vollendete Technik und sein unvergleichlich größerer formaler Einfallsreichtum machen seine *Six Chansons de pauvre homme*, seine *Enluminures* und sein *Alphabet de Notre Dame de la Vierge* zu Meisterwerken des symbolistischen Buches. An Elskamp anknüpfen wird dessen Landsmann Jean de Boschère, wenn auch eher im Bereich der bildenden Kunst als der Literatur. Auch er ist Dichter und bildender Künstler zugleich und einer der seltenen Schriftsteller, der sich als Bildhauer betätigt.
Die meisten Dichter und Schriftsteller schätzen ihr Talent im Bereich der bildenden Kunst nicht so hoch ein, daß sie entsprechende Veröffentlichungen auch nur ins Auge fassen würden. Das hält sie indes nicht davon ab, zum bloßen Vergnügen zu zeichnen oder zu malen. Dieses spielerische Element zieht sich im Westen durch das gesamte künstlerische Schaffen. Seit der Mitte des 19. Jahrhunderts bis zur Zeit des Postsymbolismus zeichnen im fernen Rußland Tolstoj und Dostojewskij, später Alexander Blok und Andrej Belyj – lassen wir Alexej Remisow, einen begabten Zeichner, einmal beiseite. Sie zeichnen, um ihre Freunde oder sich selbst zu ergötzen, sie halten die Züge einer ihrer Figuren fest, wenn sie nicht selbstironisch die eigene Silhouette skizzieren. Dieselbe Motivation haben die Amerikaner Mark Twain oder O. Henry und der Kubaner José Martí mit seiner sicheren Linienführung. Der Engländer Herbert George Wells – so pessimistisch er sich in der *Zeitmaschine* gibt – findet kein besseres Opfer als sich selbst, um seine Freunde mit geistreichen kleinen Skizzen zu amüsieren... Die französischen Symbolisten wiederum haben praktisch alle gezeichnet. Bereits erwähnt wurden Cros und Corbière, doch existieren auch zahlreiche, häufig witzige Skizzen

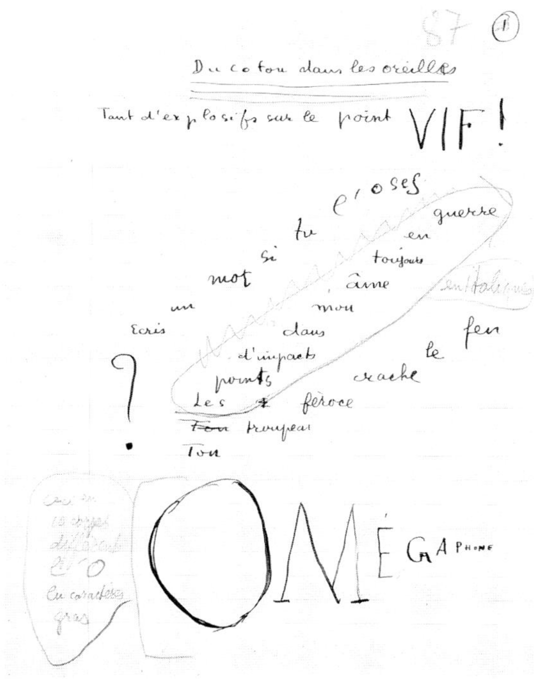

Guillaume Apollinaire: Du coton dans les oreilles (Baumwolle in den Ohren)
Bleistift und Tinte auf Papier, 22,5 x 17,4 cm.
(Stiftung Hans Arp und Sophie Taeuber-Arp, Rolandseck)

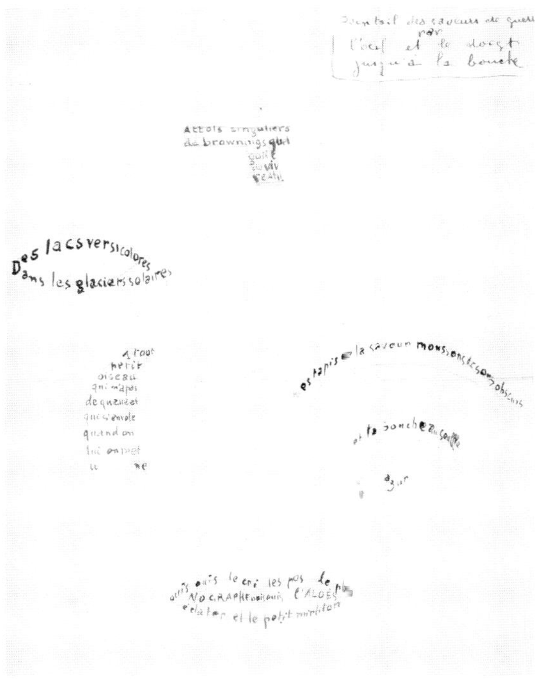

Guillaume Apollinaire: Éventail des saveurs de guerre par l'œil et le doigt jusqu'à la bouche (Fächer der Kriegsgeschmäcker durch das Auge und den Finger bis zum Mund)
Bleistift und Tinte auf Papier, 23 x 20 cm.
(Stiftung Hans Arp und Sophie Taeuber-Arp, Rolandseck)

von Paul Verlaine, Germain Nouveau, Arthur Rimbaud, Jules Laforgue und sogar einige launige Zeichnungen von Stéphane Mallarmé. Zweifellos bewunderten sie die Kunst ihrer Impressionisten-Freunde zu sehr, um auch nur im entferntesten an einen Wettstreit mit ihnen zu denken.
Dem Thema wäre eine eigene Untersuchung zu widmen; einzubeziehen wären zudem ihre Freunde, die Kabarettisten des *Chat Noir* und weiterer Cabarets des Fin de siècle: der Karikaturist André Gill veröffentlicht seine Chanson-Sammlung *La Muse à Bibi* mit eigenen Illustrationen, und der Chansonnier Mac Nab illustriert seine *Poèmes mobiles*.
Und wie steht es mit Frédéric-Auguste Cazals? Ist er in erster Linie ein wunderbarer Portraitmaler und Zeichner oder der Verfasser des zauberhaften *Jardin des ronces*? Ebenso sollte man nicht vergessen, hier Alphonse Allais zu erwähnen, den Erzähler, aber auch den Erfinder der Monochromie: *Tomatenernte apoplektischer Kardinäle an den Ufern des Roten Meeres* – ein rotes Rechteck –, *Erstkommunion junger bleichsüchtiger Mädchen bei Schneetreiben* – eine weiße Fläche...
Die Ernsthaftigkeit, die diesen Werken abgeht, findet sich hingegen bei den Schriftstellern, die das graphische Schaffen als für sie unerläßlich erachten. Auch hier sind die Motivationen unterschiedlich. Es ist ein weiter Weg von den Südsee-Landschaften, die der Romancier Robert Louis Stevenson als Gedächtnisstütze und zum Zeitvertreib in seinem freiwilligen Exil auf der Insel Samoa anfertigte, bis zu den Bildexperimenten des deutschen Dichters Christian Morgenstern, die von der Collagetechnik à la Andersen bis zur Klecksographie à la Kerner reichen. Der ungarische Schriftsteller Mór Jókai und der Norweger Ibsen zeichneten und malten gekonnt; der junge Juan Ramón Jiménez führte den Pinsel nicht ohne Talent; Marcel Proust wiederum kritzelte mit einer spielerischen Lässigkeit, welche die Lektüre seiner Werke nicht vermuten ließe.
Sich mit Kunst befassen und sich in Künstlerkreisen bewegen – das kann ganz gegensätzliche Reaktionen auslösen. Der Ire George Moore etwa, der nach Paris gekommen war, um die Malerei zu studieren, gab sein Vorhaben schon bald auf und wandte sich dem Schreiben zu, als hätte der praktisch tägliche Kontakt mit Meistern wie Manet und Degas, Verlaine und Mallarmé ihn in einem Bereich entmutigt und im anderen ermutigt. Vielleicht haben wir es im Fall von Eugenio d'Ors mit einem ähnlichen Phänomen zu tun, hatte d'Ors doch in seiner Jugend echtes Zeichentalent gezeigt. Bei anderen, von Selbstzweifeln weniger geplagten Dichtern wirkte dieser Kontakt vielleicht eher als Ansporn. Anatole France und Paul Valéry malten, zeichneten und radierten. Zu mehr als gefälligem Akademismus waren sie unfähig, doch lag beiden daran, ihr Werk eigenhändig zu illustrieren: der eine seinen *Crainquebille*, der andere seinen *Friedhof am Meer*. Der Umgang mit Gourmont, Jarry und ihren Freunden im Umkreis des *Mercure de France*, die sich

Else Lasker-Schüler: Asser Memed Schalomein Jussuf
Mit Buntstift und Wachskreide kolorierte Federzeichnung über Bleistift auf Papier, 15 x 10,1 cm. (Deutsches Literaturarchiv Marbach am Neckar)

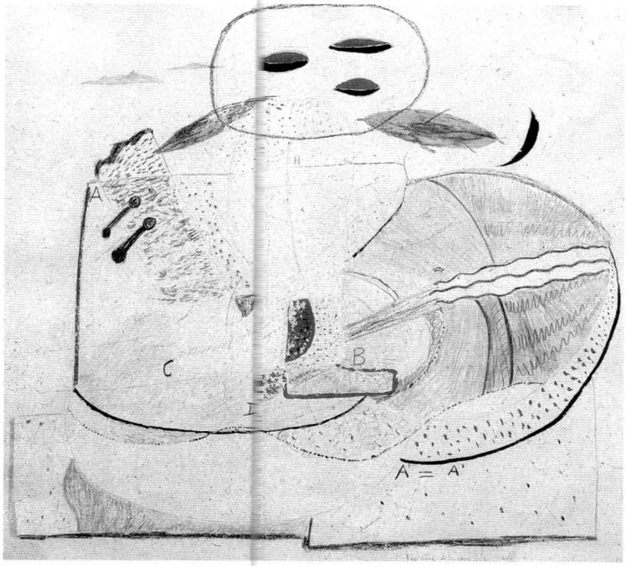

Federico García Lorca: Theorem des Pokals und der Mandoline, 1927
Tinte, Farbstifte und Gouache auf Pappe, 50 x 60 cm. (Fundación Federico García Lorca, Madrid; Sammlung Isabel García Lorca)

auch als bildende Künstler versuchten, und später dann mit Maria Blanchard und Diego Rivera blieb nicht ohne Wirkung auf so unterschiedliche Charaktere wie den Russen Maximilian Woloschin und den Spanier Ramón Gómez de la Serna, die beide zwischen bildender Kunst und Dichtung schwankten. Nach einem langen Aufenthalt in Paris wird Woloschin in sein Heimatland zurückkehren, zurückgezogen auf der Krim leben und sich mehr und mehr von der Dichtung ab- und der Komposition visionärer Aquarelle zuwenden. Gómez de la Serna hingegen wird sich noch intensiver in eine erfolg- und risikoreiche Karriere stürzen...

Wollten wir uns hier nicht auf die Jahrzehnte des Symbolismus beschränken? Bereits mit Marcel Proust, Paul Valéry oder Ramón Gómez de la Serna haben wir diese Welt weitgehend hinter uns gelassen und uns einer der Gegenwart viel näheren Epoche zugewandt.

In der Epoche des Kubismus tauchen in Georges Braques Bildern und *papiers collés* und in Pablo Picassos Collagen Buchstaben und Wörter auf. Um mit den bildenden Künstlern zu rivalisieren, legte der Dichter Guillaume Apollinaire 1914 unter dem programmatischen Titel *Und auch ich bin Maler!* eine Sammlung von Bildgedichten (lyrischen Ideogrammen) vor: die *Kalligramme* (1918 unter diesem Titel veröffentlicht). Auch Apollinaires Freunde Max Jacob, Pierre Albert-Birot und Jean Cocteau malten.

Selbst Pierre Reverdy und Blaise Cendrars versuchten sich in der bildenden Kunst, ebenso der Chilene Vicente Huidobro und der Mexikaner José Juan Tablada. Bei Giorgio De Chirico und seinem Bruder Alberto Savinio hielten sich Feder und Pinsel beinahe die Waage (Savinio war zudem Komponist). Vom Kubismus nicht ganz unberührt, trugen deutsche Expressionisten wie Else Lasker-Schüler und italienische Futuristen wie Emilio Filippo Tommaso Marinetti viel dazu bei, die Gestaltungsbereiche des Künstlers zu entgrenzen. Im Geiste eben dieses Kunstverständnisses – alle Künste sind eine Kunst – wirkten auch im Osten Europas Künstler wie der Ungar Lajos Kassák und die Russen Alexej Remisow, Welimir Chlebnikow, Elena Guro, Wladimir Majakowskij. Seither nimmt die Entwicklung einen rasanten Verlauf. Intuitiv hatten die Romantiker begriffen, daß eine authentische Künstlernatur sich in sämtlichen Bereichen schöpferischen Tuns zu betätigen vermochte. Mit dem Dadaismus und dann dem Surrealismus sollte diese romantische Vorstellung ihre höchste Blütezeit und vielleicht ihren Endpunkt erreichen. Zürich zwischen 1916 und 1919: Tristan Tzara schreibt und zeichnet, Hans Arp schreibt, malt, zeichnet und betätigt sich als Bildhauer; Marcel Janco malt, radiert, singt; Hugo Ball gründet das Cabaret Voltaire, schreibt und setzt sich gelegentlich ans Klavier; Francis Picabia, der auf Besuch weilt, malt, dichtet und leitet eine Literaturzeitschrift... Dada, das sind auch Max Ernst, Kurt Schwitters, Raoul Hausmann,

Georges Ribemont-Dessaignes. Ungleich sind die in den einzelnen Sparten entfalteten Talente, doch daß in vielen Sparten gearbeitet wird, stellt hingegen ein Prinzip dar, das der Surrealismus als Bewegung übernehmen wird. Die «drei Musketiere», Gründer des Surrealismus: Louis Aragon, André Breton und Philippe Soupault (der vierte ist Paul Éluard) – sie zeichnen und stellen sogar surrealistische Objekte und Collagen her wie ihr Freund Max Ernst, der seinerseits Erzählungen in Bildern verfaßt wie etwa den zauberhaften Collagenroman *Die weiße Woche. Ein Bilderbuch von Güte, Liebe und Menschlichkeit.* Schon bald überschreitet der Surrealismus die Grenzen Frankreichs, und in Spanien schreibt Salvador Dalí kaum weniger, als er zeichnet und malt, während Federico García Lorca, José Moreno Villa und Rafael Alberti kaum weniger zeichnen als schreiben.

In Serbien hinterläßt der Surrealist Dušan Matiffl der Nachwelt nicht bloß seine Schriften, sondern ein bemerkenswertes graphisches und malerisches Œuvre. In der Tschechoslowakei Karel Teige, in Rumänien Gherasim Luca... Die Zeit des Surrealismus war bereits vorbei, als automatische Spielereien, Collagen und Assemblagen noch in den Salons und Kinderkrippen Einzug hielten. Daß Erfindungen zum Zwecke der Unterhaltung von Betagten oder Kleinkindern vulgarisiert wurden, gab der ohnehin nicht unangreifbaren Idee Auftrieb, jeder sei ein Künstler, jede eine Schriftstellerin...

Obwohl fehlende Spezialisierung nicht an sich schlecht ist, sind dennoch Künstler, die in der Geschichte der Literatur wie der bildenden Kunst gleichermaßen zählen – wie etwa Blake oder Rossetti –, äußerst selten; in der näheren Vergangenheit kommen einem da spontan nur die Polen Stanislaw Ignacy Witkiewicz und Bruno Schulz oder vielleicht die Belgier Henri Michaux und Christian Dotremont in den Sinn. In den meisten anderen Fällen bilden Zeichnung oder Malerei in erster Linie eine durchaus spannende Parallele zu den Schriften; dafür gibt es zahlreiche Beispiele – mit zunehmender Tendenz überall auf der Welt: vom Inder Rabindranath Tagore bis zum Griechen Jannis Ritsos.

Und, hält man in der Malerei noch am Begriff der Nationalität fest, Italiener wie Primo Levi, Dino Buzzati oder Pier Paolo Pasolini; Briten wie D.H. Lawrence oder David Jones; Schweizer wie Hermann Hesse oder Friedrich Dürrenmatt; Deutsche wie die Brüder Heinrich und Thomas Mann oder Peter Weiss; Franzosen wie Pierre Klossowski oder Raymond Queneau; Amerikaner wie John Dos Passos, E.E. Cummings oder Henry Miller... Selbst bei einer Beschränkung auf bereits verstorbene Autoren wäre die Liste lang und würde gewiß international ausfallen. Erstaunlich ist nicht zuletzt, daß die neuen Techniken zur Verbreitung von Schrift und Bild das Phänomen in den letzten Jahren keineswegs gebremst, vielmehr eher verstärkt und entgrenzt haben. Bild und Schrift haben nichts an Kraft und Komplementarität eingebüßt – ganz zu schweigen vom Vergnügen, dem sinnlichen wie intellektuellen Vergnügen, eine sichtbare Spur zu legen, auch ohne hohen plastischen oder kalligraphischen Anspruch: Wörter, Striche, Linien, Formen.

AUS DEM FRANZÖSISCHEN VON ELISABETH MAINBERGER-RUH (ZÜRICH)

[Auf der folgenden Seite]

Friedrich Dürrenmatt: Atlas III, 1978
Feder auf Papier, 51 x 36 cm.
(Centre Dürrenmatt, Neuchâtel)

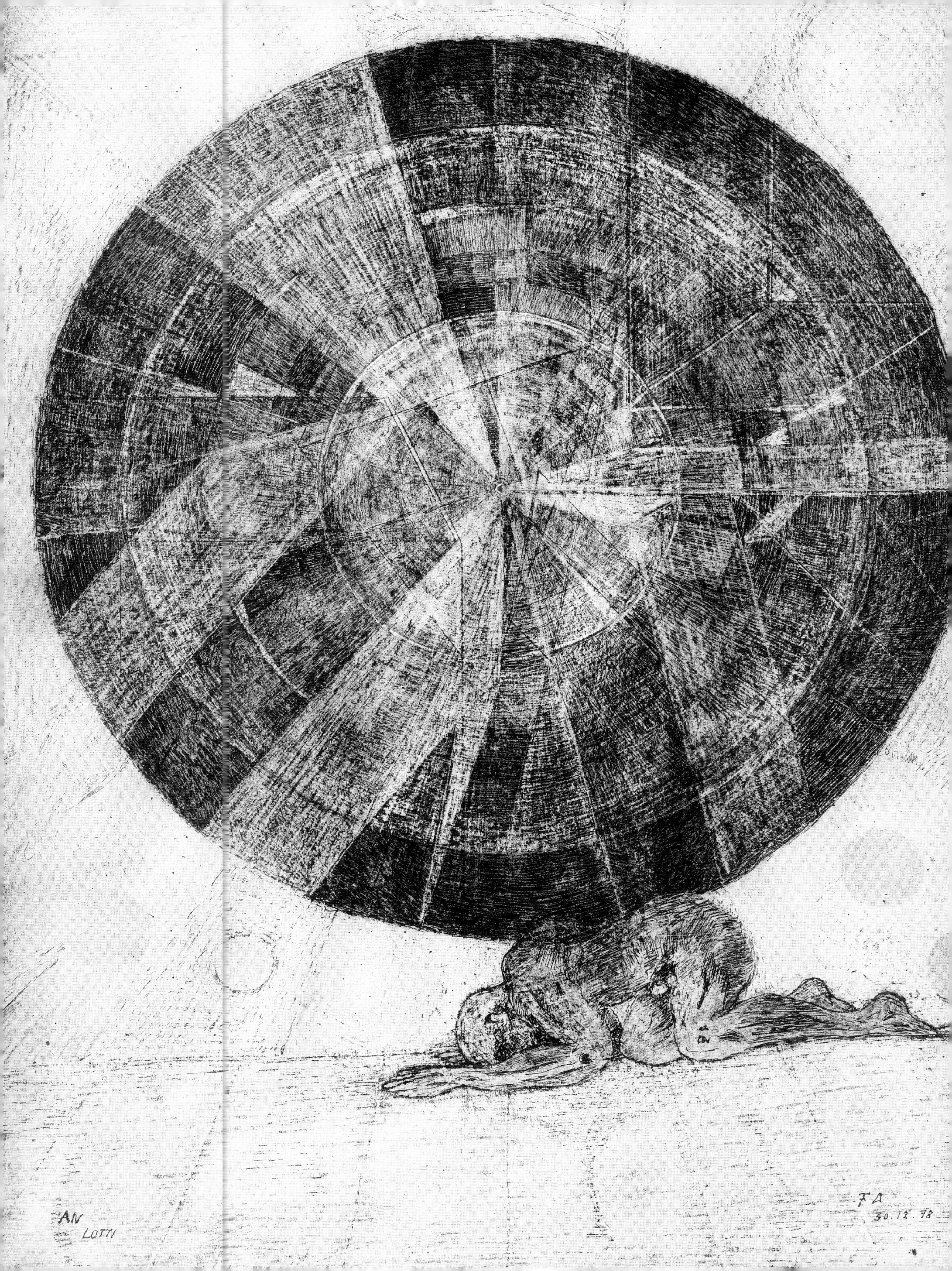
AN
LOTTI
FA
30.12.78

NADJA UND DER MINOTAURUS

ÜBER SCHRIFTSTELLER UND MALEREI IM 20. JAHRHUNDERT

LOTHAR MÜLLER

I

Der Buchumschlag der *Dichtungen* (1954) von Henri Michaux ist auf der Titelseite mit drei zeichnerischen Gebilden des Autors versehen, die von ferne an asiatische Schriftzeichen erinnern und aussehen, als wollten sie wie Zugvögel, die sich auf die Reise machen, eine Formation bilden. Die Rückseite zeigt den Ausschnitt einer Photographie von Brassaï. Darauf ist, oben rechts, neben einem kleinen Stück des dunklen Anzugrevers, nur der Unterarm von Michaux zu sehen und, aus einer weißen Manschette hervorkommend, die Schreibhand, die mit dem Füllfederhalter über ein noch leeres Blatt Papier fährt. Ehe der Blick des Betrachters diese Hand erfaßt, gleitet er über die Schreibtischfläche. Mappen, Umschläge, lose Blätter sind in unregelmäßiger, schroffer Tektonik übereinandergeschichtet, fast verdecken die Felsvorsprünge den Aschenbecher und die Tasse. Das zerknüllte Papier unweit der Schreibhand gibt nicht preis, wie lange es schon daliegt. In dem schmalen Fläschchen dahinter wird Tinte sein.

Die Photographie zeigt nicht nur den Autor Michaux. Sie zeigt ein Doppelwesen. Die Schreibhand ist nicht nur Schreibhand, sie könnte auf das leere Blatt Papier auch Linien zeichnen, die einer anderen Logik folgen würden als das Zeilenband der Buchstaben. Ein Gefäß, ein Krug, aus dem ein Bündel Pinsel herausragt, ist der Schreibhand zum Greifen nah. Der Schreibtisch ist nicht nur Schreibtisch, er ist auch Atelier. Das Doppelwesen Henri Michaux ist einer der vorgeschobensten Posten der wechselseitigen Anziehung von Dichtung und Malerei im 20. Jahrhundert. Nichts liegt ihm ferner als die Wiederholung der äußeren Wirklichkeit, nichts schiene ihm absurder, als in den Schwärmen von Gesichtern, die über das Papier ziehen, auf die Jagd nach einem Selbstportrait zu gehen. An beiden Polen, ob schreibend oder zeichnend, ist in die Hand das Mißtrauen gegen alle Ähnlichkeit und Wiedererkennbarkeit gefahren, an beiden Polen folgt sie in ihren Bewegungen dem Ideal der Absichtslosigkeit: «Der Wille, Tod der Kunst.»

Das gedankenlose, nahezu mechanische Kritzeln schätzt Michaux nicht gering. Es ist für ihn ein Rohstoff, ein Ausgangspunkt, die Küste eines noch unbekannten Kontinentes, in den er mit der gleichen Aufnahmebereitschaft hineinreist wie nach Ecuador oder China. Im Geist von Baudelaires Gedicht *Die Reise*, in dem am Ende Meer und Himmel «schwarz wie Tinte» sind, unternimmt er immer neue Expeditionen in diesen Kontinent. Die Meskalin-Zeichnungen der fünfziger Jahre sind dabei der äußerste Punkt.

Das Kritzeln hat in den Zeiten, als die Schriftsteller die Buchstaben noch vorwiegend mit der Hand aufs Papier setzten, auf vielen Manuskripten seine Spuren hinterlassen. Gegenüber den hartnäckigen, weit ausgreifenden Ausfahrten des Doppelwesens Henri Michaux verbleibt dabei das Kritzeln freilich in der Regel in den Regionen der Küstenschiffahrt, in Sichtweite der Schrift, die es umspielt, ohne ein eigenes Blatt zu beanspruchen. Die berühmten Zeichnungen Franz Kafkas haben etwas von der Anspruchslosigkeit solch küstennaher Unternehmungen. Max Brod zufolge hat Kafka schon in den Universitätsjahren auf den Rand von Vorlesungsmitschriften gezeichnet, später sind auf seinen Manuskripten, im Tagebuch, in den Oktavheften oder auf Postkarten kleine, beiläufige Illustrationen zu finden, die nicht selten Karikaturen oder den Zeichnungen aus humoristischen Blättern ähneln. Zwei Strichmännchen, die als Sänftenträger durch eine Zeichnung eilen, lassen an die Trägerszene in der *Beschreibung eines Kampfes* denken. Aber die schmale, schwarze Figur, die mit auf dem Rücken verschränkten Armen vor einem Gitterzaun steht oder den Kopf auf der Tischplatte in die Hände legt, ist nicht festgelegt auf die Rolle des Angeklagten oder Verurteilten, als der sie im Rückblick unweigerlich erscheint. Sie ist keine Illustration des Autors zu seinem Roman *Der Prozeß*, der erst später entstand. Wir können uns Kafka vorstellen, wie er im Büro der Versicherung, auf Reisen oder am Schreibtisch zeichnet. Aber nicht, wie er bei der Eröffnung einer Ausstellung seiner Zeichnungen anwesend ist. Ein Buch, das sie unter dem Titel *Kafka – Das zeichnerische Werk* zusammenfaßte, würde ihnen ihre wichtigste Eigenschaft nehmen: die Anspruchslosigkeit.

Auf den ersten Blick könnte es so scheinen, als habe der Schriftsteller Henri Michaux den Weg zu seinem Werk als

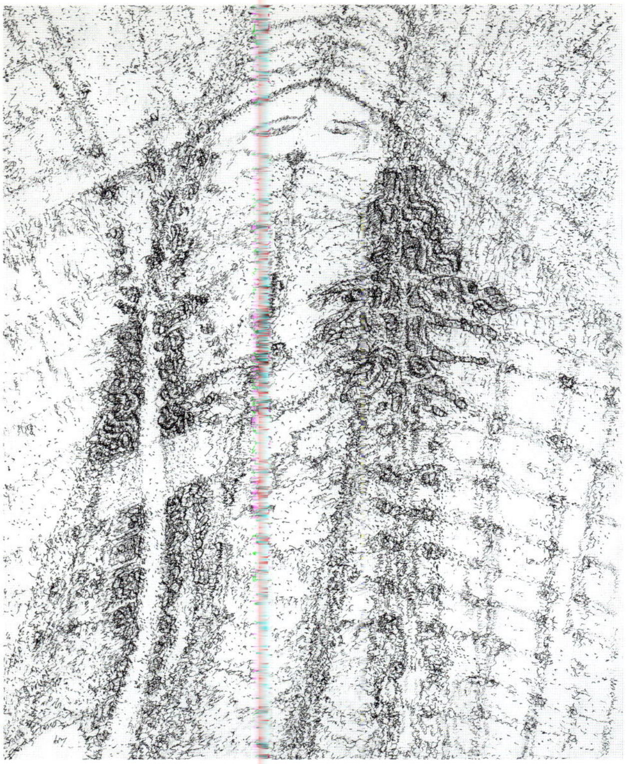

Henri Michaux: Dessin de réagrégation, 1966
Encre de chine auf Papier, 26,8 x 20,2 cm.
(Jean-Paul Croisier, Genf)

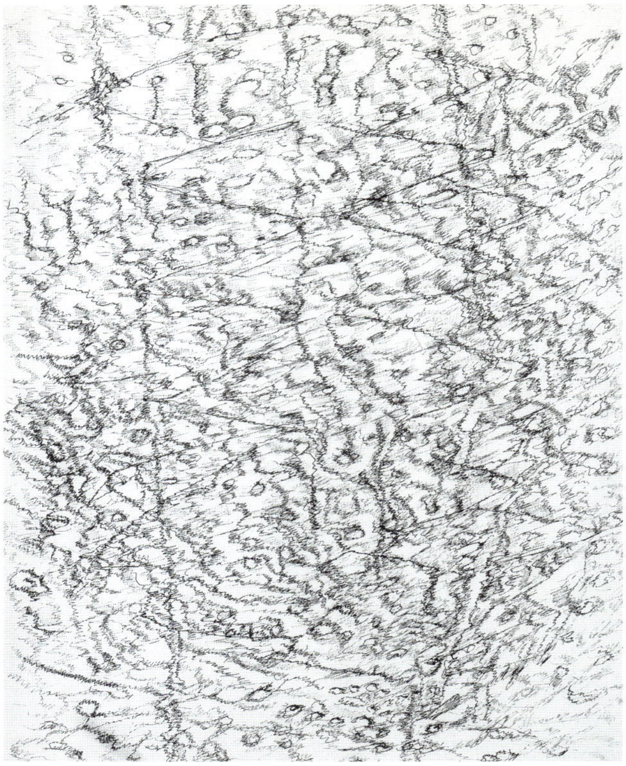

Henri Michaux: Meskalin-Zeichnung, 1956
Encre de chine auf Papier, 32 x 24 cm.
(Jean-Paul Croisier, Genf)

bildender Künstler gefunden, indem er auch sein Zeichnen und Malen dem Modell der Schrift unterstellte. In vielen seiner Tuschzeichnungen wirken die Zeichen wie einer extravaganten Kalligraphie entnommen und in der Ordnung, zu der sie sich zusammenfügen, meint man den Parallelismus von Textzeilen zu erkennen. Aber die scheinbare Mimikry täuscht: Der Zeichner Michaux ist aus dem Unbehagen des Schriftstellers an sich selbst herausgewachsen, aus dem Unbehagen an der Welt der Bücher. Eine bemerkenswerte Passage in einem der Begleittexte zum bildnerischen Werk legt davon Zeugnis ab: «Bücher sind langweilig zu lesen. Keine freie Zirkulation. Man wird aufgefordert, zu folgen. Der Weg ist vorgezeichnet, ein einziger.
Ganz verschieden davon das Bild: unmittelbar, total. Links, auch rechts, in die Tiefe, nach Belieben. Nicht eine Wegstrecke, tausend Wegstrecken, und die Zwischenräume sind nicht eingezeichnet. Sobald man es wünscht, ist das Bild ganz und gar neu. In einem Augenblick ist alles da. Alles, aber noch nichts bekannt. Hier muß man zu *lesen* beginnen.»
Dem Unbehagen am Zeilenband des Textes, das den Augen des Lesers ihre Bewegung vorzeichnet, entspricht bei Michaux die Energie, mit der er seine Zeichnungen auf eine Lektüre ausrichtet, die in Opposition zum Schriftbild der Gutenberg-Ära steht. Nicht nur zum Zeilenband, sondern auch zum Schwarz der Buchstaben. In einer Aufzeichnung des jungen Schriftstellers, entstanden Anfang 1928 auf der Reise in Ecuador, heißt es: «Ein Übel, das uns der Buchdruck brachte: das Schwarz. Ach, das Schwarz in der Neuzeit!»
Sehr viel später wird der Maler Michaux schreiben: «Im Augenblick male ich auf schwarzen Untergründen, auf hermetisch schwarzen. Das Schwarz ist meine Kristallkugel. Allein aus dem Schwarz sehe ich das Leben hervorgehen.»
Die Auswanderung des Autors in die Welt der nicht-linearen Linien, der Flecken und des Zeichengestöbers ist nur der eine Weg, der von der Schrift zum Bild führt. Der andere führt zur Auflockerung und Erosion der Zeilenordnung im Text selbst. Es hat sie in der Literatur seit je gegeben. Schon in der Antike zeugen Figurengedichte vom graphischen Potential auch der Buchstabenschrift. Verszeilen, die sich zu Flügeln formieren, symbolisieren den Gott Eros, von dem das Gedicht spricht. Verse von aufsteigender und absteigender Länge ergeben in konzentrisch gesetzten Ovalen das Bild eines Eies.
Nie ging diese Tradition der Unterbrechung, Biegung und Verformung des Schriftbandes verloren, auch nicht in den Zeiten der Dominanz des linearen Textes. Eine Schlangenlinie demonstriert in Laurence Sternes *Tristram Shandy* die Stockführung des Soldaten Trimm. Wie im Barock beginnt im späten 19. Jahrhundert eine Blütezeit der visuellen Poesie. Die Literatur nutzt die Typographie, ihre große neuzeitliche Errungenschaft, als Brücke zu den graphischen Künsten, Mallarmés *Un Coup de Dés* (1897) spielt dabei eine Schlüssel-

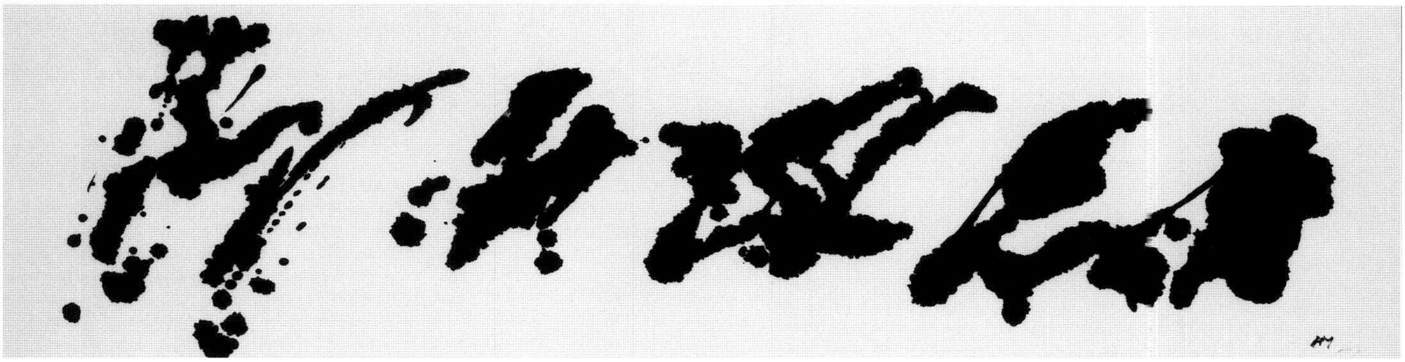

Henri Michaux: Ohne Titel, 1980
Tusche auf Papier, 19 x 70 cm.
(Galerie Lelong, Zürich)

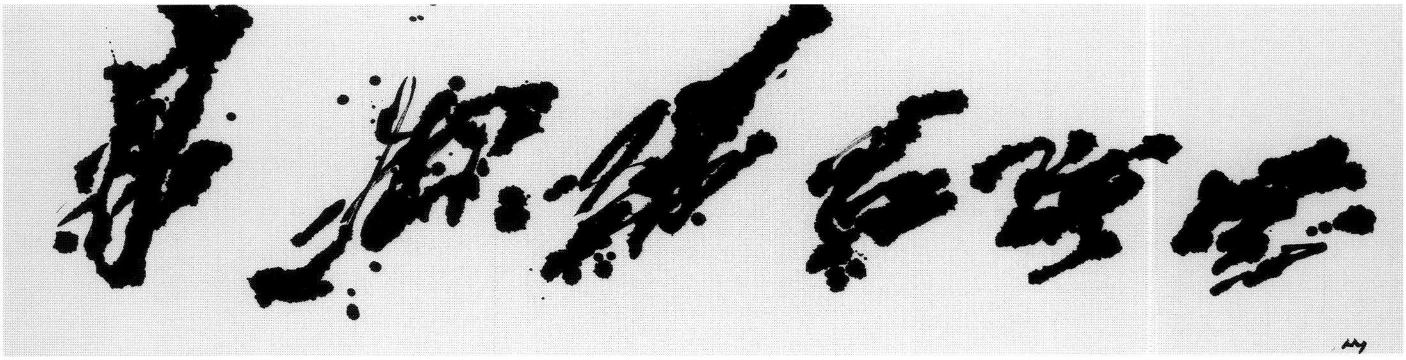

Henri Michaux: Ohne Titel, 1980
Tusche auf Papier, 19 x 70 cm.
(Galerie Lelong, Zürich)

Henri Michaux: Ohne Titel, 1980
Tusche auf Papier, 17 x 70 cm.
(Galerie Lelong, Zürich)

rolle. Nach den Versuchen der Futuristen, den Lärm und die Kakophonie des modernen Lebens im Druckbild zu reproduzieren, wird Apollinaire zum Großmeister der Kalligramme. In den Avantgarden des frühen 20. Jahrhunderts sind weder die typographischen Experimente, die den Text zum Bild hin öffnen, noch die Collagen, in denen die Schriftzeichen zu Elementen der Malerei werden, Randerscheinungen oder apart-exklusive Phänomene. Sie stehen im Zentrum der Aufbruchsbewegungen, die die Künste entgrenzen, sie einander annähern und dabei immer neue Kombinationen der alten Verbindung von Wort und Bild, Schrift und Ton hervorbringen.

II

Wie für den Autor Henri Michaux nach eigenem Bekunden die Lektüre der *Gesänge des Maldoror* von Lautréamont im Jahre 1922 der entscheidende Impuls war, so hat 1925 der Besuch der ersten Ausstellung der Surrealisten in Paris seine Hinwendung zur bildenden Kunst nachhaltig gefördert. Die dort gezeigten Werke von Paul Klee, Max Ernst und Giorgio De Chirico wiesen seiner Suche nach einer Malerei den Weg, die darauf verzichtete, «die Realität zu wiederholen». Später wird er schreiben, bei Klee habe die Linie zum ersten Mal gedurft, was ihr zuvor verwehrt war: träumen. Michaux, 1899 geboren, wuchs in die Zeit der immer resoluteren Anschläge auf den klassischen Bildraum hinein. Dessen Zerfall aber hatte schon lange zuvor begonnen. Wassily Kandinsky ist dafür ein Kronzeuge. Er hat im Jahre 1913 im *Sturmbuch* unter dem Titel «Rückblicke» seine Begegnung mit Bildern von Claude Monet in der Moskauer Ausstellung französischer Malerei des Jahres 1895 geschildert: «Vorher kannte ich nur die realistische Kunst, und plötzlich zum erstenmal sah ich ein *Bild*. Daß das ein Heuhafen war, belehrte mich der Katalog. Dieses Nichterkennen war mir peinlich. Ich fand auch, daß ein Maler kein Recht habe, so undeutlich zu malen. Ich empfand dumpf, daß der Gegenstand in diesem Bild fehlt. Und merkte mit Erstaunen und Verwirrung, daß das Bild nicht nur packt, sondern sich unverwischbar in das Gedächtnis einprägt und immer ganz unerwartet bis zur letzten Einzelheit vor den Augen schwebt. Das alles war mir unklar, und ich konnte die einfachen Konsequenzen dieses Erlebnisses nicht ziehen. Was mir aber vollkommen klar war – das war die ungeahnte, früher mir verborgene Kraft der Palette, die über alle meine Träume hinausging. Die Malerei bekam eine märchenhafte Kraft und Pracht. Unbewußt war aber auch der Gegenstand als unvermeidliches Element des Bildes diskreditiert.»

Der Aufwertung der graphischen Künste in den Avantgardebewegungen wie dem Einzug des Kritzelns und Schabens ins Tafelbild hat der Impressionismus energisch vorgearbeitet. Die ihm von seinen Verächtern vorgeworfene Unfertigkeit der Bilder, die Pinselspuren und rauhen Oberflächen erwiesen sich als Beitrag zur Abstandsverringerung zwischen Skizze und Bild. Was früher in Mappen verschwand, wurde bald eigens ausstellungswürdig. Das Unvollendete trat im frühen 20. Jahrhundert dem Vollendeten, das Unvollkommene dem Vollkommenen, das Primitive und Ungelenke dem Meisterlich-Virtuosen gleichberechtigt an die Seite.

Die Aufwertung der «Negerplastik», der Bilder und Zeichnungen von Kindern, Dilettanten und auch von Wahnsinnigen erfolgte als positive Umdeutung der polemischen Invektiven, mit denen der Impressionismus attackiert worden war.

Noch vor der chronologischen Schwelle zum 20. Jahrhundert bildete sich die Konstellation heraus, die das Auftreten künstlerischer Mischexistenzen begünstigte, den Schwarm von Dichtern, die sich zugleich der Malerei verschrieben, von Malern, die zugleich Poeten waren. Die innere Entgrenzung der Form des Tafelbildes, das Poröswerden des Rahmens, der ihm einst seinen festen Ort in der Ordnung der Dinge gesichert hatte, war das eine entscheidende Element. Es sollte bis zum gänzlichen Heraustreten der Bilder aus den Rahmen, zum Bündnis der Malerei mit den darstellenden Künsten führen. Das andere Element war die Vervielfältigung der Wege zur Malerei. Für Gottfried Keller war der Weg zur bildenden Kunst noch durch eine handwerkliche Ausbildung, die obligate Bildungsreise des Künstlers etc. fest vorgezeichnet. Wenn August Strindberg, 1849 geboren, in jungen Jahren zeichnend und aquarellierend die Schären um Stockholm durchstreift, dann sind stets auch Studenten der Kunstakademie mit von der Partie. Aber er selbst kultiviert seine malerischen Ambitionen abseits einer formellen Ausbildung. Im Rückblick erweist er sich als eine Schlüsselfigur auf dem Weg der Künstler und Schriftsteller ins 20. Jahrhundert. Aus dem Kunstkritiker, der noch 1876 in der Pariser Galerie Durand-Ruel eher ratlos vor den Bildern von Manet, Monet und Sisley steht, wird in den 1880er und 1890er Jahren ein leidenschaftlicher Kommentator Paul Gauguins, ein unermüdlicher Experimentator auf dem Feld der Photographie, und ein Maler, der die Farbe auf die Leinwand oder Malpappe nicht mit dem Pinsel, sondern mit einem Messer aufträgt.

1894, ein Jahr bevor Kandinsky in Moskau vor den Bildern Monets die Zukunft der Abstraktion erahnt, beschreibt Strindberg seine Wahrnehmung eines unbekannten Objekts, auf das er in einem eingefriedeten Stück Brachland stößt: wie es zunächst eine Kuh zu sein scheint, dann zwei Bauern, dann ein Baumstamm, bis es sich als zurückgelassener Pflug entpuppt, über den der Bauer seinen Rock geworfen hat, und der Zauber des Bildertanzes erlischt. «Bietet nicht all dies eine Analogie zu den modernen Gemälden, die den Philistern so unbegreiflich sind? Zunächst sieht man nichts als ein Chaos von Farben; dann beginnt es zu ähneln, es sieht aus wie, aber nein, es sieht aus wie gar nichts. Plötzlich fixiert sich ein Punkt wie der Kern in einer Zelle, dies wächst an, die Farben gruppieren sich rundherum, sammeln sich an; es bilden sich Strahlen, die Zweige austreiben, Ranken, wie Eiskristalle auf Fensterscheiben... und das Bild präsentiert sich dem Betrachter, der beim Akt der Schöpfung des Bildes mitgewirkt hat.» In Texten wie diesen umkreist Strindberg früh ein Projekt, dem sich eine Generation später die Surrealisten mit Hingabe widmen werden. In seinen Wahrnehmungsstudien wie in seiner Einbeziehung des Zufalls ins plastische Gestalten und Malen ist er auf der Suche nach einer «Theorie für die automatische Kunst».

Strindberg betreibt seine exzessive Suche nach den geheimen Korrespondenzen in Kunst und Natur noch als Einzelgänger. Der Impuls der wechselseitigen Durchdringung von Literatur und Malerei, auf den er vorausdeutet, entfaltet zu Zeiten André Bretons seine Wirkung bereits vor dem Hintergrund einer entwickelten Infrastruktur der Avantgarde. Bretons Roman *Nadja* (1928) holt die Bilder ins Buch, suggestiver als die Manifeste des Surrealismus öffnet er die Literatur auf die Malerei hin. Nicht nur durch die Photographien und Reproduktionen von Zeichnungen, die ihm beigegeben sind. Sondern zugleich und vor allem durch die Art und Weise, wie er mit Bildern von Georges Bracque, Max Ernst oder De Chirico vollgesogen ist und wie sein Text unablässig auf die ihm beigegebenen Photographien und Zeichnungen verweist. Nicht daß sie überhaupt da sind, ist dabei das Entscheidende, sondern ihre Funktion als Schlüssel sowohl zur Figur Nadja wie zum Roman insgesamt. Der surrealistische Text ist hier vor allem eines: Bildunterschrift.

III

Der surrealistische Impuls pflegte die Geste der Revolte, nicht nur im Anschlag auf das klassische Schöne und die zeitlose Statue, der er die konvulsivische Schönheit entgegensetzte. Das große Umspannwerk, in dem die Energien der Künste einander steigern und sich vereinigen sollten, war als Perpetuum mobile der Revolutionierung des Lebens gedacht. Aber auch dort, wo die Rhetorik der Manifeste auf skeptische Ohren stieß, wirkte der Strahlungskern. Er erfaßte Einzelgänger wie Henri Michaux oder Unica Zürn, die ihren Texten eine Bilderwelt voll freischwebender, nicht ganz geheuerer Augen zugesellte, und er reichte hinein bis in die Regionen des Dekorativen, wo Jean Cocteau als quecksilbriger Impresario den Austausch der Künste organisierte.

Peter Weiss, 1916 geboren, war noch ein Kind, als *Nadja* erschien. Als er darum kämpfte, Maler zu werden und zugleich Schriftsteller, war schon Krieg und er selbst ein Emigrant. Sein autobiographischer Text *Fluchtpunkt* über die Jahre 1940 bis 1947, geschrieben 1960/61, ist ein exemplarisches Dokument der Prägung durch den surrealistischen Impuls. Exemplarisch im Beharren auf der Forderung, daß Kunst gefährlich sein müsse, exemplarisch in der Verschränkung von politischer und ästhetischer Revolte, exemplarisch für den dunklen, katastrophalen Hintergrund des Surrealismus der zweiten Generation.

Der Surrealismus der 1920er Jahre hatte die Flohmärkte durchstreift und lag ständig auf der Lauer nach unverhofften Rendezvous der Dinge und zufällig aufscheinenden Konstellationen. Für den jungen Peter Weiss geht das Bilderreservoir des angehenden Künstlers aus der bereits eingespielten Vernetzung von Naturkundemuseum, Kino, Panoptikum, Ethnologie und klassischer Gemäldegalerie hervor. Zu den Fixpunkten der Imagination gehören das Schlußbild aus Friedrich Wilhelm Murnaus Film *Tabu*, in dem der Held, der seiner entführten Geliebten nachschwimmt, entkräftet im Meer versinkt, und als euphorisches Gegenüber die Gesichter von Jackie Coogan in Chaplins *The Kid* und von Douglas Fairbanks als *Dieb von Bagdad*. Den Gegenpol bilden die Ikonen der alteuropäischen Tradition des Schreckens und der Verzweiflung: Dürers *Melancolia*, Altdorfers *Drachenkampf*, die Adler und Teufel des *Isenheimer Altars*. Den alten Meistern folgt der junge Maler, indem er seine Kunst als Handwerk definiert: «Das Malen darf sich nicht im Unwirklichen abspielen, es ist ein Handwerk, es ist irdisch und praktisch. Zum Malen gehören Keilrahmen, Leinwände, Holztafeln, Zeichenpapier, Skizzenhefte, Pinsel, Kohle, Zeichenstifte, Zeichenfedern, Tuschflaschen, Farbtuben, Flaschen mit Terpentin und Leinöl, Kreide und Gips. Die Malerei ist greifbar, sie riecht.»

Wie im Zeitraffer vollzieht der junge Maler, der seine Kunst dem Zerfall der bürgerlichen Familie abringt, im Buch des Schriftstellers Peter Weiss den Abschied von Raumillusion und Zentralperspektive sowie den Zerfall des handwerklichen Gestus nach, der seit dem 19. Jahrhundert die Malerei erfaßt hatte. Die Auflösung des alten Bündnisses zwischen der bildenden Kunst und der Zeit als Dauer verbindet sich mit dem Unbehagen am Rahmen, bis die Bilder auf rahmenlosen Papierstreifen eine neue Heimat finden: «Die gemalten Bilder, so wie ich mich früher mit ihnen beschäftigt hatte, waren mir jetzt zu stillstehend, zu begrenzt, zu abgeschlossen, zu sehr an eine einzige, unveränderliche Situation gebunden. Sie waren Ausschnitte, Fenster, Blicke in mein Guckkastentheater, in ihren besten Stunden konnten sie heroisch die Einmaligkeit eines Augenblicks hervorheben. Ich hatte sie übernommen aus einer Welt, in der der Sinn von Wegzeichen noch glaubhaft war, jetzt konnten allein ihr Gewicht, ihre Rahmen, die Kisten, in denen sie verpackt werden mußten, lächerlich wirken. Höchstens auf langen Papierstreifen, die zusammengerollt auf dem Rucksack mitgenommen werden konnten, waren sie noch denkbar. Diese Papiere spannte ich rings um die Wände meines Zimmers auf, und von meinen Schreibversuchen, die ich zumeist halbliegend auf dem Bett ausführte, von Büchern, Nachschlagewerken und Notizen umgeben, ging ich zuweilen zu

Peter Weiss: Der Hausierer, 1940
Öl auf Leinwand, 77,5 x 56,5 cm.
(Gunilla Palmstierna-Weiss)

Bildnereien über, mit Tusche, Wasserfarben und bereitliegenden Pinseln. Die Vorbereitungen zum Malen und Zeichnen durften keine Zeit in Anspruch nehmen, das sorgfältige Anrichten der Malgründe, das Reiben der Farben, das Mischen mit Ölen, das früher einen Teil der Arbeit ausgemacht hatte, und das mit seinen handwerklichen Gesten meine Absichten dauerhaft erscheinen ließ, war jetzt unmöglich.»

Wie eine Fortsetzung der Wahrnehmungsexerzitien Strindbergs und der Übungen in Absichtslosigkeit, aus denen bei Michaux die Träume der Linien hervorgehen, wirkt der Auszug des jungen Peter Weiss aus dem Handwerk der Malerei; er führt in jene Regionen, die Michaux mit Hilfe des Meskalin aufsucht: «Wenn die Worte vergingen, konnten die Erscheinungen auftreten, zuerst als Flecken auf der Netzhaut, aus Farbpunkten bestehend, allmählich sich erweiternd zu Formen, Gegenständen, Figuren. Ehe sich die Bilder einstellten, erforschte ich manchmal die Tätigkeit in der photographischen Dunkelkammer meiner Augen, ich richtete die Pupillen auf das Fenster, ließ dessen Helligkeit und Schattenbalken in die Linsen eindringen, schloß dann die Lider und legte die Hand davor.»

Die große Enttäuschung der Nachkriegszeit, das Harmloswerden der Abstraktion und das Eingehen der Revolte in die Museen, die Peter Weiss im *Fluchtpunkt* beklagt, dürfte dazu beigetragen haben, daß seit den 1950er Jahren mehr und mehr der Schriftsteller ins Zentrum seiner künstlerischen Existenz trat. Aber der surrealistische Impuls blieb bis hinein in die *Ästhetik des Widerstands* wirksam, die literarische Summe des Marxisten Peter Weiss. Textblöcke, wuchtig wie Grabplatten, füllen die Buchseiten. Aber der Maler ist im Schriftsteller nicht abgestorben, unter seiner bilderlosen Oberfläche arbeitet der Roman daran, die Bilder und Skulpturen, denen sich seine Protagonisten zuwenden, noch einmal aus ihren Rahmen und aus den Museen heraustreten zu lassen.

Friedrich Dürrenmatt, geboren 1922, sechs Jahre jünger als Peter Weiss, wußte als junger Mann sehr genau, was er werden wollte: Künstler. Er wußte nur nicht genau, in welcher Kunst, der Malerei oder der Schriftstellerei. An den Vater schreibt er kurz nach der Maturitätsprüfung, Ende September 1941, noch vor Beginn des Studiums an der Berner Universität: «Es drängt mich zu beidem. Aber ich weiss auch, dass man diese beiden Künste nicht gleichzeitig ausüben darf; denn bald wird einer zu einem Zwitter, er schreibt da wo er malen sollte und wo Schreiben am Platz gewesen wäre, greift er zum Pinsel.» Nach einigem Zögern hat sich der junge Dürrenmatt für die Schriftstellerei entschieden, ohne doch das Zeichnen und Malen je aufzugeben. Es begleitete ihn durchs Leben, aber er wollte kein Malerdichter sein, sondern ein Schriftsteller, der auch malt. Früh schon hat er eigene Bücher illustriert, aber sich erst spät zur separaten Publikation seiner Bilder und Zeichnungen und ihrer Präsentation in Ausstellungen entschlossen. Noch die deutlichste Bekräftigung seiner bildnerischen Obsession ist zugleich ein Dementi des Verdachts, das Zeichnen könne ihm mehr sein als eine Probebühne der Literatur: «Meine Zeichnungen sind nicht Nebenarbeiten zu meinen literarischen Werken, sondern die gezeichneten und gemalten Schlachtfelder, auf denen sich meine schriftstellerischen Kämpfe, Abenteuer, Experimente und Niederlagen abspielen.»

Dürrenmatt unterscheidet sich nicht nur in der hartnäckigen Treue zur einmal getroffenen Jugendentscheidung gegen die Malerei von Peter Weiss, in dem der ursprüngliche Wunsch, Maler zu werden, noch pulsierte, als er schon längst Schriftsteller geworden war. Er wirkt zugleich gegenüber dem Surrealisten und Marxisten Weiss, der Malen als individuelle Revolte begreift und die Deutung der Bilder als Vorschule der kollektiven Revolte, wie ein Solitär. Wachen Sinnes nimmt er alle Eruptionen und geistigen Bewegungen des Jahrhunderts auf, aber so wie ein Minotaurus, der sie hineinschleppt in die Mitte seines Labyrinths. Dürrenmatt selbst hat vom dramaturgischen Charakter seiner Zeichnungen und Bilder gesprochen und sein Verhältnis zu den Farben mit dem des Dramatikers zu den Schauspielern verglichen. Wer will, kann in seinem künstlerischen Werk vor allem die Analogien zum schriftstellerischen sehen. Auch seine Zeichnungen akzentuieren den Moment, in dem eine Geschichte die schlimmstmögliche Wendung nimmt. Eine, von 1943/45, heißt *Die Welt als Theater*. Und auf seinen Gemälden gibt es die kosmisch-profanen Balladen, in denen ein Weltmetzger ungerührt und ungeniert vor seinem Bluteimer steht, und im Hintergrund ein künftiges Opfer mit Schärpe und Orden, aber ohne Hosen. Bei der *Letzten Generalversammlung der Eidgenössischen Bankanstalt* (1966) haben sich die Bankiers traubenweise an den Kronleuchtern aufgehängt oder halten bei Tisch die Pistolen an die Schläfen. Ein eigenes Bild ist dem *Begräbnis des Bankiers* gewidmet (1966).

Und doch ist dieser Bilderkosmos nicht nur ein schaurig-sarkastischer Totentanz des Berner Pfarrerssohnes mit seinem Land, der Schweiz, und mit den Folterern und Scharfrichtern seines Jahrhunderts. Es steckt in Dürrenmatt ein Wesen, das vor seinen Stoffen da ist, das sich die Welt im Malen und Zeichnen auch dann einverleiben würde, wenn es nie aus seiner Höhle herauskäme, nie jemand die Bilder sähe. Die Schweiz könnte zum Teufel gehen, die Welt könnte zum Teufel gehen, der Kosmos könnte zum Teufel gehen, und dieser Minotaurus würde immer noch dasitzen und wissen: Ich muß malen.

Bei Peter Weiss wäre der Minotaurus ein düsteres Wesen, das Opfer verlangt und selbst ein Opfer ist, das besseres verdient hat als die Tötung. Bei Dürrenmatt, der ihn häufig, in Tusche und Mischfarben, dargestellt hat, ist er groß, ungeschlacht und geil, wie er sein muß, aber er ähnelt zugleich den wilden

Friedrich Dürrenmatt: Flucht I, 1974
(Centre Dürrenmatt, Neuchâtel)

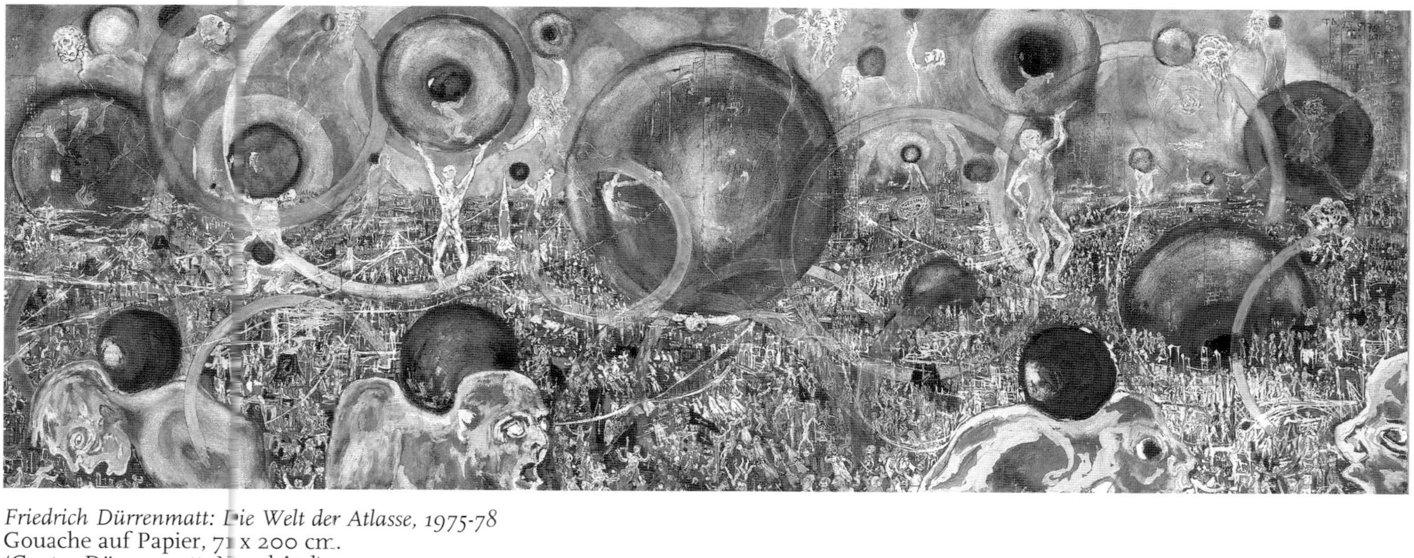

Friedrich Dürrenmatt: Die Welt der Atlasse, 1975-78
Gouache auf Papier, 71 x 200 cm.
(Centre Dürrenmatt, Neuchâtel)

Kerlen, wie die Kinder sie lieben: Schlimmer als er sind in jedem Fall die, die ihn töten wollen, wie der Mann mit dem Messer auf der Federzeichnung *Der verängstigte Minotaurus* (1974). Aber er wird getötet, in der Ballade wie im Bild.
Die geierhaften Vögel, die in den Illustrationen zur Ballade *Minotaurus* (1985) über dem Labyrinth schweben, schweben in der Gouache *Letzter Angriff* (1987) über den todgeweihten Menschenmassen. Sie gehört zu den seltsamen sieben schwarzen Bildern, die Dürrenmatt Ende 1987 und Anfang 1988 gemalt hat. Wen nicht schon das frühere Werk darüber belehrt hatte, der mußte spätestens, als diese Bilder 1994 in der Dürrenmatt-Retrospektive im Zürcher Kunsthaus gezeigt wurden, wissen: Eine Monographie über den Maler Dürrenmatt müßte zugleich eine Monographie über die Farbe Schwarz sein. Sie müßte vom Schwarz der Tusche und der Zeichnungen handeln und vom Schwarz der Gemälde, vor dem der rote Schopf eines harmlos trinkenden Bäuerleins auflodert, als habe jemand eine Lunte daran gelegt. Gewiß käme in dieser Monographie Varlin vor, der alte Malerfreund Dürrenmatts, der die Farbe Schwarz als «Reaktion auf sinnlich verlogene bourgeoise Farbsymphonien» bezeichnet hat.
Aber schon seit Baudelaire und Manet hat das Schwarz, etwa der Zylinder und der dunklen Anzüge, die moderne bürgerliche Welt grundiert; lange ehe es in Malewitschs Quadrat zur Wappenfarbe der Abstraktion wurde, hat es seinen Siegeszug in der Malerei begonnen.
Die Vögel, zumal die Geier und die Raben, denen auch die Literatur gern huldigt, spielen dabei eine Hauptrolle, auch im Surrealismus des 20. Jahrhunderts. Friedrich Dürrenmatts schwarze Vögel fliegen über die Schweiz, sein Minotaurus bewohnt eine Höhle irgendwo in den Alpen.
Aber dieser obsessive Maler, dessen Leidenschaft größer war, als der Schriftsteller zugeben mochte, wenn er vor die Höhle trat, um zu erklären, wie sich sein Schreiben und sein Zeichnen zueinander verhalten, lebte nicht in einer abgeschlossenen Gebirgsregion. Er verweigerte den Königsweg der ästhetischen Internationale nach dem Zweiten Weltkrieg, den Weg in die Abstraktion, nicht aus verstockter Hinterwäldlerei, sondern weil ihm, dem Dramatiker, die Welt nur in Gestalten begegnete. Sie mochten aus der antiken Mythologie kommen, aus der christlichen Religion oder aus der leibhaftigen Gegenwart der Schweiz. Aber sie mußten Gestalten sein, um von diesem Minotaurus verschlungen werden zu können.

[Auf der folgenden Seite]

Adalbert Stifter: Der Saarstein bei Alt-Aussee, um 1835
Öl auf Leinwand, 41,5 x 33,5 cm.
(Adalbert-Stifter-Gesellschaft, Wien)

DIE LANDSCHAFTSDARSTELLUNG

DIE SEHNSUCHT DES DICHTERS NACH DER NATUR

CHRISTINA FEILCHENFELDT

Die Darstellung der Landschaft hat sich als eigenständige künstlerische Gattung in der abendländischen Kunst erst seit der Renaissance wirklich durchgesetzt. Bis dahin bot sie in der Kunst zwar den Hintergrund für eine Handlung, sie hatte jedoch keine eigene Daseinsberechtigung.

Mit der Entdeckung der Zentralperspektive im 15. Jahrhundert gewann erstmals in Italien die bildliche Umsetzung von Räumlichkeit eine neue bahnbrechende Bedeutung, die sich nicht nur in der Wiedergabe von Innenräumen widerspiegelte, sondern auch der Landschaftsdarstellung eine neue Dimension verlieh. Leonardo da Vinci, Albrecht Altdorfer und Albrecht Dürer schufen die ersten figurenlosen Landschaftsbilder. Mit Claude Lorrain und Nicolas Poussin begann im Frankreich des 17. Jahrhunderts eine neue Entwicklung dieser Bildgattung: Die in klassische Gewänder gehüllten Figuren, häufig vor den Ruinen antiker Gemäuer, verliehen den meist großformatigen Gemälden einen Idealcharakter, fern von der zeitgenössischen Realität. Zur gleichen Zeit wurde in den Niederlanden eine realistische Landschaftsmalerei entwickelt, wie sie besonders in den Gemälden Rembrandts und Jan van Ruisdaels zum Ausdruck kommt. Die Künstler nutzten nun die Landschaftsdarstellung, um den zeitgenössisch gekleideten Gestalten der Bildhandlung einen Rahmen zu verleihen.

Während des späten 18. und frühen 19. Jahrhunderts erfuhr die Landschaftsmalerei einen neuen Impuls. Die Einführung und Verbreitung des englischen Landschaftsgartens in Deutschland während der Goethezeit führte zu einer besonderen Wertschätzung der Pleinairmalerei. Man tauschte immer häufiger die freie Natur mit dem Künstleratelier: Die scheinbar ursprünglich belassene Natur wurde als Synonym für die freie Gesellschaft verstanden, die im Kontrast zur strengen französischen Gartenanlage, dem Sinnbild der absolutistischen Herrscheridee, stand. Was im englischen Garten jedoch als unberührt erschien, war von Menschenhand genau geplant und ausgeführt worden und basierte auf der Landschaftsmalerei des französischen und niederländischen 17. Jahrhunderts.

War zur Zeit Dürers ein neues Naturverständnis aus dem Humanismus entstanden, entwickelte es sich im Zeitalter Goethes aus der Bewegung des Sturm und Drang. Diese Bewegung verstand sich als Reaktion zur rationalen Aufklärung und vertrat eine stark emotional bestimmte Naturauffassung. So verschaffte sich etwa in der Visualisierung der Alpen, wie sie beispielsweise Goethe unternahm, die kreative Unruhe der Künstler gepaart mit einem dynamischen, aktiven Darstellungswillen Ausdruck. Ein expressiver Bleistift-, Kohlestrich oder Pinselduktus verleiht den Arbeiten häufig einen unfertigen Charakter. In dieser Zeit suchten Künstler und Schriftsteller nicht nur die Auseinandersetzung und die bildliche oder schriftliche Wiedergabe ihrer eigenen Gefühle, sie unterwarfen ihr Denken und Handeln auch den Naturgewalten, die sie in ihrer schöpferischen Kraft stark beeinflußten. Die menschliche Sehnsucht nach den Ursprüngen und der Reinheit der Natur reicht bis in die Antike zurück. Schon Vergil hatte die wilde Gebirgslandschaft auf der Halbinsel Peloponnes als idealisiertes Arkadien besungen und für die suchende künstlerische Seele als Ort reiner Freude dargestellt. Diese Sehnsucht nach einem utopischen Land, in dem die Menschen unberührt von den Mißständen der zivilisierten Welt in Harmonie und Frieden zusammenleben, wurde bis in das 19. Jahrhundert hinein von Malern und Dichtern gleichermaßen thematisiert. Im 18. Jahrhundert hatten die Alpen häufig als Sinnbild für das einfache, nicht durch die Gesellschaft korrumpierte Leben gestanden. Dies hing unter anderem mit Jean-Jacques Rousseaus stark gesellschafts- und zivilisationskritischem Briefroman *Julie ou la Nouvelle Héloïse* von 1761 zusammen, in dem großartige Beschreibungen der Alpen enthalten sind. Seit seiner Kindheit in Genf war Rousseau mit dem Gebirgsmassiv in dieser Region bekannt. Seine Begeisterung für die unbezwungene Schönheit der Landschaft hatte die Naturerfahrung während des Sturm und Drang stark vorbereitet und beeinflußt. Die Wirkung von der erhabenen Natur auf die menschliche Seele war bereits Mitte des 18. Jahrhunderts Gegenstand philosophischer Abhandlungen gewesen. Nach der Publikation von Goethes Italienreise erblickten deutsche Schriftsteller und Künstler im 19. Jahrhundert in Italien das ersehnte Arkadien.

Zur Zeit des Impressionismus wurde in der Landschaftsmalerei der Schwerpunkt auf die Darstellung der einzelnen Stimmungen, verursacht durch das sich verändernde Licht während eines Tages, gelegt. Häufig wurde dasselbe Motiv in zahlreichen Variationen abgebildet – man denke an die berühmten Heuschober Monets – um so die verschiedenen Eindrücke während eines Tages festzuhalten. Für Künstler wie Munch oder Klee, die im 20. Jahrhundert wirkten, wurde die Landschaftsdarstellung dagegen Sinnbild einer inneren Schau und Ausdruck einer inneren Unruhe, die teils sogar bis zur Abstraktion verfremdet wurde. So ist schließlich die Landschaft als solche nicht mehr wahrnehmbar, der Landschaftsraum bleibt jedoch als Thema erhalten und findet in vielerlei Gestalt eine neue künstlerische Form.

Die Landschaftsdarstellungen in dieser Ausstellung entsprechen einer Auswahl und stammen von Autoren, die vor allem im 19. Jahrhundert lebten und arbeiteten. Die Ausnahmen bilden Johann Wolfgang von Goethe, dessen Schaffensphase bereits im 18. Jahrhundert begann, und Karen Blixen, deren künstlerische Laufbahn weit ins 20. Jahrhundert reicht. Auch August Strindberg wirkte noch ins letzte Jahrhundert hinein. Daß es insgesamt weniger Landschaftsdarstellungen im 20. Jahrhundert gibt, hängt in erster Linie damit zusammen, daß die Landschaftsmalerei als Gattung mehr und mehr in den Hintergrund trat und sich die klassischen Gattungsbegriffe der Malerei insgesamt aufzulösen begannen.

Im 18. und 19. Jahrhundert gehörte die Landschaftsmalerei zu den beliebtesten Beschäftigungen nicht nur von Künstlern, sondern auch von Reisenden aller Art, die sich in diesem Metier mehr oder weniger erfolgreich versuchten. Zu den berühmtesten gehört Johann Wolfgang von Goethe. Bereits im Jahre 1758 erhielt der gerade neunjährige Goethe in Frankfurt am Main Zeichenunterricht bei einem Privatlehrer. Während seines Studiums in Leipzig setzte er den Unterricht sporadisch fort, unter anderem an der dortigen Akademie, wo er von Adam Friedrich Oeser unterrichtet wurde, der ihn auch in die Kunsttheorie einführte. Zu dieser Zeit erlernte er gleichfalls die Kupferstichkunst. Während seines langen Lebens widmete sich Goethe immer wieder dem Zeichnen und Aquarellieren von Landschaften und Genreszenen, aber auch von Portraits nach dem Vorbild der Niederländer. Die Zeichnung hatte als künstlerische Gattung im 18. Jahrhundert eine Aufwertung erfahren und galt nicht mehr als Hilfsmittel für den Schaffensprozeß eines Gemäldes, sondern als eigenständige künstlerische Arbeit. Als solche wurde sie nun gesammelt, so auch von Goethe. Einige Versuche mit der Ölmalerei blieben eher erfolglos. Eine wichtige Zäsur bildete die erste Reise nach Italien von 1786 bis 1788. Goethe begann, zu diesem Zeitpunkt ein neues Gefühl für die Darstellung der Räumlichkeit zu entwickeln und Lichteffekte wirkungsvoll einzusetzen. Auch die Wirkung der Linie kam stärker zum Ausdruck, während er die Farbe häufig reduzierte, um gemäß der zeitgenössischen Mode *en grisaille* zu arbeiten. Dies ist insbesondere für Goethes frühe Arbeiten typisch. Auf späteren Reisen fertigte der Dichter immer wieder Zeichnungen und Aquarelle an, oder er führte sie nach seiner Rückkehr aus. So entstand zwischen 1806 und 1807 das *Reise-, Zerstreuungs- und Trostbüchlein* für Prinzessin Caroline von Sachsen-Weimar. Diesen Arbeiten folgten 1810 weitere 22 Darstellungen von Ansichten in Thüringen oder Böhmen, denen Goethe selbst große Bedeutung beimaß. Die Zeichnungen reflektieren die unterschiedlichen Interessen Goethes, der damit seine Gedanken festzuhalten und sein Wissen zu vermehren suchte.

Seine Zeichnungen beschreiben aber auch Situationen, die der Dichter mit Worten ungenügend zum Ausdruck gebracht sah und die er deswegen bildlich wiederzugeben suchte.

Seit seiner Jugend war für Goethe das Abwägen der bildenden Kunst gegen das Schreiben ein problematisches Thema; seiner Absicht, die bildende Kunst zugunsten des Schreibens zurückzustellen, verlieh er erst im Jahre 1819 in der redigierten Textfassung der *Italiänischen Reise* Ausdruck .

Nach seinem Tode zählte der Nachlaß Goethes nahezu 2600 Arbeiten auf Papier, von denen sich heute die meisten im Goethe-Nationalmuseum in Weimar befinden.

Im Mai 1775 reiste Goethe mit den Brüdern Stolberg in die Schweiz. Die eindrucksvolle Welt des Hochgebirges, insbesondere eine Wanderung zum St. Gotthard, überwältigte den Dichter, wie den Tagebuchnotizen zu entnehmen ist. Auf dieser Reise entstanden zahlreiche Gedichte, Briefe und Skizzen. Das Erlebnis der Natur führte bei dem Dichter zu einem neuen pantheistischen Weltbild. Die Darstellung des Göttlichen in der Natur bestimmte während dieser Zeit seine Schriften und bildlichen Darstellungen maßgeblich. Bei dem für eine Reiseskizze ungewöhnlich großformatigen Blatt *Bergrücken in der Schweiz* handelt es sich um eine der unter diesem Eindruck angefertigten Zeichnungen. Die Skizzenhaftigkeit der Darstellung wird durch den nebenstehenden Text betont, der mit Bleistift und Tinte verfaßt ist. Auch der Text bleibt ein Fragment, erscheint als eine Aneinanderreihung von Beobachtungen und Gedanken, die dem Wanderer in den Sinn kamen, während er seinen Blick umherschweifen ließ:

«Das nächste hel und deutlich Alp / Schnee im Vorgrund und weise Runsen / Tannen auf dem Rücken ab / Berge gegen über mit Tannen reihen / deutlich in der Sonne schwarz die Tannen / Seen grün und duncklich / Zwischen allem Wolcken / Über allem Wolcken / Der Abstich des Trüben und klaren / Das Trübe hell das klare schwarz fest bestimmt / NB NB die Contraste die Waldbewachsenen / finsteren Gipfel des Berges die Wolcke / licht die sich drauf aufhebt / Der See heller als der Nebel hoch / dunckler ab / Das Buschig Gehauene der Berge / Das bröckliche Absincken des Rasen / durch Schnee

Johann Wolfgang von Goethe: Bergrücken in der Schweiz, 1775
Bleistift auf Papier, 43 x 34,2 cm.
(Stiftung Weimarer Klassik/Goethe-Nationalmuseum, Weimar)

und Gewässer / An den Tag kommen Felsen zusammen / gebacken von Fluß steinen / von den Felsen wenn der Rasen / nicht mehr halten kann / Meist kleine Fichten halbwüchsige / viel gestürzte starcke / Das streifigte der bewachsenen Felsen vom / Ablaufen des Wassers. Die Entdeckung des / festen Felsen vom gesunckenen Rasen / Oben Fichten tiefer ab Buchen, Ahorn, tiefer Nusbäume.»

In einer Passage von *Dichtung und Wahrheit* beklagt Goethe seine Unfähigkeit, die Dinge so, wie er sie sah, zeichnerisch auf dem Blatt wiederzugeben. Andererseits verleiht er auch seiner Freude über dieses Hilfsmittel Ausdruck: «Drang und Eile zugleich nöthigten mich zu einem wunderbaren Hülfsmittel: kaum hatte ich einen interessanten Gegenstand gefasst und ihn mit wenigen Strichen im Allgemeinsten auf dem Pappier angedeutet, so führte ich das Detail, das ich mit dem Bleistift nicht erreichen noch durchführen konnte, in Worten gleich daneben aus und gewann mir auf diese Weise eine solche innere Gegenwart von dergleichen Ansichten, dass eine jede Localität wie ich sie nachher in Gedicht oder Erzählung nur etwa brauchen mochte, mir alsobald vorschwebte und zu Gebote stand.»

Im Jahre 1775 war Goethe im Auftrag des Herzogs Karl August nach Weimar gekommen. Von seinem Gartenhaus am Rande des Ilmtales, einem Geschenk des Herzogs, unternahm er zahlreiche Reisen in dessen Auftrag, aber auch Wanderungen aus eigenem Ansporn, während deren mehrere hundert Zeichnungen entstanden. Fast dreihundert von ihnen, darunter auch *Dampfende Täler bei Ilmenau,* übergab Goethe später Charlotte von Stein.

An seinen Freund Merck schrieb Goethe 1776: «Du kannst denken, wie ich mich auf dem Thüringer Wald herumzeichne. Der Herzog geht auf Hirsche, ich auf Landschaften aus, und selbst zur Jagd führe ich mein Portefeuille mit.»

Die Darstellung des Ilmtales besticht durch ihren realistischen und gleichzeitig sehr persönlich und romantisch anmutenden Charakter, der durch die eigenhändige Beschriftung am linken Bildrand betont wird: «Ewiges Denkmal. An jedem Gegenstand suche erst die Art ihn auszudrücken. Keine allgemeine Art gilt.» Weiterhin stehen auf der Rückseite des Blattes die Verse: «Ach so drückt mein Schicksaal mich, / Daß ich nach dem unmöglichen strebe. / Lieber Engel, für den ich nicht lebe, / zwischen den Gebürgen leb ich für dich.»

Diese romantischen Verse scheinen durch die Stimmung der leichten Nebelschwaden inspiriert, die leise über die Täler ziehen und dem Betrachter ein Gefühl von abendlicher Ruhe und Frieden vermitteln. Daß es dieses Gefühl war, welches der Dichter in dieser Zeichnung auszudrücken suchte, zeigt auch jenes Gedicht *Über allen Gipfeln ist Ruh,* das in Worten die Stimmung dieses Blattes wiedergibt und am selben Aussichtspunkt bei Ilmenau verfaßt wurde, an dem Goethe diese nächtliche Szene bildlich festhielt. Das Gedicht mit

Johann Wolfgang von Goethe: Dampfende Täler bei Ilmenau, 1776
Bleistift und Tusche auf Papier, 17 x 32 cm.
(Stiftung Weimarer Klassik/Goethe-Nationalmuseum, Weimar)

folgendem Wortlaut wird häufig als «Wandrers Nachtlied» bezeichnet und ist eines der berühmtesten Gedichte Johann Wolfgang von Goethes:

Über allen Gipfeln
Ist Ruh,
In allen Wipfeln
Spürest du
Kaum einen Hauch;
Die Vöglein schweigen im Walde.
Warte nur, balde
Ruhest du auch.

Die Datierung der Zeichnung geht auf einen Brief an Charlotte von Stein vom 22. Juli und eine Tagebuchnotiz vom 23. Juli 1776 zurück, in der Goethe folgendes notierte: «Hoch auf einem weit rings sehenden Berge... die Thäler dampfen alle an den Fichtenwänden herauf. (NB. das hab ich dir gezeichnet).» Einem Brief vom 19. November 1776 ist zu entnehmen, daß die Zeichnung eine Wand im Schloß Großkochberg bei Frau von Stein zierte.
Kurz sei noch die Rezeptionsgeschichte des Blattes erwähnt, da es sich hierbei um eine der am häufigsten diskutierten bildlichen Darstellungen Goethes handelt. Dies liegt zum einen an dem Bezug zu dem oben genannten Gedicht, zum anderen zeigt dieses Blatt eine äußerst feine Bildqualität und künstlerische Fertigkeit des Dichters. Aus diesem Grunde wurde es von der Kritik gerühmt und mit der Bildkunst Hans Thomas und Caspar David Friedrichs verglichen. Es gab jedoch auch immer wieder Kritiker, die Goethe Dilettantismus und technische Unzulänglichkeit vorwarfen.
Schillers Garten in Jena gehört als 13. Zeichnung zu einem Album von 22 Handzeichnungen, das Goethe im Jahre 1810 anfertigte, und ist rückseitig mit den Worten beschriftet: «Jena, April 1810 G». Die in diesem Album zusammengefaßten Zeichnungen stechen durch besondere Feinheit aus dem zeichnerischen Œuvre Goethes hervor. Sie sind alle ausgearbeitet und wurden von Goethe über die Jahre hinweg geschlossen aufbewahrt. *Schillers Garten in Jena* zeigt den künstlerischen Anspruch, den Goethe an seine Zeichenkunst hatte: Die Bäume und Sträucher im Bildvordergrund, mit dunklem Pinselstrich betont, heben sich stark von der Weichheit der sanft ansteigenden Hügel im Hintergrund ab, die kaum mehr als angedeutet erscheinen. Das Gartenhaus und die eigens als Arbeitszimmer für Schiller errichtete Zinne stechen durch die intensiven Lichtverhältnisse hervor. Mittels gezieltem Einsatz von Hell/Dunkel- bzw. Licht/Schatten-Wirkungen sind die beiden im Mittelgrund der Darstellung plazierten Gebäude als wesentlichste Bestandteile der Zeichnung für den Betrachter unschwer auszumachen. Vermutlich sollten die 22 Arbeiten als Vorlagen für eine Illustration von Goethes biographischen Schriften

Johann Wolfgang von Goethe: Schillers Garten in Jena, 1810
Bleistift, Tusche und Sepia auf Papier, 21 x 34 cm.
(Stiftung Weimarer Klassik/Goethe-Nationalmuseum, Weimar)

dienen, diese wurden jedoch schließlich ohne Bilddarstellungen herausgegeben. Nichtsdestotrotz suchte Goethe mit dem Zyklus *Die zweiundzwanzig Handzeichnungen von 1810* einer «Lebens- und Kunstepoche ein Denkmal zu erhalten». Das 13. Blatt bildet den Schluß- und fiktiven Höhepunkt der Ansichten der Stadt Jena und Umgebung. Seit Beginn der fruchtbaren Zusammenarbeit zwischen Goethe und Schiller, nach ihrem Zusammentreffen in Jena im Jahre 1794, wurde die Stadt ein zweites, gleichsam geistiges Zuhause für Goethe. Beide Dichter tauschten im Gartenhaus, das Schiller am 16. März 1797 erworben hatte, ihre Gedanken aus, bis Schiller 1799 beschloß, nach Weimar umzusiedeln, um die Zusammenarbeit noch enger werden zu lassen. Trotz dieser Tatsache nutzte Goethe das Gartenhaus immer wieder als Refugium. Als im Mai 1805 beide Dichter erkrankten, war es Friedrich Schiller, der sich nicht mehr erholen sollte. Wie sehr Goethe unter dem Verlust des Freundes litt, zeigt der Wortlaut eines Briefes vom 1. Juni desselben Jahres an Karl Friedrich Zelter: «Seit der Zeit, dass ich Ihnen nicht geschrieben habe, sind mir wenig gute Tage geworden. Ich dacht mich selbst zu verlieren, und verliere nun einen Freund und in demselben die Hälfte meines Daseyns.»
In einem ausführlichen Vorwort zum Zyklus der *Zweiundzwanzig Handzeichnungen von 1810* beschrieb Johann Wolfgang von Goethe die Umstände und Gründe ihrer Entstehung. So kehrte der Dichter 1810 nach Jena zurück, um seine Farbenlehre zu vollenden. Da ihn das Verfassen dieser Schrift so lange von allem anderen abgehalten habe, sei nach ausgiebigen Spaziergängen in der Natur das Bedürfnis besonders groß gewesen, die soeben erfahrenen Eindrücke entweder mit der «Feder» oder mittels «Licht und Schatten» zu Papier zu bringen: «Dieses setzt sich fort bis in den August, auf meiner Reise nach Carlsbad und Töplitz, da denn auch die Ausflüge nach Graupen und Bilin gleicherweise benutzt wurden. Und so entstanden denn nachstehende zwey und zwanzig Blätter, die ich mit eben so wunderbarer Aufmerksamkeit aufzog, umrahmte und mehr oder weniger ausführte. Da mit dem August sich diese gewissermassen angestrengte Neigung völlig verlor, auch von mir nachher wenig der Art hervorgebracht wurde und selbst wenn ich es versuchen wollte nicht sonderlich gelang, so habe diese Zeichnungen sämmtlich zusammengehalten, keine fremde Hand, wie ich sonst bey Skizzen gerne that, darin walten lassen und so dieser eigenen Lebens- und Kunstepoche ein Denkmal zu erhalten gesucht; wie ich sie denn auch gegenwärtig in einen Band gesammelt um sie für ein Ganzes zu erklären, woraus Fähigkeit sowohl als Unfähigkeit beurtheilt werden könnte.»
Der Schlußsatz dieses Zitates bezeugt, daß Goethe mit den *Zweiundzwanzig Handzeichnungen von 1810* seinem zeichnerischen Schaffen ein Denkmal zu setzen suchte, mit dem

Wilhelm Busch: Kühe im Walde, um 1885/90
Öl auf Papier/Pappe, 13,2 x 18,2 cm.
(Wilhelm-Busch-Museum – Deutsches Museum für Karikatur und kritische Grafik, Hannover)

er sich der öffentlichen Beurteilung offen stellen wollte. In diesen, mit biographischen Bildinhalten versehenen Zeichnungen sah Goethe die Leistungen seines zeichnerischen Lebenswerkes zusammengefaßt und den Kulminationspunkt seines bildkünstlerischen Schaffens erreicht.

Ein Künstler, der sich dagegen vor allem mit der Darstellung von Landschaften in Öl befaßte, ist der Autor, Maler und Karikaturist Wilhelm Busch. Als Autor und Maler, er hinterließ rund neunhundert Gemälde, wurde Wilhelm Busch erst postum einem größeren Publikum bekannt, was unter anderem auf die Tatsache zurückzuführen ist, daß er selbst seine frühen, unter dem Einfluß Rembrandts entstandenen Bilder vernichten wollte und demzufolge vor der Öffentlichkeit verbarg. Busch selbst sah sich wohl in erster Linie als Zeichner und Karikaturist. So entstanden auch die meisten Bildentwürfe vor den Versen, denn «die Reime – Gott ja, die kommen einem dann ganz von selbst, so – na, wie dem Hund die Flöhe».

Nach dem Besuch der Kunstakademien in Düsseldorf und München hielt sich Wilhelm Busch zum Studium der niederländischen Malerei in Antwerpen auf, was im Selbstportrait von etwa 1870 deutlich zum Ausdruck kommt [Siehe Abb. S. 68]. Im Sinne Rembrandts nutzte Wilhelm Busch hier den Lichteinfall als gestalterisches Element, das nur seine obere rechte Gesichtshälfte und den Nasenrücken erhellt. Die gesamte linke Gesichtshälfte und Schulterpartie liegen dagegen im Schatten und sind für den Betrachter nur schwer auszumachen. Ganz im Sinne Rembrandts ist auch die Struktur der Farboberfläche gehalten: Mittels eines groben Pinselstriches arbeitete der Künstler die Kappe und den helleren Kragen aus dem Dunkel des Bildhintergrundes heraus. Selbst die Pose, die der Maler in diesem Bildnis einnahm, erinnert an etliche Selbstbildnisse Rembrandts als Halbfigur vor monochromem Hintergrund, eine Kappe schief in die Stirn gezogen.

Allesamt späteren Datums sind die Landschaftsdarstellungen Wilhelm Buschs in dieser Ausstellung. Sie weisen eine eher dunkle, von den Grün- und Brauntönen des Waldes bestimmte Farbpalette auf, die durch einzelne helle Farbtupfer aufgelockert wird. In der Literatur wie der Kunst wird die Einsamkeit des Waldes häufig als Sinnbild für die Rückkehr zur Natur und als Abkehr von den Mißständen der modernen Zivilisation gedeutet. In allen drei Landschaften hat Wilhelm Busch mittels der roten Jacke einer kaum sichtbaren Figur einen Punkt im Bildvorder- oder -mittelgrund plaziert, der den Blick des Betrachters auf sich zieht und somit die Komposition bestimmt. Es ist aber nicht der Mensch oder diese Figur, die eine Rolle spielt, sondern allein das Rot der Jacke, die damit der Komposition eine bestimmte farbliche Note verleiht. Der lockere Pinselduktus erinnert an die französischen Landschaftsbilder der Schule von Barbizon,

Wilhelm Busch: Durchblick am Waldrand (auch: Graben am Waldrand), um 1890
Öl auf Papier/Pappe, 13,4 x 14,6 cm.
(Wilhelm-Busch-Museum – Deutsches Museum für Karikatur
und kritische Grafik, Hannover)

Wilhelm Busch: Landschaft mit verwachsenem Baum im Vordergrund, um 1885/90
Öl auf Papier/Pappe, 13,8 x 18 cm.
(Wilhelm-Busch-Museum – Deutsches Museum für Karikatur
und kritische Grafik, Hannover)

einer Künstlerkolonie, die in der Mitte des 19. Jahrhunderts bei Fontainebleau in die Wälder dieser Gegend zog, um in der freien Natur zu malen. Diese Bilder waren von ganz anderem Charakter als diejenigen der deutschen Künstler dieser Zeit, die eine glatte, sorgsam ausgearbeitete Bildoberfläche bevorzugten, auf der der Pinselstrich kaum zu erkennen ist.

Die Gemälde Hans Thomas oder Carl Blechens entsprachen dem Publikumsgeschmack in Deutschland weitaus mehr, während die französische Malerei von der breiten deutschen Öffentlichkeit verfemt wurde. Wie sehr sich Wilhelm Busch, der die Lehre an den deutschen Malakademien für sich abgelehnt hatte, vom zeitgenössischen Publikum mißverstanden fühlte, zeigen die bissigen Karikaturen, die er in seinen Versen so gut zu verpacken verstand, daß diese als Kinderliteratur heruntergespielt wurden.

Mit Adalbert Stifter, dem neben Franz Grillparzer bedeutendsten österreichischen Schriftsteller des 19. Jahrhunderts, kommt ein weiterer Autor zur Sprache, der in seiner Tätigkeit als Maler einem breiten Publikum eher unbekannt ist. Von sich selbst behauptete er: «Als Schriftsteller bin ich nur Dilettant, und wer weiß, ob ich es auf diesem Feld weiter bringen würde, aber als Maler werde ich etwas erreichen.» Stifter hinterließ nach seinem Tode etwa hundert Gemälde und Zeichnungen. Viele seiner Arbeiten hatte er schon zu Lebzeiten zerstört, nach seinem Tode wurde eine weitere Anzahl von seiner Witwe in alle Winde zerstreut. Während die Jugendwerke einen stark dilettantischen Eindruck machen, reifte Stifters Können, das er insbesondere in der Landschaftsmalerei zu vervollkommnen suchte, durch den Einfluß der niederländischen Malerei des 17. Jahrhunderts später sichtbar. Fritz Novotny urteilte über die in der Folgezeit entstandenen Arbeiten, daß sie zu den «malerisch reifsten Leistungen Stifters gehören, die erhalten geblieben sind.» (Adalbert Stifter als Maler, Wien 1941). Das Blatt mit dem Titel *Partie aus den westungarischen Donauauen mit aufsteigendem Gewitter* entstand während einer Ungarnreise im Jahre 1841 und gehört somit zu der reifen Schaffensperiode des Künstlers [Siehe Abb. S. 40]. Stifter bemühte sich in dieser Zeit um eine größere Naturnähe, und in der Tat fasziniert bei diesem Gemälde die imposante Darstellung des Wolkengebildes, das mehr als die Hälfte der gesamten Bildkomposition bestimmt. Vom linken Bildmittelgrund zieht eine düstere Wolkendecke ins Bild, um sich über dem in der Bildmitte dargestellten reetgedeckten Haus aufzutürmen. Der zu beiden Seiten der Wolken sichtbare, sommerlich blaue Himmel verleiht der Ansicht jedoch eine Friedlichkeit, die durch das Geborgenheit verheißende Haus mit den weißgetünchten Wänden betont wird, aus dessen Schornstein eine feine weiße Rauchsäule aufsteigt. Der blaue Himmel, die friedliche Szenerie insgesamt bestimmt die Komposition, die in der rechten unteren Bildecke und auch in der vorderen linken Bildhälfte unvollendet geblieben ist, und vermittelt den Eindruck ländlicher Idylle.

Ein weitaus früheres und in seiner Naturauffassung völlig anderes Blatt stellt *Blick auf die Falkenmauer aus der Gegend von Kremsmünster* dar. Hier dominiert noch die romantische Naturauffassung der frühen Jahre, wie sich schon allein anhand der Gestalt am mittleren unteren Bildrand zeigt. Über die meist nicht sehr gelungenen Menschen- und Tierdarstellungen in seinem malerischen Œuvre mokierte sich Stifter in der Malernovelle *Nachkommenschaften* von 1864 später selbst. Eine eher idealisierte Figur, ohne abbildhafte Züge, ist auf einer Anhöhe zu erkennen, von wo sie das ganze Tal überblickt. Ob die Gestalt zeichnet oder schreibt, ist nicht auszumachen. Das Gras, auf dem sie sich niedergelassen hat, erscheint durch die einzelnen, sichtbar belassenen Halme eher hart und unwirklich, wie auch die Bäume, deren Nadeln und Blätter minuziös genau wiedergegeben sind. Die Wälder und Berge im Bildhintergrund wirken dagegen verklärt und nicht der Wirklichkeit nachempfunden, wodurch die gesamte Darstellung einen idealistischen, der Phantasie entsprungenen Charakter erhält.

Etwa zehn Jahre später entstand das Gemälde mit dem Titel *Der Saarstein bei Alt-Aussee*. Auch hier entspricht die Naturwiedergabe eher einer romantisch-idealisierten Darstellungsweise, was durch die Wahl des Motivs zusätzlich betont wird. Die hier abgebildete einsame Hütte an den Ufern eines klaren Gebirgssees, umringt von Tannen und in sanftes Licht getaucht, erinnert an zahlreiche romantische Darstellungen wie etwa von Caspar David Friedrich oder Carl Blechen. Von diesem Gemälde existiert eine etwa zeitgleich entstandene Bleistiftzeichnung, die dasselbe Motiv leicht variiert wiedergibt.

Das malerische und schriftstellerische Werk Adalbert Stifters war weitgehend von denselben Beweggründen bestimmt. Es ging ihm um die Ergründung des Zusammenhangs zwischen menschlichem Dasein und der Natur. In seiner Anfangsphase suchte er dies mittels einer «poetisch-wissenschaftlichen Anschauung» (Novotny) in Bild und Text und anhand einer naturnahen, detailtreuen und zudem einem kosmischen Ganzen verpflichteten Darstellungsweise umzusetzen. Zwischen 1840 und 1845 ist eine konventionell idealisierende Tendenz in der Malerei Stifters zu beobachten, während in seinem Spätwerk große symbolische Landschaften überwiegen. Sein Bestreben, wie es im *Nachsommer* heißt, war es, «die Seele des Ganzen zu erfassen». Der Dichter sollte die Bildidee entwerfen, der Maler die literarischen Gedanken in seinen Landschaftsdarstellungen ausführen.

Wie Adalbert Stifter glaubte auch Gottfried Keller zu Beginn seiner Karriere an eine Zukunft als Maler, gab diesen Weg dann aber doch zugunsten der Literatur auf. In München, wo sich Keller von 1840 bis 1842 aufhielt, begann er sich mit der Landschaftsmalerei ernsthaft auseinanderzusetzen.

In diese Zeit fällt auch die Entstehung der *Aussicht vom Hottingerberg auf das Limmattal* im Januar 1841 [Siehe Abb. S. 12]. Das Gemälde entstand vermutlich nach einer 1839 gezeichneten Freilichtstudie, die Keller nach München mitgenommen hatte. Abgesehen von dem kleinen Teich im Bildvordergrund handelt es sich um eine topographisch genaue Darstellung, die den Anspruch einer exakten Naturwiedergabe des Künstlers deutlich veranschaulicht.

Uferlandschaft mit Angler, ebenfalls aus dem Jahre 1841, wurde in der Jahrhundertausstellung im Jahre 1906 in Berlin gezeigt [Siehe Abb. S. 42]. In seinem autobiographischen Künstlerroman *Der grüne Heinrich* (erste Fassung 1854) schilderte Keller sein Dasein zur Zeit der Entstehung dieses Bildes ausführlich. So erfährt der Leser, daß viele angefangene Leinwände unvollendet blieben, weil Keller den unterschiedlichsten künstlerischen Eindrücken in München ausgesetzt war, die er alle bildlich wiederzugeben suchte, er sich aber während dieser Zeit auch vermehrt der Literatur zu widmen begann.

Bei seiner Rückkehr nach Zürich im Jahre 1842 war Kellers finanzielle Lage prekär und seine Gemütsverfassung depressiv. Wahrscheinlich noch in München 1842, möglicherweise aber auch im Winter 1842/43 entstand das Aquarell *Landschaft mit Gewitterstimmung*. Die Darstellung des Malers mit den Utensilien «Malerschirm mit dem langen eisenbeschlagenen Stocke und den zwei Riemlein», wie Keller sie in einem Brief an seine Mutter nach München erbeten hatte, ist als Alter ego des Künstlers zu verstehen. Die einsame Malerfigur ist in einigen Zitaten aus dem Werk Kellers wiederzufinden, so unter anderem im *Grünen Heinrich*, aber auch im Gedicht *Irrlichter* von 1844 zieht der «heimatlose Wandrer auf des Lebens dunkler Heide» dahin. Vor dem Wanderer erstreckt sich eine lange, gewundene Straße, die sich, an einem Kirchlein vorbeiführend, hinter der Kuppe eines Hügels verliert. Dahinter liegt im Sonnenlicht ein kleiner See, über dem sich langsam dramatisch die Wolken zusammenziehen. Die offenen Felder zur Linken und die hügeligen Felsen zur Rechten verleihen der Darstellung eine künstlerische Vielfalt und Fülle und dem Blatt einen insgesamt äußerst reizvollen Charakter.

Kellers zeichnerische und malerische Begabung hatte kaum Förderung erfahren, und so blieb er, trotz einiger Lehrer, die ihm Unterricht erteilten, im wesentlichen Autodidakt. Von seiner Hand haben sich fast ausschließlich Landschaftsdarstellungen erhalten, in einigen Skizzenbüchern ist zu Studienzwecken zuweilen auch Figürliches abgebildet. Eine dieser figürlichen Darstellungen setzte Keller in Form eines Selbstportraits als *Harfender Dichter* unter die letzte Strophe des aus 27 Liebesliedern bestehenden Gedichtes *Liebesspiegel*, entstanden 1844 bis 1846 [Siehe Abb. S. 70]. Bei dem Selbstbildnis handelt es sich um eine Selbstparodie auf das im Oktober 1845 zum *Liebesspiegel* als 28. Gedicht und Epilog verfaßte Gedicht *Wie ich fahr in stiller Nacht*, das nach der 1838 entbrannten Liebe zu Henriette Keller entstand. Die romantische Dichtergestalt, mit gelängtem Oberkörper und Brille wiedergegeben, entknäuelt als Minnesänger des 19. Jahrhunderts den Faden eines imaginären Liebeserlebnisses. Aus dem Knaben ist unterdessen ein virtuoser, emsig harfender Dichter geworden, der nun «muß reimen früh und spat», weshalb nicht zu erkennen ist, ob die Sonne am Horizont auf- oder untergeht (vgl. Bruno Weber: Gottfried Keller. Landschaftsmaler, Zürich 1990).

In einem Brief aus dem Jahre 1870 schrieb Keller: «meine Malerschaft verstarb noch in ganz jungen Jahren vor ihrer Reifwerdung eines stillen Todes.» Wie die meisten Autoren, die die Malerei zugunsten der Literatur aufgaben, kam auch Gottfried Keller zu dem Schluß, daß er die Dinge in Worten besser auszudrücken verstand als in Farben. Zuvor hatte er sich intensiv mit Salomon Geßners (1730-1788) *Brief über die Landschaftsmalerei* auseinandergesetzt, in dem die Dichtkunst als «wahre Schwester» der Malerei bezeichnet wird. Bei dem Landschaftsmaler Rudolf Meyer erlernte Keller die technischen Grundlagen der Aquarellmalerei und entwickelte sich von der Romantik stärker zum Realismus hin. Während eines weiteren Aufenthaltes in München führte Kaulbach Gottfried Keller von der Monumentalkunst zum Genrehaften hin. Der Zwiespalt zwischen akademisch-romantischer Kunstauffassung und dem Verlangen, die Natur- und Landschaftseindrücke subjektiv zu deuten, blieb bestehen und führte schließlich zur Aufgabe der Kunst zugunsten der Literatur. In größter Not kehrte Keller auch nach diesem zweiten Münchener Aufenthalt nach Zürich zurück, nachdem er infolge seiner prekären finanziellen Lage gezwungen gewesen war, Fahnenstangen zu kolorieren.

Am 11. Juli 1843 gestand sich Keller den «großen Drang zu Dichten» ein. Erst im Jahre 1845 gab er die Illusion, beide Künste nebeneinander betreiben zu können, vollständig auf und malte und zeichnete nur noch in Mußestunden.

Bei dem Aquarell *Waldlandschaft mit Eichen*, entstanden 1855 in Berlin, handelt es sich um eine dieser Arbeiten. Der Dichter hat das Blatt rückseitig mit vollem Namen signiert und datiert, was in seinem Werk einmalig ist. In der Rezeption von Kellers malerischem Werk wird die besondere Qualität dieses Blattes betont, und in der Tat ist die sanfte Darstellung der Licht- und Schattenverhältnisse dieses Sommertages über der waldigen Landschaft mit der kleinen, zentral positionierten Baumgruppe besonders subtil.

Die Nuancierungen der verschiedenen Grüntöne von Hell zu sattem Dunkel, der sandige Fußweg und die bläulichen Berge im Hintergrund bilden ein Ensemble von besonderer Ruhe und Harmonie.

Der erste Vertreter aus dem angelsächsischen Raum in dieser Gruppe von Autoren, die sich auch mit der Landschaftsmalerei befaßten, ist der im viktorianischen England bekannteste Kunstkritiker seiner Zeit, John Ruskin. Als Schriftsteller

Adalbert Stifter: Partie aus den westungarischen Donauauen mit aufsteigendem Gewitter, um 1841
Öl auf Leinwand, 28 x 32 cm.
(Adalbert-Stifter-Gesellschaft, Wien)

Adalbert Stifter: Blick auf die Falkenmauer aus der Gegend von Kremsmünster, um 1825
Gouache auf Papier, 12,7 x 17 cm.
(Adalbert-Stifter-Gesellschaft, Wien)

Gottfried Keller: Landschaft mit Gewitterstimmung, 1842-43
Bleistift und Aquarell auf Papier, 35,7 x 46,8 cm.
(Zentralbibliothek Zürich)

Gottfried Keller: Uferlandschaft mit Angler, 1841
Öl auf Leinwand, 46,3 x 56,4 cm.
(Zentralbibliothek Zürich)

Gottfried Keller: Waldlandschaft mit Eichen, 1855
Bleistift und Aquarell auf Papier, 12,5 x 21,3 cm.
(Zentralbibliothek Zürich)

und Maler gleichermaßen von Bedeutung, vertrat er selbst die Ansicht, daß derjenige der beste Maler sei, der zugleich die höchsten Ideen in Worten auszudrücken in der Lage sei. Wie Goethe suchte auch Ruskin, sein Landschaftsbild organisch auf geologischen und mineralogischen Grundlagen aufzubauen. Während seiner Reisen nach Italien entstanden mit Bleistift und Aquarellfarbe zahlreiche Studien von architektonischen Details, die Landschaftsdarstellung blieb ihm jedoch immer höchstes Anliegen.

Auf den Spuren William Turners (1775-1851), der die Schweiz bereits bereist hatte, machte sich John Ruskin im Jahre 1858 auf, um die dortigen Berge und Seen zu studieren. Er suchte die Entstehungsorte von Turners Zeichnungen zu lokalisieren und gleichzeitig Zeichnungen für ein illustriertes Geschichtswerk Schweizer Städte anzufertigen. Das geplante Geschichtswerk wurde nie fertiggestellt, obwohl noch in den folgenden Jahren zahlreiche Zeichnungen für den Band angefertigt wurden. Wann genau die zarte Bleistiftzeichnung *Lago Maggiore* entstand, ist nicht bekannt [Siehe Abb. S. 44]. Vom Künstler betitelt, entstammt sie jedoch mit ziemlicher Sicherheit jener Serie, die für das Schweizer Geschichtswerk geplant war.

Etwa zwanzig Jahre früher entstanden die von einem gänzlich anderen Charakter beseelten Landschaftsgemälde des aus Rußland stammenden Michail Lermontow. Lermontow war Berufsoffizier und bedeutender Vertreter der romantischen Literatur in Rußland. Nicht zuletzt wegen seiner Schriften, die von den herrschenden Klassen als aufrührerisch empfunden wurden, schickte man ihn 1837 in den Kaukasus in die Verbannung, wo er sich der Malerei zu widmen begann. Dort entstanden einige seiner bedeutendsten Schriften wie der Roman *Ein Held unserer Zeit* (1839/40) und zahlreiche Landschaftsdarstellungen, die er sowohl in Aquarell als auch in Öl anfertigte. Wie sein Landsmann Alexander Puschkin (1799-1837), der nach seinem Tode eine große Anzahl Bilder hinterlassen hatte, starb auch Michail Lermontow an den Folgen eines Duells.

Unkonventioneller, weil weitaus stärker mit dem Bereich der Phantasie verbunden als die vorangegangenen Autoren, präsentieren sich die Landschaftsabbildungen der folgenden Künstler, so zum Beispiel die Aquarelle George Sands, von der allgemein kaum bekannt ist, daß sie nicht nur literarisch tätig war. Die unter dem Pseudonym George Sand arbeitende Aurore Dupin, verheiratete Baronne Dudevant, hat nach ihrem Tod mehrere tausend Zeichnungen, Gouachen und Aquarelle hinterlassen. Die Künstlerin entwickelte eine spezielle Technik des Aquarellierens, die sie gegen Ende ihrer Schaffensphase perfektionierte und als «technique de la dendrite» bezeichnete. Damit übernahm sie den Namen fossiler Gesteine, auf deren Oberfläche ein andersfarbiges Muster erkennbar war, an die Zweige oder Blätter von Bäumen erinnernd. Um diese ungewöhnliche Wirkung in ihren Aqua-

John Ruskin: Lago Maggiore
Bleistift auf Papier, 19 x 2[illegible] cm.
(Privatsammlung, Schweiz)

Michail Lermontow: Angriff (auch: Bild aus dem kaukasischen Leben), 1838
Öl auf Karton (Ausschnitt)
(Staatliches Literaturmuseum, Moskau)

George Sand: Ohne Titel, um 1874
Aquarellfarbe und Gouache auf Papier, 13,5 x 18,5 cm.
(Christiane Sand, Gargilesse)

rellen zu erzielen, legte sie die noch trockene Aquarellfarbe auf ein leeres Blatt Papier, deckte es mit einem zweiten Blatt Papier oder Karton zu, um anschließend das Pulver zwischen den Blättern mittels Druck eines Fingers oder eines anderen Hilfsmittels zu zermahlen. Manche Zeichenblätter gleichen somit eher abstrakten Kompositionen als konkreten Bilddarstellungen. George Sand beschrieb in ihren Briefen selbst ausführlich diese Arbeitstechnik und ihre Freude über die Strukturen und Effekte, die bei diesem Verfahren zutage traten. Der im Vornherein nie exakt bestimmbare Ausgang dieser Arbeitsweise und ihres Resultates auf dem Blatt Papier regte die Phantasie der Künstlerin an, indem sie in den amorphen Gebilden meist mineralogische oder pflanzliche Motive oder gar ganze Landschaften zu erkennen glaubte. Diese lassen sich in der Tat im Werk George Sands nicht wirklich lokalisieren, sie entspringen der Phantasie der Künstlerin und weisen allenfalls zuweilen Bezüge zur Realität auf. So könnte die Darstellung hoher Berge auf einen Aufenthalt in den Pyrenäen zurückzuführen sein.

George Sand verband eine lange Freundschaft mit Eugène Delacroix, dessen Malerei sie bewunderte und der ihr mit seiner romantischen Landschaftsauffassung ein Vorbild war. Auch andere Landschaftsmaler wie Théodore Rousseau oder Paul Huet gehörten zu ihrem Bekanntenkreis. Wie viele ihrer Romane sind auch die Aquarelle George Sands von einem romantisch-idealistischen Geist beseelt. So ist auf zwei Landschaftsdarstellungen mit Ruinen das romantische Motiv der Burg wiedergegeben, einmal größer und bedrohlich unter dunklen Wolken mit einem das Geschehen überragenden Turm, einmal kleiner und zurückhaltender.

Auch auf den Zeichnungen Victor Hugos, die dieser 1840 während einer Rheinreise anfertigte, sind die Burgen am Ufer des Flusses ein dominantes Thema, diesmal jedoch konkret lokalisierbar. Das Zusammenspiel von vollendet und unvollendet, ausgeführt und skizzenhaft, ergänzt durch Schrift und Wort, verleiht diesen zeichnerischen Reisebeschreibungen einen vollkommen eigenen Charakter. In den Briefen an die Söhne Charles und François-Victor, auf deren Rückseiten Hugo unterschiedliche Burgen skizziert hatte, suchte der Vater sich seinen Kindern nahezubringen, indem er die momentane Wetterlage mit dem sich über ihm zusammenziehenden Gewitter genau beschrieb. Auch den mächtigen Riesen, den er im Felsen unterhalb der «Die Maus» genannten Burg bei Velmich zu erkennen glaubte, wollte er für den Sohn Charles exakt zu Papier bringen. So kombinierte er seine Zeichnungen mit ausführlichen väterlichen Ermahnungen und zahlreichen Beteuerungen seiner Vorfreude auf ein Wiedersehen mit den geliebten Söhnen.

Von ganz anderer Natur sind die malerischen und zeichnerischen Arbeiten Karen Dinesens, spätere Baronesse Blixen-Finecke. Wie George Sand nutzte auch Karen Blixen Pseudonyme für ihre Arbeit und nannte sich Isak Dinesen

George Sand: Landschaft mit Ruinen, 1874
Aquarellfarbe und Gouache auf Papier, 15 x 22 cm.
(Musée de la vie romantique, Paris)

oder Tanja Blixen. Noch vor der Literatur hatte sie die Anfertigung von Skizzen als Ausdrucksmittel für ihre schöpferische Begabung entdeckt. Karen Blixens Dankbarkeit gegenüber der Malerei als Inspirationsquelle verlieh die Autorin mit folgenden Worten Ausdruck: «Ich hätte immer Schwierigkeiten damit gehabt zu sehen, wie eine Landschaft wirklich ist, hätte ich den Schlüssel zu diesem Sehen nicht von den großen Malern erhalten.»

Eine künstlerische Ausbildung erhielt Karen Blixen im Alter von 17 Jahren in einer Kopenhagener Kunstschule, es sind jedoch schon frühere Zeichnungen und Illustrationen, insbesondere von den Dramen Shakespeares, von ihr bekannt. Die an der Schule erlernte persönliche Disziplin sollte der Künstlerin auch später bei der Entwicklung ihrer Romane von Nutzen sein. In dieser Zeit strebte Karen Blixen danach, in schriftlichen Darstellungen ihren Charakteren ebenso gekonnt Ausdruck zu verleihen, wie sie es für ihren Geschmack in ihren Zeichnungen bereits erreicht hatte. In späteren Jahren gab Karen Blixen das Zeichnen und Malen ganz zugunsten des Schreibens auf.

Das während eines Aufenthaltes der Autorin in der Schweiz im Jahre 1899 entstandene Skizzenbuch besteht ausschließlich aus Landschaftsdarstellungen. Die einzelnen Seiten sind mit zarten, feinfühligen Bleistiftzeichnungen vorwiegend von Gebirgsansichten oder Abbildungen kleiner Seen mit Segelbooten gefüllt. Vereinzelt sind auch farbenfrohe Aquarelle in diesem Skizzenbuch enthalten, die Blixen, beeindruckt von der Bergflora und den satten Grüntönen der sommerlichen Schweiz, anfertigte.

Ebenfalls aus Skandinavien stammt August Strindberg, der im Kontext dieser Ausstellung eine außergewöhnliche Erscheinung darstellt. Im Schaffen dieses Künstlers ist Literatur und Kunst gleichermaßen Ausdruck einer inneren Unruhe und Bewegtheit, die sich in einer dilettierenden und zugleich genialischen Malerei sowie einer eher experimentellen Literatur äußert. Strindberg war am Kunstgeschehen seiner Zeit äußerst interessiert und behauptete sogar in einem Artikel mit dem Titel «Die Modernen», verschiedene Kunstströmungen und Künstler wie Edouard Manet oder Bastien-Lepage entdeckt und gefördert zu haben. Die Kunstkritik spielte zudem für den Autor und bildenden Künstler eine bedeutende Rolle und war für ihn ein Bindeglied zwischen Wort und Bild, ohne daß für ihn deswegen die eigene Natur- und Wirklichkeitserfahrung in den Hintergrund getreten wäre. Im Jahre 1870 begann Strindberg in Uppsala ein Studium der Kunstgeschichte, als Bibliothekar verfaßte er Kunstkritiken und fertigte in Stockholm Gemälde und Zeichnungen an. Im Jahre 1876 berichtete er aus Paris über die modernen Maler, unter anderem über Manet und Monet, 1891 bis 1892 gehörte er mit Edvard Munch, Richard Dehmel, Otto Erich Hartleben und dem polnischen Schriftsteller Stanislaw Przybyszewsky zum «Schwarzen-Ferkel-Kreis»,

Victor Hugo: La Souris, Velmich (Die Maus, Velmich), 1840
Feder- und Bleistiftzeichnung auf Papier, 27,5 x 22 cm.
(Maison de Victor Hugo, Paris)

Victor Hugo: La Tour des Rats (Der Rattenturm), 1840
Feder- und Bleistiftzeichnung auf Papier, 28,5 x 44,8 cm.
(Maison de Victor Hugo, Paris)

August Strindberg: Sturm auf See, 1894
Öl auf Pappe, 66 x 47 cm.
(Nordiska Museet, Stockholm)

einem Zirkel von Bohemiens in Berlin. Die Gruppe trug den Namen eines ebenso benannten Weinlokales in Berlin, in dem sich die einzelnen Mitglieder regelmäßig einfanden. Trotz größter Rivalitäten suchte Strindberg seine Bilder mit Munch gemeinsam auszustellen. Die unterschiedlichen Kontakte und Bezüge Strindbergs zu Vertretern verschiedener zeitgenössischer Kunstströmungen belegen seine große geistige Offenheit und Neugier, die er in einem vollkommen eigenen Stil sowohl in Literatur als auch Malerei umsetzte. Strindberg beschäftigte sich intensiv mit der modernen Malerei seiner Zeit, schloß sich aber keiner Strömung an, sondern entwickelte seine eigene Ausdrucksweise, deren bildliche Umsetzung seine innersten Gedanken und Ängste reflektierte. Bis an sein Lebensende experimentierte er mit der Malerei, wobei er selbst den Schaffensprozeß als vage und intuitiv beschrieb: «Zunächst sieht man nichts als ein Chaos von Farben; dann beginnt es zu ähneln, es sieht aus wie, aber nein, es sieht aus wie gar nichts. Plötzlich fixiert sich ein Punkt wie der Kern in einer Zelle, dies wächst an, die Farben gruppieren sich rundherum, sammeln sich an; es bilden sich Strahlen, die Zweige austreiben, Ranken, wie Eiskristalle auf Fensterscheiben... und das Bild präsentiert sich dem Betrachter, der beim Akt der Schöpfung des Bildes mitgewirkt hat.»
Strindberg formulierte somit explizit, daß er zu Beginn noch kein genaues Konzept einer Bildkomposition im Kopf hat und den Betrachter und dessen Phantasie direkt an der Bildschöpfung zu beteiligen sucht. Die Formfindung aus dem Vagen, Unbestimmten heraus ist ein Thema Strindbergs, das er in zahlreichen Kompositionen wiederholte. Im Jahre 1893 studierte der Künstler auf einer Reise nach London William Turners Gemälde, die sich mit einer ähnlichen Thematik auseinandersetzen wie seine eigenen Arbeiten. Auch Turner integrierte unwirkliche, der Phantasie entsprungene Elemente in seine Gemälde. Auch er brachte seine Liebe zum Unbestimmten des Himmels, der Wolken, des Meeres und der atmosphärischen Bewegungen der Naturkräfte in immer wiederkehrenden Variationen ähnlicher Motive zum Ausdruck und setzte einen zum Teil pastosen Farbauftrag gezielt als formgebendes Stilmittel ein. Strindberg führte diese Entwicklung weiter. In seinen Darstellungen entspricht die Bewegung des dick mit Farbe überzogenen Pinsels beispielsweise der Bewegung der stürmischen, aufgepeitschten See: «Aber ist dies da Wasser? Sehen die Wolken so aus? Ja, so fragt man und will bestimmte Konturen haben und weiß nicht, daß die Wogen eine launische Bewegung sind, die keine bestimmten Formen hat. Da ist Luft und da ist Tiefe im Wasser. In dem Augenblick, da ich die Wogen mit bestimmten Konturen fixiere, hört die Bewegung auf, und es wird eine erstarrte Woge, aber es gibt keine erstarrten Wogen in der Natur.»
Daß die starke Bewegung im Farbauftrag auch das bewegte Innenleben Strindbergs reflektiert, läßt sich unschwer anhand

Karen Blixen: Aus dem Schweizer Skizzenbuch, 1895
Bleistift auf Papier, 16,5 x 24,5 cm.
(Königliche Bibliothek, Kopenhagen)

August Strindberg: Falaise I, 1902
Öl auf Leinwand und Papier, 20 x 11 cm.
(Nordiska Museet, Stockholm)

der Literatur des Künstlers belegen. Aus seinen autobiographischen Schriften geht hervor, daß sich der Autor zeitweise am Rande des Wahnsinns bewegte. Das Bild mit dem Titel *Sturm auf See* ist ein geeignetes Beispiel, Strindbergs unkonventionelle Bildkonzeption darzustellen: Aus einer üppig mit Farbe bedeckten Leinwand kristallisiert sich nach längerem Betrachten eine Abgrenzung zwischen Himmel und Meer heraus. Die blau-schwarze aufgepeitschte See hebt sich erst unklar von den düsteren Sturmwolken ab, die abgesehen von den weißen Aufhellungen eine ebenso finstere, geschlossene Fläche bilden wie das Wasser. Der pastose Farbauftrag, der die einzelnen Pinselstriche auf der Oberfläche der Leinwand sichtbar werden läßt und somit zum unruhigen Charakter des Bildes maßgeblich beiträgt, ist ein von Strindberg häufig angewandtes stilistisches Mittel. Dies zeigt sich auch in *Falaise I*, wo sich wiederum eine dichte Wolkendecke über der diesmal ruhigeren See ausbreitet. Zum oberen Bildrand hin lockern sich die Wolken durch eine kleinteiligere Pinselführung auf, nur um sich in der rechten oberen Bildecke wiederum finster zu verdichten. Entlang des linken Bildrandes ist ein unförmiges Massiv dargestellt, das allein durch den Titel als Steilküste erkennbar ist, ansonsten aber auch ein Wolkengebilde darstellen könnte. Die Besonderheit dieses Blattes besteht darin, daß bei umgekehrter Lesart das Profil Strindbergs in der Struktur dieses Felsens sichtbar wird: Wendet der Betrachter das Blatt um hundertachtzig Grad, erscheint das Portrait des Künstlers.

[Auf der folgenden Seite]

Hermann Hesse: Casa Camuzzi im Tessin
Federzeichnung auf Papier, 31,2 x 23,5 cm.
(Deutsches Literaturarchiv, Marbach am Neckar)

DAS DICHTERHAUS
EINBLICKE UND AUSBLICKE

UTE HARBUSCH

Rilkes Muzot, d'Annunzios Vittoriale, das korkgetäfelte Schlafzimmer von Marcel Proust, Tolstojs Gut Jasnaja Poljana, Goethes Weimarer Gartenhaus, Hauteville House auf Guernsey, wo Victor Hugo lange Jahre seines Exils verbrachte, die Casa Camuzzi in Montagnola – dies sind nur wenige aus einer langen Reihe von Dichterhäusern und Dichterwohnungen, die auf unseren imaginären literarischen Landkarten mit großen Buchstaben markiert sind. Hier haben die Dichter gelebt und geschrieben, hier, meint man, lassen sich noch Spuren sowohl des Menschen als auch des Autors finden. Dichterwohnungen üben eine starke Anziehungskraft auf die Gemeinde der literarisch Interessierten aus. Das zeigt sich an den wachsenden Touristenströmen, die solche Orte aufsuchen, um sie mit eigenen Augen zu sehen, wie auch an den mittlerweile zahlreichen Bildbänden über Schriftstellerhäuser, die es erlauben, den Genius loci ersatzweise aufzuspüren, beim bloßen Durchblättern eines Buches. Ein Blick in die Wohnung des Dichters scheint zweierlei zu ermöglichen: zum einen, etwas über dessen alltägliche Lebensumstände und -gewohnheiten zu erfahren, zum anderen, dem Geheimnis der Entstehung von dessen Werken ein wenig näher zu kommen. Beides steht in wechselseitigem Bezug zueinander: Wohl kaum würde man sich die Mühe machen, dieses Haus, jenes Zimmer aufzusuchen, wenn dort nicht gerade dieser Roman, jenes Gedicht entstanden wäre. Andererseits kann man sich – vermeintlich avancierteren Theorien zum Trotz – doch nicht ganz von der Vermutung lösen, daß dieser Roman oder jenes Gedicht nur deshalb genau so wurden, wie sie sind, weil sie eben genau dort, in diesem Haus oder in jenem Zimmer, entstanden sind.

Stammt die bildliche Darstellung eines Dichterhauses gar vom Autor selbst, so kommen vor allem zwei Momente zum Tragen: Sie ist eine Schilderung seiner äußeren, alltäglichen Lebensumstände und damit gewissermaßen eine Unterabteilung der künstlerischen Gattung des Genrebildes, und sie ist zugleich eine Reflexion über die Kunst, also auf einer zweiten Ebene eine selbstbezügliche Auseinandersetzung mit dem eigenen Tun. Betrachtet man die Gemälde und Zeichnungen von Schriftstellern im Hinblick auf ihre Bildthemen, so fällt auf, daß die Ansicht der eigenen Wohnung (notfalls des Hotelzimmers) und die Aussicht aus dem eigenen Fenster häufig gewählte Motive sind. Das Atelierbild des malenden Dichters bewegt sich dabei zwischen den beiden Polen Weltdarstellung und Selbstdarstellung. Diese Selbstdarstellung kann schließlich noch einen weiteren Zug annehmen, den der Repräsentation: Das Haus, in dem der Autor wohnt, ist gleichzeitig das, in dem er Besuche empfängt. Wohl wissend, daß die Welt darauf aus ist, sich ein Bild von dem zu machen, den sie um seiner Schriften willen bewundert, wird er die Erscheinungsweise seiner Wohnung nicht dem Zufall überlassen, sondern nach dem Bilde formen, das er der Welt von sich zu geben wünscht. Goethes Wohnhaus am Weimarer Frauenplan ist sicher eines der bekanntesten und zweifellos gelungensten Beispiele für eine solche Kunst, das Interieur, ja die gesamte Hausanlage sinnfällig zu gestalten, doch ist Goethe keineswegs der einzige Dichter, der sich als Innenarchitekt oder Dekorateur versucht hätte.

Schon in jungen Jahren gab Goethe sein Frankfurter Arbeitszimmer in bewußt programmatischer Absicht wieder. Die aquarellierte Bleistiftzeichnung zeigt einen jungen Mann, der schreibend oder zeichnend an seinem vor das Fenster gerückten Tisch sitzt. An der Wand sind neben Hut und Kleidern einige Gipsabgüsse zu erkennen, und hinter dem Stuhl des jungen Künstlers steht eine Staffelei mit einem Landschaftsbild. Die Zeichnung dürfte auf die Zeit zwischen 1770 und 1775 zu datieren sein, als der eben promovierte Jurist erste Arbeitserfahrungen als Advokat sammelte und in Frankfurt im Haus seiner Eltern wohnte. Daß es sich bei dieser Darstellung um ein Selbstbildnis des Zeichners handelt, darf bezweifelt werden, es ist zumindest «durch keinerlei physiognomische Ähnlichkeit» (Petra Maisak) zu belegen. Sehr wohl aber dürfte Goethe hier sein eigenes Arbeitszimmer dargestellt haben, auf ähnliche Weise nämlich portraitierte er 1775 in einem Brief an Auguste Gräfin zu Stolberg sein Frankfurter Interieur. Unverkennbar ist die Absicht des Zeichners, seiner Stube das Aussehen eines

Johann Wolfgang von Goethe:
In seinem Frankfurter Arbeitszimmer, 1773-75
Graphit, laviert und aquarelliert,
auf Büttenpapier, 17 x 11,4 cm.
(Stiftung Weimarer Klassik/Goethe-
Nationalmuseum, Weimar)

Eduard Mörike: Die Vikarsstube in Owen, 1830
Lavierte Federzeichnung über Bleistift auf Papier, 10,8 x 11,4 cm.
(Deutsches Literaturarchiv, Marbach am Neckar)

Künstlerateliers zu geben. Wenn sich der junge Goethe hier auch nicht selbst abbildete, so zeigte er doch im Portrait seines Zimmers das Lebensumfeld eines jungen Künstlers, als der er sich zu jener Zeit wohl verstand.

Ungefähr so alt wie Goethe war auch Eduard Mörike, als er sich in seine wirklichkeitsgetreu wiedergegebene Vikariatsstube im schwäbischen Owen hineinzeichnete. Der junge Mann, der dort an den Ofen gelehnt steht und im Schein einer Kerze ein Schriftstück liest, hatte die Ausbildung zum Pfarrer absolviert, nach deren Abschluß er zunächst hier und dort im Land als Pfarrgehilfe eingesetzt wurde. Vom Dezember 1829 bis Mai 1831 war er in Owen angestellt, wo er neben seinen Amtsgeschäften den *Maler Nolten* verfaßte. Nicht ob er malen oder dichten solle, war also hier die Frage, sondern wie sich der Beruf des Pfarrers mit der Berufung des Dichters vereinen lasse. Auf der Rückseite des für seine Braut Luise Rau gezeichneten Bildes vermerkte Mörike: «Der junge Mensch am Ofen ist bloß Nebensache, macht keinen Anspruch auf ein Portrait und dient nur, den Raum etwas zu beleben. Uebrigens scheint er eine Predigt zu memorieren, oder, was er jedenfalls lieber täte, er liest ein Briefchen von seinem Mädchen. Einige übelwollende Kenner meinen, die Reinlichkeit und Ordnung des Zimmers sprechen für die erstere Hypothese; es scheint Samstag abend zu sein. Und wenn zehnmal – ich glaube, er liest einen Liebesbrief.» Im Hintergrund der Stube sieht man Mörikes Pult auf einem Tisch stehen. Aufgrund der ungeschickten perspektivischen Raumdarstellung scheint der Fußboden steil anzusteigen, doch immerhin kommt auf diese Weise das Schreibpult, an dem sowohl der Vikar seine Aktengeschäfte erledigt als auch der Autor seinen Roman geschrieben haben dürfte, genau im Mittelpunkt des Bildes zu stehen, was kein Zufall sein wird.

Neben seinem schriftstellerischen Werk hat Mörike, der aus gesundheitlichen Gründen mit vierzig Jahren seine Arbeit als Pfarrer aufgab, stets auch gezeichnet; in späteren Jahren ließ er sich sogar noch das Töpferhandwerk beibringen, um Vasen, Schalen und Blumentöpfe zu formen und mit Inschriften oder Bildern zu verzieren. Etwa hundertfünfzig seiner Zeichnungen sind überliefert: lustige, zum Teil karikierende Portraits, einige Landschaften, Illustrationen zu eigenen Werken, naturkundliche Studien. Nichts aber hielt er häufiger mit dem Stift fest als seine verschiedenen Wohnungen. Während das ‹Gelegenheitszeichnen› damals in gebildeten Kreisen eine durchaus geläufige Kunstübung war, ging Mörikes mit der Feder bekundetes Interesse für seine Wohnorte darüber hinaus. Es schien ihm ein wirkliches Anliegen gewesen zu sein, «den äußeren Rahmen seines alltäglichen Daseins» (Hans-Ulrich Simon) zu dokumentieren. Daß es so viele Wohnungszeichnungen von Mörike gibt, erklärt sich freilich – wenigstens zum Teil – auch dadurch, daß er allein während seiner Ausbildung bald ein

Dutzend mal versetzt wurde und nach seiner Pensionierung und seiner Niederlassung in Stuttgart dort wieder rund zehn verschiedene Domizile hatte, was im Laufe seines gesamten Lebens – Schule, Studium, Urlaube und gelegentliche Aufenthalte auf dem Land mit eingerechnet – alles in allem an die vierzig bis fünfzig Wohnungswechsel ausmachte.
Gelegentlich hielt Mörike nur die Grundrisse der Wohnungen fest, zum Teil mit näheren Angaben zur Ausstattung: «Bunt blumiges Zimmer», «Schlafzimmer, gelb» oder «Gang; etwas dunkel», dazu genaue Beschreibungen der Ausblicke, die die verschiedenen Fenster boten: «Blick in den Ständehof und durch die Fenster des Saals auf die roth gepolsterten Sitzreihen. Über seinem Dach ist Tannenwald u.s.w. ein schöner Abschnitt des Bergs zu sehen», oder: «Einblick ins Fenster von des Praelaten Studierzimmer, besonders Abends auf seinen Tisch wenn seine grün beschirmte Lampe brennt» – so über die Stuttgarter Wohnung in der nicht mehr bestehenden Canzleistraße, die er auf Bitten des Freundes Wilhelm Hartlaub im Wortsinne ‹beschrieb›.
Mörikes Wohnungszeichnungen waren mitunter durchaus als Einladungen an Freunde und Familienmitglieder gedacht, als Ermunterung zum Besuch. So war es nur sinnvoll und zweckmäßig, wenn der Einladende seinen Gästen gleich einen Wegweiser an die Hand gab, mit dessen Hilfe sie sich im Haus orientieren konnten: «Weggweiser für allerlei Besuche in No 36 der SpitalStraße / Nothgedrungene Anstalt eines Literati in der Rösidenz» ist der bildlich auf den Treppenabsatz gepflanzte Pfahl im Stuttgarter Haus Hospitalstraße 36 bezeichnet, wo Mörike unter anderem *Mozart auf der Reise nach Prag* schrieb. Die Hände des Pfahls weisen zum «Kast[en]», d.h. Schrank, zur «Fr. Märke», also zu Frau Mörike, sodann in die «Küche», zur «Reuße» und zu «'s Fetzers», folglich zur Hausbesitzerin Frau Reuß und zu der Nachbarsfamilie Fetzer. (Alle Transkriptionen folgen Hans-Ulrich Simon: Mörike-Häuser, Stuttgart 1996.) Der am Pfahl befestigte Schlüssel ist der «Haußschlüssel vor die Nürtinger»: Auch der Einlaß für die Verwandtschaft war also aufs beste geregelt. Nur der dunkel getönte Zeigefinger besagt «Net daheim!» – sollte hier der Autor wohnen, der nicht bei der Arbeit gestört werden will?
Einen Rundumblick anderer Art durch seine Stube bietet ein Zeitgenosse Mörikes, der zwei Jahre ältere Wilhelm Hauff, der ebenfalls, wie so viele begabte junge Schwaben, die theologische Ausbildung durchlief, dann aber eine Hauslehrerstelle antrat, um nicht Pfarrer werden zu müssen. Von Herbst 1824 bis Frühjahr 1826 unterrichtete er in Stuttgart die Söhne des Kriegsratspräsidenten Ernst Eugen Freiherr von Hügel und wohnte in dessen Haus am Charlottenplatz. Während dieser Zeit entstanden die *Mitteilungen aus den Memoiren des Satan* und *Der Mann im Mond*, die den 23jährigen Autor mit einem Schlag bekannt machten; hier

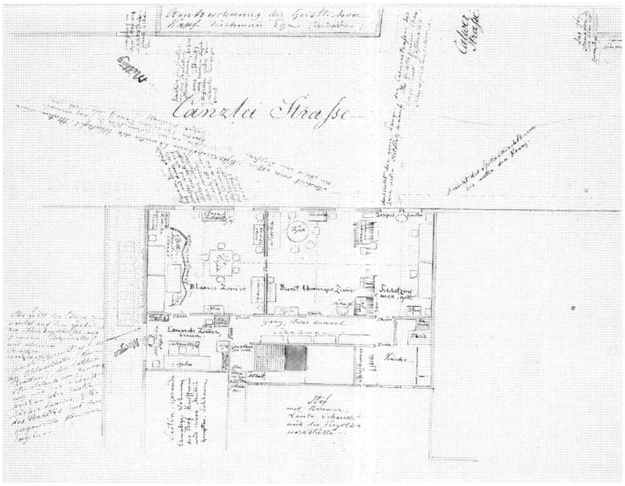

Eduard Mörike: Plan der Stuttgarter Wohnung Canzleistraße 8, um 1864
Federzeichnung auf Papier mit handschriftlichen Erläuterungen, 22,2 x 28 cm.
(Deutsches Literaturarchiv, Marbach am Neckar)

Eduard Mörike: «Wegweiser» für die Stuttgarter Wohnung Hospitalstraße 36, um 1851-54
Federzeichnung auf Papier mit handschriftlichen Erläuterungen, 16,5 x 21 cm.
(Deutsches Literaturarchiv, Marbach am Neckar)

Wilhelm Hauff: Das Stuttgarter Zimmer, 1824-26
Tusche auf Papier, 10,2 x 12,8 cm.
(Deutsches Literaturarchiv, Marbach am Neckar)

entwickelte er auch die Idee für seine *Mährchen-Almanache.* Mit nur 25 Jahren ist Hauff, der eine glänzende Literatenkarriere begonnen hatte, in Stuttgart gestorben. Neben Gelegenheitszeichnungen in Briefen oder Stammbuchblättern sind von ihm nur drei sorgfältig ausgeführte Ansichten seiner Hauslehrerstube erhalten. Als stünde man selbst mitten im Zimmer mit dem gefliesten Boden und den biedermeierlich gemusterten Tapeten, kann man den Blick rundum schweifen lassen: vom Sekretär neben dem Fenster über den Wandschrank und den Kaminofen mit Spiegel, der die gegenüberliegende Zimmerecke einfängt, bis zum Alkoven, in dem noch das darin befindliche Bett mit gewürfelter Decke einer Darstellung für würdig befunden wurde. Wie man es auch von verschiedenen Interieur-Zeichnungen Wilhelm Raabes kennt, geht es hier vornehmlich um eine Schilderung der Wohnverhältnisse und nicht um eine Stilisierung der eigenen Stube zum Künstler-Atelier.
Den Blick aus dem geöffneten Fenster hält eine Ölstudie Adalbert Stifters fest, die früher «Aussicht aus Stifters Wohnung» genannt wurde. Heute heißt das Bild von 1839 *Blick in die Beatrixgasse in Wien.* Es ist eine realistische Wiedergabe der Wiener Stadtlandschaft. Im Hintergrund rechts erkennt man die beiden Türme der Rochuskirche, und das zweite Haus in der linken Straßenzeile ist die Nr. 18 der Beatrixgasse, wo Stifter von 1837 bis 1839 wohnte. Hier arbeitete er an den *Feldblumen,* der Geschichte eines Malers, der zu Beginn der Erzählung krank ist und das Haus nicht verlassen darf, weshalb er die Welt durch sein Fenster betrachtet. Und wie es sich für einen jungen Künstler geziemt, befindet sich sein «Schreib-, Wohn-, Schlaf- und Kunstgemach» nicht in der Beletage, sondern «vier Treppen hoch» unter dem Dach. Anders als in Stifters Gemälde, das einen regenverhangenen Himmel zeigt, strahlt in der Erzählung der Frühling herein: «Heute ist weithin heiterer Himmel mit tiefem Blau, die Sonne scheint durch mein geöffnetes Fenster; das draußen schallende Leben dringt klarer herein, und ich höre das Rufen spielender Kinder. Gegen Süden stellen sich kleine Wolkenballen auf, die nur der Frühling so schön färben kann; die Metalldächer der Stadt glänzen und schillern, der Vorstadtturm wirft goldne Funken, und ein ferner Taubenflug läßt aus dem Blau zu Zeiten weiße Schwenkungen vortauchen. Wäre ich ein Vogel, ich sänge heute ohne Aufhören auf jedem Zweige, auf jedem Zaunpfahle, auf jeder Scholle, nur in keinem Käfig – und dennoch hat mich der Arzt in einen gesperrt, und mir Bewegung untersagt; deshalb sitze ich nun da, dem Fenster gegenüber, und sehe in den Lenz hinaus, von dem ein Stück gütig zu mir hereinkommt.»
Das Gebäude, von dem aus Stifter den Blick in die Beatrixgasse malte, besteht schon länger nicht mehr. Wohl aber kann man heute noch das gut erhaltene Wohn- und Atelierhaus des russischen Dichters Maximilian Woloschin auf der Krim besuchen. Woloschin war ein Altersgenosse der Symbolisten Konstantin Balmont, Waleri Brjussow, Alexander Blok und Andrej Belyj, von 1910 an wurde er ein enger Vertrauter und geistiger Mentor der Dichterin Marina Zwetajewa. Während der Oktoberrevolution lebte Woloschin in Koktebel auf der Krim. Er war kein Anhänger des historischen Umsturzes, sondern empfand die politischen Ereignisse als Tragödie für sein Land. Mit großer Hilfsbereitschaft öffnete er während des Bürgerkriegs sein Haus für Offiziere sowohl der Weißen als auch der Roten Armee und bot vielen verfolgten und verarmten Schriftstellern Zuflucht. Selbst ein Gegner des kommunistischen Regimes, blieb er doch dank der Protektion einflußreicher Freunde weitgehend unbehelligt. In den 1920er Jahren verwandelte er mit der Erlaubnis von Volkskommissar Lunatscharskij sein stets gastfreies Haus in eine kostenlose Pension für russische Autoren, und 1931, ein Jahr vor seinem Tod, vermachte er einen Teil des Anwesens der Gesamtrussischen Schriftsteller-Union. Zahlreichen Sowjetautoren wurden daraufhin Arbeitsaufenthalte in Koktebel ermöglicht, und bis heute wird das Dichterhaus von Verehrern seiner Verse und seiner Malerei aufgesucht. Namentlich während seiner letzten Lebensjahre auf der Krim widmete sich Woloschin der Aquarellmalerei. Seine Bilder wurden schon zu Lebzeiten ausgestellt, sogar in der Hauptstadt Moskau, wohingegen seine Gedichte erst ab 1977

Adalbert Stifter: Blick in die Beatrixgasse in Wien, 1839
Öl auf Karton, 23,5 x 30 cm.
(Adalbert-Stifter-Gesellschaft, Wien)

Maximilian Woloschin: Das Atelier des Künstlers in Koktebel, 1914
(Staatliches Literaturmuseum, Moskau)

Peter Weiss: Das Zimmer, Casa Camuzzi, 1937
Federzeichnung auf Papier, 12,5 x 17 cm.
(Gunilla Palmstierna-Weiss)

Peter Weiss: Casa Camuzzi, 1937
Federzeichnung auf Papier, 8 x 17,5 cm.
(Gunilla Palmstierna-Weiss)

Hermann Hesse: Casa Camuzzi im Tessin, 1919
Aquarellfarbe auf Papier, 14 x 9 cm.
(Deutsches Literaturarchiv, Marbach am Neckar)

wieder gedruckt werden durften. Einige von ihnen, darunter die Verse über *Das Haus des Dichters* aus der Revolutionszeit, beschreiben das Anwesen genau so, wie es auch in einem leuchtend-bunten Atelierbild festgehalten ist. Andere Bilder im japonistischen Stil zeigen unverkennbar noch den symbolistischen Einfluß, wie zum Beispiel die Darstellungen der Krim-Landschaft [Siehe Abb. S. 15]. Mehrmals ist darauf der in der Nähe des Hauses gelegene Vulkanfelsen wiedergegeben, dessen Umriß der Linie von Woloschins Profil entsprechen soll und auf dem er nach seinem Tod begraben wurde.

Das zinnenbewehrte, palazzo-ähnliche Gebäude, die Casa Camuzzi im schweizerischen Montagnola, ist ein weiteres der eingangs erwähnten Pilgerziele von Literaturtouristen. Vor achtzig Jahren zog dort der malende Schriftsteller Hermann Hesse ein. Nach schweren persönlichen und familiären Krisen suchte er 1919 im Tessin nach der Möglichkeit eines Neuanfangs, der ihm wider Erwarten gut gelang. Eine nicht geringe Rolle spielte dabei die Malerei, mit der er drei Jahre zuvor im Zusammenhang mit seiner psychotherapeutischen Behandlung begonnen hatte; die Erzählung *Demian* geht auf diese Erfahrung zurück. Während des Ersten Weltkriegs hatte Hesse bereits mit kleinen Federzeichnungen versehene Gedichtmanuskripte zugunsten der Kriegsgefangenenfürsorge verkauft, nun aber begann er, das Malen, vornehmlich das Aquarellieren, als zweckloses, reines Vergnügen zu entdecken. Die Befreiung und ungeheure Produktivität, die er dort im Süden erlebte, fand ihren Niederschlag in der Erzählung von dem fiktiven Maler Klingsor, die gleich im ersten Tessiner Sommer entstand: «Ein leidenschaftlicher und raschlebiger Sommer war angebrochen. Die heißen Tage, so lang sie waren, loderten weg wie brennende Fahnen, den kurzen schwülen Mondnächten folgten kurze schwüle Regennächte, wie Träume schnell und mit Bildern überfüllt fieberten die glänzenden Wochen dahin. Klingsor stand nach Mitternacht, von einem Nachtgang heimgekehrt, auf dem schmalen Steinbalkon seines Arbeitszimmers. Unter ihm sank tief und schwindelnd der alte Terrassengarten hinab, ein tief durchschattetes Gewühl dichter Baumwipfel, Palmen, Zedern, Kastanien, Judasbaum, Blutbuche, Eukalyptus, durchklettert von Schlingpflanzen, Lianen, Glyzinien.» Unschwer ist in dieser Szenerie aus *Klingsors letzter Sommer* der Blick aus Hesses eigener Wohnung wiederzuerkennen. Den Balkon, der diese Aussicht bietet, hielt er in einer Federzeichnung fest, die auf der Rückseite die Aufschrift trägt: «Mein altes Haus in Montagnola».

Zwölf Jahre nach seiner Ankunft im Tessin wurde er, der in der Casa Camuzzi zur Miete wohnte, dank der Großzügigkeit eines Mäzens schließlich selbst Hausbesitzer und zog mit seiner Frau Ninon in das eigene, oberhalb von Montagnola gelegene Haus, die Casa Hesse, ein. Unter den Bewunderern, die ihn in seinem neuen roten Haus

aufsuchten, war auch der zwanzigjährige Peter Weiss. Weiss hatte schon seit seiner Schulzeit geschrieben und gezeichnet, seit dem Unfalltod seiner Schwester auch begonnen, in Öl zu malen, doch stets autodidaktisch und ohne Rückhalt in der Familie. Es war sicher kein Zufall, daß der junge Mann, den es sowohl zum Malen als auch zum Schreiben zog, sich ausgerechnet an einen Autor wie Hesse wandte, der beides miteinander zu vereinen verstand. «Ich weiß, daß ich Maler und Dichter bin oder einmal werde», schreibt Weiss 1937 an Hesse, «aber es ist schwer, heute auf diese Art sein Leben zu verbringen, vor allem, wenn man weniger mit seinen Gedanken im heutigen Tun und Treiben mit all seinem Motorengedröhn und der Unterhaltungsmusik steht, als in romantischen Gefilden. Ich suche also nach einem Weg und kann ihn nicht finden. Ich schreibe, weiss nicht, ob es gut ist oder schlecht – denn ich lese es für mich allein. Ich male und weiss nicht, ob es gut ist, denn ich male nur für mich allein. Verzeihen Sie, wenn ich Ihnen etwas vorklage, der ich doch nur ein Ihnen fremder, ferner Mensch bin, von dem Sie nichts wissen. Aber ich schreibe Ihnen nur, weil ich so viel von Ihnen weiss – und weil Sie für mich der Meister sind...» Dem Brief legte er zwei eigene, selbst illustrierte Geschichten bei, *Skruwe* und *Die Insel*, und konnte kaum glauben, daß er kurze Zeit später schon eine Antwort erhielt, die ihm zwar im Nachhinein etwas schulmeisterlich erschien, im Augenblick aber ungeheuren Auftrieb gab. Von Böhmen, wohin er seiner Familie in die Emigration gefolgt war, unternahm er noch im selben Sommer eine Fußreise ins Tessin zu Hesse, der ihn genau dort unterbrachte, wo er selbst fast zwanzig Jahre zuvor gelebt hatte: in der Casa Camuzzi. Weiss zeichnete viel, darunter auch diesen Künstlerpalast, in dem zeitweilig noch Maler wie Hans Purrmann oder Gunter Böhmer wohnten. Er hielt Klingsors Balkon mit der Feder fest und sein eigenes Zimmer, in dem gerahmte Gemälde auf Kamin und Bücherregal zu erkennen sind. Neben eigener Malerei illustrierte er, gegen Honorar, kleinere Erzählungen von Hesse, *Die Kindheit des Zauberers* und *Anton Schievelbeyn's ohnfreywillige Reisse nacher Ost-Indien*: Die geschwungene Handschrift ist von vielen kleinen, aquarellierten Federzeichnungen durchsetzt. Und er verfaßte selbst einen Bericht über seine Tessiner Zeit für den verehrten Meister, den er in seinen Aufzeichnungen «Haller» nannte: *Cloe. Caspar Walthers nachgelassene Aufzeichnungen* sind die Erinnerungen überschrieben, denen er sechs Zeichnungen beigab.
Nicht zuletzt dank Hesses Vermittlung, der das zeichnerische Talent von Weiss höher einschätzte als sein schriftstellerisches, erhielt er bei seiner Rückkehr einen Studienplatz an der Prager Kunstakademie, doch nach kaum einem Jahr, im Herbst 1938, mußte er die Ausbildung aufgrund der politischen Umstände wieder abbrechen. Das Münchener Abkommen veranlaßte die Eltern zur Flucht

Peter Weiss: Atelier (auch: Der Maler), 1946
Tempera auf Papier, 130 x 65 cm.
(Gunilla Palmstierna-Weiss)

Peter Weiss: Der Schreiber, 1946
Tempera auf Papier, 128 x 46 cm.
(Gunilla Palmstierna-Weiss)

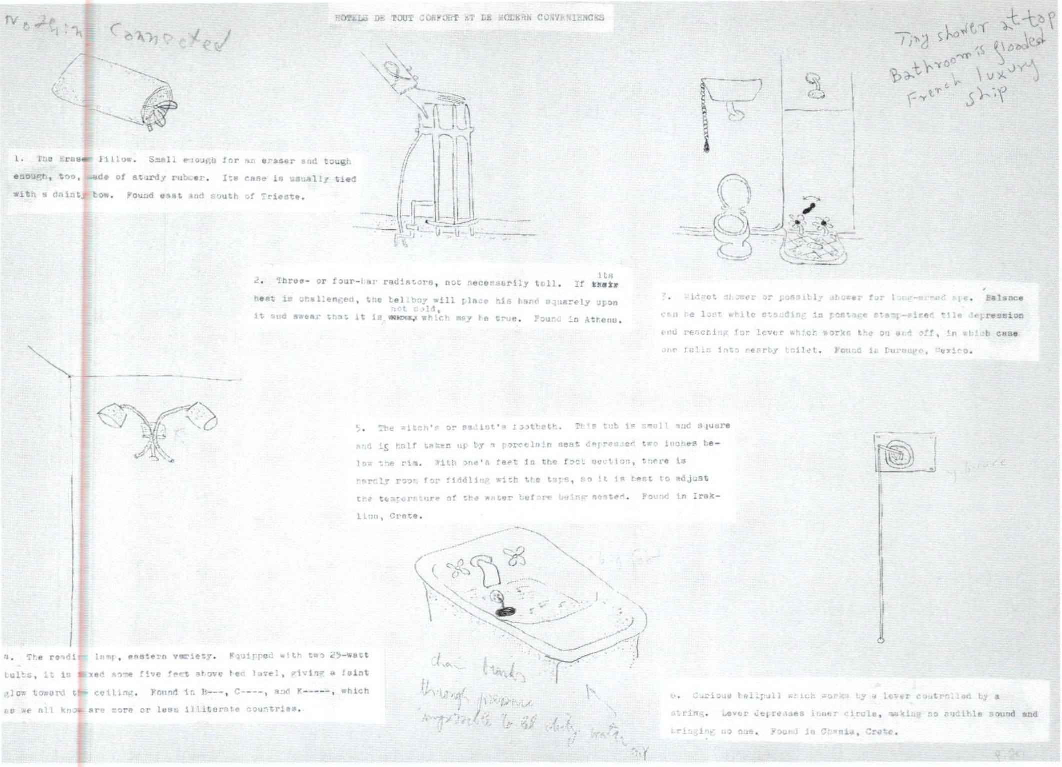

Patricia Highsmith: Hotels de tout confort et de modern conveniences
Tuschezeichnung mit aufgeklebten Legenden auf Papier, 37,5 x 50 cm.
(Schweizerische Landesbibliothek, Bern)

nach Schweden, wo der Sohn zeitweise für die Textilfabrik des Vaters als Musterzeichner arbeitete, zuvor jedoch besuchte er Hesse ein weiteres Mal im Süden. Danach berichtete Weiss, der sich schließlich in Stockholm niederließ, Hesse brieflich vom Fortgang seiner Malerkarriere, etwa von seiner ersten, erfolglosen Einzelausstellung im Jahr 1941. Allmählich konnte er, der 1946 in Schweden eingebürgert wurde, jedoch mit seinen Bildern Fuß fassen. Er veranstaltete weitere Ausstellungen und erhielt den Auftrag für ein Wandgemälde in einer Stockholmer Klinik. Bald jedoch kamen ihm grundsätzliche Zweifel an der Malerei. Der Beginn seines «Abnabelungsprozesses von der bildnerischen Arbeit», wie er es nannte, ist an zwei Bildern festzumachen, die man als Reflexionen über die künstlerische Tätigkeit selbst ansehen kann. Von 1946 stammen die in Tempera ausgeführten Gemälde *Atelier* und *Der Schreiber*. Das Bildpaar nimmt die ikonographische Tradition sowohl des Atelierbildes als auch der Schreibstube des Gelehrten in seinem Gehäuse auf. Sowohl der Maler als auch der Schreiber – in beiden Fällen handelt es sich nicht um Selbstportraits, sondern um typisierte Vertreter beider Künste – arbeiten in Räumen, die vielfach nach außen geöffnet sind. So wird die notwendige Beziehung des Künstlers zur Außenwelt angedeutet. Wie in einem Brennpunkt treffen sich die vom linken und rechten Fenster her einfallenden Lichtkegel genau in der Brust des zentral plazierten Schreibers. Die Stadtlandschaft, die durch die Öffnungen der Atelierwände hindurch sichtbar wird, projiziert sich dem Maler gleichsam wie von selbst auf die Leinwand, während Aktmodelle in traditionellen Posen und Nachbauten klassischer Tempel vernachlässigt und wie Relikte aus einer vergangenen Zeit über den Raum verteilt sind. Noch einen Zweifel an der Brauchbarkeit herkömmlicher Malweisen macht das Bild sichtbar: Das Gitternetz der perspektivischen Malerei hat seine regelmäßige Form verloren und umgibt den vor der Leinwand sitzenden Maler wie ein Spinnengewebe. Mit solcher «Metamalerei» (I. Laaban) begann Weiss' Abschied von der Malerei. Seine letzten bildkünstlerischen Werke waren Collagen, die er eigenen Büchern beigab. Nach mehreren filmischen Arbeiten in den 1950er Jahren widmete er sich schließlich ganz der Literatur und der Frage nach deren gesellschaftlichem Engagement.

Noch kaum bekannt sind die Zeichnungen von Patricia Highsmith, deren Thriller und Krimis in aller Welt gelesen werden, von deren künstlerischen Arbeiten die Öffentlichkeit aber erst vor wenigen Jahren erfuhr. «Seit ich 17 war», schrieb die Autorin in einer autobiographischen Skizze, «konnte ich mich zwischen Schreiben und Malen nicht recht entscheiden. Mein Vater war Graphiker und Typograph, mein Stiefvater ebenso, meine Mutter zeichnete, und der Geruch von Tusche und Terpentin gehört untrennbar zu meiner Kindheit und Jugend. Als Heranwachsende zeichnete ich viel und dilettierte in der Holzbildhauerei. Ich weiß nicht, warum ich mich am Ende für das Schreiben entschieden habe.» In einer Truhe versammelte Patricia Highsmith über dreihundert Zeichnungen, Aquarelle, Gouachen und zahlreiche Cahiers und Skizzenbücher, von deren Existenz nur einige Eingeweihte wußten. Kurz vor ihrem Tod erst zeigte sie den Inhalt dieser Truhe ihrem langjährigen Verleger Daniel Keel, der daraufhin eine kleine Auswahl veröffentlichte. Chronologisch angeordnet, ergeben diese Bilder so etwas wie eine gemalte Autobiographie der Schriftstellerin, die stets darauf bedacht war, ihr Privatleben dem Publikum nicht preiszugeben. Die Bilder der Patricia Highsmith sind Momentaufnahmen ihrer Biographie. Neben vielen Zeichnungen ihrer geliebten Katzen – und auch einigen Bildern der Schnecken, die sie im Keller ihres Tessiner Hauses züchtete – sieht man dort Portraits von Verwandten und Freunden und vor allem Ansichten von ihren zahlreichen Lebensstationen wie New York, Mexico, England, Frankreich, schließlich der Schweiz sowie von ihren vielen Reisen, die sie unter anderem unternahm, um vor Ort für ihre Romane zu recherchieren: Landschaften, Straßenzüge, Häuser, Interieurs, Hotelzimmer, Fensterausblicke. Eine undatierte Zeichnung, die einen Ausblick durch zwei Flügelfenster auf einen gepflegten Garten wiedergibt, zeigt links im Bild die Ecke eines Tisches, auf dem eine Lampe steht. Ob die Autorin einmal auch an diesem Tisch gearbeitet haben mag?

Der ungarische Schriftsteller Péter Nádas veröffentlichte 1988 einen Essay, worin er anhand einer Mondlandschaft von Caspar David Friedrich das Thema der Melancholie erörterte. In diesem Essay kam er auch auf Georg Friedrich Kerstings Gemälde *Caspar David Friedrich in seinem Atelier* (1811) zu sprechen. Dieses Atelierbild war einer der ersten großen Erfolge Kerstings, weil es das Interieur in Beziehung zu der dargestellten Person setzte. «Zimmerportraits» nannte man schon bald diese Art von Bildern. Solche Zimmerportraits fertigte auch Nádas an, ohne daß er indes selbst auf den Bildern zu sehen wäre. Der ausgebildete Photograph bediente sich dafür der Kamera. Auf einer der Aufnahmen seiner verschiedenen Arbeitszimmer ist im Hintergrund des Raumes der PC zu sehen, der mittlerweile für viele Autoren unverzichtbare Personal Computer. Und doch sind die Photographien der Zeit der Romantik noch in vielerlei Hinsicht nah. Das genuin romantische Motiv des Fensters, die symbolische Schwelle zwischen Innenwelt und Außenwelt, spielt in ihnen eine wichtige Rolle. Das Licht wirft durch die Fenster leuchtende Flecken an die Wände der dunklen Räume und bringt so das Verhältnis von Innen und Außen deutlich zu Bewußtsein. In diesem erleuchteten Dunkel steht jeweils der Schreibtisch. Obwohl die Aufnahmen nicht inszeniert erscheinen, ruft die natürliche Lichtregie doch den Eindruck hervor, als würde

Patricia Highsmith: View from 21 rue du Bac, 1959
Tusche aquarelliert auf farbigem Papier, 35 x 27,3 cm.
(Schweizerische Landesbibliothek, Bern)

Patricia Highsmith: Ohne Titel
Federzeichnung laviert auf Papier, 45,5 x 30,5 cm.
(Schweizerische Landesbibliothek, Bern)

Péter Nádas: Schreibtisch im Holzhaus von Kisoroszi
Vintage Silver Print, 40 x 30 cm.
(Péter Nádas, Budapest)

Péter Nádas: Arbeitszimmer in Gombosszeg
Vintage Silver Print, 30 x 40 cm.
(Péter Nádas, Budapest)

mehr dargestellt als nur ein privates Interieur: Hier wird keine Wohnung gezeigt, sondern das Atelier eines Schriftstellers. In keinem der Bilder ist der Rückbezug auf ikonographische Topoi aber stärker als in dem Bild mit Blick aus dem Fenster. In diesem Holzhaus in Kisoroszi, auf einer Donauinsel nahe Budapest, schrieb Nádas zwischen 1974 und 1981 an seinem *Buch der Erinnerung*. Die Photographie ist ein Stilleben voller Melancholie. Wohl mag draußen hinter den milchigen Fensterscheiben die Sonne eines neuen Tages aufgehen, der Blick des Betrachters wird dennoch von der weißen Kerze angezogen, die auf dem aufgeräumten Arbeitstisch steht und den hellsten Punkt des Bildes ausmacht, paradoxerweise – ist sie doch erloschen.

Eine schlechthin nicht zu überbietende Aussicht erschuf sich Victor Hugo während der Zeit seines Exils auf der englischen Kanalinsel Guernsey. Nach dem Staatsstreich Louis Napoléons im Dezember 1851 floh er aus Frankreich, um das Land erst neunzehn Jahre später, exakt einen Tag nach Ausrufung der Republik im Jahr 1870, wieder zu betreten. Über Brüssel und London erreichte Hugo die unter englischer Hoheit stehenden Kanalinseln, wo er sich zunächst auf Jersey und, wegen erneuter Ausweisung von dort, 1855 auf Guernsey niederließ. Vom Honorar für die sehr erfolgreichen *Betrachtungen* konnte er das direkt am Meer gelegene Hauteville House, wo er bislang zur Miete gewohnt hatte, kaufen und war nun als Grundbesitzer und englischer Steuerzahler auch vor der Gefahr einer weiteren Ausweisung sicher. Ohne daß er deshalb mit dem Schreiben aufhörte, widmete er sich in den folgenden Jahren der Ausgestaltung seines Hauses. Er entwarf die Einrichtung der Wohn- und Gästeräume der ersten beiden Etagen bis hin zu den Kaminen, Spiegeln und Leuchtern, so beispielsweise den Roten Salon, worin Tapisserien mit märchenhaften Sujets von purpurrotem indischem Damast umrahmt werden, oder die getäfelte, mit Säulen, Gobelins und reichen Schnitzereien verzierte Galerie aus Eichenholz im zweiten Stock, deren vierzigarmigen Kandelaber der Schriftsteller nicht nur entworfen, sondern – wenigstens das Kopfstück – eigenhändig ausgeführt haben soll. Zahlreiche Skizzen und Pläne Hugos für die prächtigen Interieurs sind erhalten, und angeblich bedauerte der Autor es damals sogar, seine Berufung verfehlt zu haben: Dekorateur hätte er werden sollen! Sein Sohn Charles bezeichnete das innenarchitektonische Kunstwerk, das auf zeitgenössischen Photographien festgehalten wurde und noch heute zu besichtigen ist, treffend als eine «Handschrift über drei Etagen».

Die dritte Etage allerdings, in der sich das Schlaf- und das Arbeitszimmer des Dichters befanden, war merklich schlichter und nüchterner gehalten. Ein kleines, oben unter dem Dach gelegenes Arbeitskabinett wog dagegen allein durch seine Aussicht die ganze Pracht der unteren Räume auf. In diesem «look-out», wie Hugo es selbst nannte, ließ

Hauteville House auf Guernsey
Historische Photographien
(Maison de Victor Hugo, Paris)

er sich ein einfaches Schreibpult direkt vor dem Fenster anbringen, an dem er gern im Stehen arbeitete, mit Blick aufs Meer. Der Sohn Charles Hugo beschrieb den Raum als «verglastes Belvedere», das «nach allen Richtungen hin offen war und, wie die Kajüte eines Kapitäns, auf winzigem Raum alles enthielt: den kleinen Tisch, das Papier, die Tinte, die Feder und ein Bett, das schmal und hart war wie das eines Soldaten.»

Wie der größte Romantiker hielt auch der größte Klassiker unter den Dichtern seine Schlaf- und Arbeitszimmer auffällig schlicht, im Gegensatz zu den Repräsentations- und Empfangsräumen der Wohnung. Wer Goethes Haus am Frauenplan in Weimar besucht, kann sich davon überzeugen. Hier lebte Goethe, der zuvor das Gartenhaus an den Ilmwiesen bewohnt hatte, von 1782 bis zu seinem Tod, also fünfzig Jahre lang, und zwar zunächst zur Miete, bis Herzog Karl August das Anwesen kaufte und ihm unentgeltlich als Dienstwohnung zur Verfügung stellte. Kaum erfuhr Goethe, daß er nun Besitzer des Hauses war, entwickelte er Pläne für umfangreiche Umbauarbeiten, um das barocke Gebäude vom Anfang des 18. Jahrhunderts seinem aus Italien mitgebrachten klassischen Ideal anzunähern. Wie einige hinterlassene Skizzen zeigen, kümmerte er sich dabei sowohl um den architektonischen Grundriß des Hauses als auch um die Innenausstattung der Räume. Ein repräsentativer Treppenaufgang sollte dem Besucher schon zu Beginn gleichsam einen geistigen Aufstieg ermöglichen. Die Entwurfsskizzen von 1792, die einmal den Blick hinauf zum Gelben Saal, einmal den entgegengesetzten Blick hinunter zur Verbindung zwischen Vorder- und Hinterhaus festhalten, sind der tatsächlichen Ausführung schon sehr nah, die dann noch um ein klassizistisches Bildprogramm und die intarsierte Inschrift «Salve» auf der Türschwelle ergänzt wurde. 1830 soll Goethe allerdings Eckermann gegenüber geäußert haben, es sei durch das stattliche Treppenhaus möglicherweise zu viel Wohnraum geopfert worden: «So brachte ich aus Italien den Begriff der schönen Treppen zurück, und ich habe dadurch offenbar mein Haus verdorben, indem dadurch die Zimmer alle kleiner ausgefallen sind, als sie hätten sollen.»

Eine Wiederbelebung der klassischen Architektursprache versuchte Goethe um dieselbe Zeit auch als Mitglied der Kommission für den Wiederaufbau des abgebrannten Weimarer Schlosses und als Planer des Römischen Hauses, also des Gartenhauses für den Herzog, das im Ilmpark im dorischen und ionischen Stil errichtet wurde. Der Rückgriff auf die Antike zeigte sich ebenfalls in den Ornamententwürfen, die er für sein eigenes Haus zeichnete und für Deckenfriese oder für die Verzierung von Möbeln bestimmt haben mochte. Die Mäanderbänder, die er auf verschiedenen Blättern ausprobierte, sind typisch klassische Schmuckformen. Interessant ist auf einem dieser Blätter eine in ein Rechteck eingezeichnete kauernde Gestalt, die ihre Hände

Johann Wolfgang von Goethe: Entwurf zum oberen Treppenhaus in seinem Wohnhaus in Weimar, um 1792
Feder und Tuschlavierung auf Papier, 14,3 x 17 cm.
(Stiftung Weimarer Klassik/Goethe-Nationalmuseum, Weimar)

Johann Wolfgang von Goethe: Ornamente und Platte mit eingezeichneter kauernder Gestalt, um 1792
Bleistift, Tinte, Aquarellfarbe auf Papier, 16,6 x 19,6 cm.
(Stiftung Weimarer Klassik/Goethe-Nationalmuseum, Weimar)

Johann Heinrich Meyer: Pan von Eroten gezüchtigt, 1793-95
Kreide und Tempera auf Karton, 76 x 135 cm.
(Stiftung Weimarer Klassik/Goethe-Nationalmuseum, Weimar)

hinter dem Rücken zusammenhält. Sie weist eine nicht zu verkennende Ähnlichkeit mit einer der beiden Supraporten auf, die Johann Heinrich Meyer 1795 für das Junozimmer malte: Der gefesselte Pan wird von zwei kleinen Eroten gezüchtigt. Es ist nicht mehr zu belegen, ob Meyer hier wirklich auf einen Entwurf Goethes zurückgriff, doch die motivische Verwandtschaft fällt ins Auge. Als Bauherr und Gestalter schuf Goethe mit seinem Haus, das dank einer glücklichen Überlieferungsgeschichte in weiten Teilen im damaligen Zustand erhalten (beziehungsweise rekonstruiert) ist, ein Gesamtkunstwerk mit ethischem Anspruch.

Wie Häuser sich in Kunstwerke verwandeln lassen, hat, auf seine Weise, auch der Allroundkünstler Jean Cocteau gezeigt. Außer dem Komponieren gibt es wohl keine Kunstform, die Cocteau nicht ausgeübt hätte: Er hat Gedichte, Prosa, Theaterstücke und Drehbücher geschrieben, als Schauspieler, Sprecher und Regisseur für Theater, Ballett, Film und Radio gearbeitet, Bühnenvorhänge, Kostüme, Teppiche und Fenster entworfen und sogar Keramiken und Glasarbeiten geschaffen. Gezeichnet hat er außerdem ständig, und mit sechzig Jahren entdeckte er schließlich noch die Wandmalerei. 1950, nach den Dreharbeiten zu *Les enfants terribles* und der Montage von *Orphée*, lernte er die begüterte Malerin Francine Weisweiller kennen, die ihn einlud, sich in ihrer Villa Santo-Sospir an der Côte d'Azur von den Anstrengungen zu erholen. Carole Weisweiller, die Tochter von Francine, erinnert sich: «Jean, der während dieser Zeit nicht in der Lage war, länger als drei Tage untätig zu sein, begann im Salon über dem Kamin nach Art der italienischen Renaissancekünstler eine Sonne zu malen, und er fuhr fort, indem er alle Wände des Hauses wie eine Haut tätowierte, auch die Schränke und später sogar die Decken. Mythologische Themen vermischten sich mit Motiven der Umgebung: Im Salon rechts und links neben dem Kamin schlafende Matrosen mit Fischernetzen, ‹fougasses› (eine traditionelle Brotart) und Seeigel, in den Zimmern der in einen Hirsch verwandelte Aktäon, Orpheus und die Bacchantinnen, Narziß ... und Einhörner, die dem Dichter lieb waren. Im Treppenhaus, das zu den Zimmern hinabführte, wachte ein blauer Engel an der Decke über unsere künftigen Träume. Eine Badende, von Renoir inspiriert, ein Schwarzer, der mit dem Finger ‹schlafen!› anzeigte, und ein heiliger Soupir als Zentaur vermischten sich mit männlichen, weiblichen und androgynen Profilen.» Für ihren illustren Gast wandelte die derart beschenkte Hausbesitzerin eines ihrer Gewächshäuser in ein Atelier um und führte ihn zum Dank in die Kunst der Ölmalerei ein, die Cocteau von nun an ebenfalls praktizierte. Auch malte er einige weitere Gebäude aus, beispielsweise die Kapelle St. Pierre in Villefranche-sur-Mer oder den Trausaal im Rathaus von Menton. Doch über sein erstes mit Bildern «tätowiertes» Haus schrieb er im Rückblick: «Was ich bei Francine gemacht

Friedrich Dürrenmatt: Wandmalerei aus der Berner Mansarde, 1942-43
(Centre Dürrenmatt, Neuchâtel)

Jean Cocteau: Wandmalerei aus der Villa Santo-Sospir: Das Eßzimmer, 1950
(Photographie: Suzanne Held, Paris)

Jean Cocteau: Wandmalerei aus der Villa Santo-Sospir: Der Salon, 1950
(Photographie: Suzanne Held, Paris)

habe, ist ebenso schön wie Knossos. Aber es werden erst noch Jahrhunderte und Ruinen nötig sein, um es sichtbar und beachtenswert zu machen.»

Weniger heiter und mediterran ist der Wandschmuck, mit dem Friedrich Dürrenmatt seine Zimmer im elterlichen Haus in Bern ausstattete. In der Mansarde des Hauses Laubeggstraße 49 wohnte der Student der Philosophie von 1942 bis 1946, und das Bildprogramm, das nach seinen eigenen Worten «Szenen aus unsicheren Zeiten» darstellte, war eine mittelbare Reaktion auf den Krieg, der draußen in der Welt wütete, aber die Heimat unbehelligt ließ. Also holte der junge Mann, der schon als Kind Gotthelfs *Schwarze Spinne* oder die Kämpfe der Nibelungen illustriert hatte, die Dämonen ins Haus. In *Querfahrt*, einem Teil seiner *Stoffe*-Sammlung, schrieb Dürrenmatt später: «So entwarf ich denn auf der abgeschrägten Wand über meinem Bett eine wilde Kreuzigung, an der großen Wand entstanden skurrile Figuren, so ein Nietzsche im Nachthemd, die Linke zum Hitlergruß ausgestreckt, dazu skurrile Figuren, ein armloser griechischer Held, aus seinem offenen Hemd starren Hitler, Churchill, Mussolini, Stalin, ein Gräberfeld mit drei Geistlichen mit Heiligenschein, das trojanische Pferd, Spießbürger, Professoren, an der Kaminmauer bot Salome den Kopf Johannes des Täufers dar, von der Decke starrte das Antlitz der Medusa herunter – ein Durcheinander in meinem Gedächtnis – die Wand ist längst von erschrockenen Bürgern übertüncht – von Wut, Protest, Hohn und Spott.»

Tatsächlich ließen die Nachmieter der Dürrenmatts die Malereien unter einem neuen Anstrich verschwinden.

Erst vierzig Jahre später wurden die verschollenen Gemälde wiederentdeckt und im Auftrag des Schweizerischen Literaturarchivs freigelegt. Die überwiegend in Rot-, Gelb- und Blautönen gehaltenen Bilder, die ohne Vorzeichnungen oder Skizzen direkt auf die Wand gemalt wurden, sind wie in ihrem Programm so auch in ihren formalen Lösungen von erstaunlicher Vielfalt: Die «skurrilen Figuren», teilweise unausgemalt, sind der gezeichneten Karikatur nah; Salome dagegen besteht aus in Segmente unterteilten Farbflächen; das Medusenhaupt und eine rote Figur, die Dante sein könnte, nähern sich dem Holzschnitt; die «wilde Kreuzigung» vereint Stilelemente von Michelangelo und Max Beckmann, und eine Tondokomposition, die Heilige und amputierte Prothesenträger in geschwungenen Kreislinien zusammenfaßt, ruft «eine seltsame Mesalliance von mittelalterlichen Manuskripten und expressionistischen Filmen» hervor (Ludmila Vachtova, in: Friedrich Dürrenmatt. Die Mansarde, Zürich 1995). Die künstlerischen Fähigkeiten des 21jährigen, der keinerlei malerische Ausbildung genossen hatte, waren beachtlich. Noch sehr viel später war der Schriftsteller «wütend, daß ich damals nicht auf eine Kunstschule gegangen bin und zeichnen gelernt habe wie jeder

Maler.» Er habe dann zu schreiben begonnen, weil er «die Bilder weg haben» wollte. Schreibend erst sei es ihm möglich geworden, zu dem «Bild, das mich besaß, eine Distanz zu schaffen». Doch hörte er sein Leben lang nicht auf, neben dem Schreiben auch zeichnend und malend die Bilder darzustellen, die ihn «bedrängen».

[Auf der folgenden Seite]

Wilhelm Busch: Selbstportrait, um 1870
Öl auf Holz, 25,9 x 19,6 cm.
(Wilhelm-Busch-Museum – Deutsches Museum für Karikatur und kritische Grafik, Hannover)

DAS PORTRAIT
VON ANGESICHT ZU ANGESICHT

CHRISTINA FEILCHENFELDT

Von der Frührenaissance, in der sich das Portrait als eigenständige Gattung in der abendländischen Kunst etablierte, bis zum heutigen Tag hat sich in der Portraitkonzeption ein wesentlicher Bedeutungswandel vollzogen. Die Darstellungsform eines Bildnisses war immer unmittelbar an die gesellschaftlichen Gegebenheiten einer Epoche geknüpft und als Ausdruck dieser Strukturen zu verstehen. Entwickelte sich während der Renaissance ein neues, erstarktes Bürgertum, das sein Selbstbewußtsein gerne in standesgemäßen Bildnissen zum Ausdruck gebracht sah, nahm diese Entwicklung im 17. Jahrhundert eine neue Richtung. Neben den berühmten Herrscherportraits des 16. und frühen 17. Jahrhunderts – man möge sich die Bildnisse Tizians, Velasquez', Rubens' und Van Dycks vor Augen führen – entwickelte Rembrandt in der zweiten Hälfte des 17. Jahrhunderts eine vollkommen neuartige Form des Portraits. Diese war weniger auf eine herrschaftliche Darstellungsweise ausgerichtet als vielmehr auf eine genrehafte Personenwiedergabe. In Deutschland erfuhr das bürgerliche Portrait während der Epoche des Sturm und Drang eine weite Verbreitung, die sich bis ins 19. Jahrhundert fortsetzte. Zu diesem Zeitpunkt begann sich auch die Zeichnung und mit ihr die Portraitzeichnung, die bis anhin nur als ein Hilfsmittel, als eine Studie auf dem Weg zum vollendeten Ölgemälde erachtet wurde, als eigenständige Gattung zu etablieren. Zwar hatte Rembrandt mit seinen radierten Selbstbildnissen bereits stark zur Aufwertung der Arbeit auf Papier beigetragen, der wirkliche Durchbruch als unabhängiger Bildträger gelang jedoch erst zu diesem Zeitpunkt vollständig. Rembrandt war auch der erste gewesen, der das Selbstportrait zu immer wieder neuen Variationen der eigenen Darstellung einsetzte und ganze Serien von Selbstportraits als graphische Blätter produzierte. Der Portraitist Jean-Auguste-Dominique Ingres führte die Gattung der Bildniszeichnung zu Beginn des 19. Jahrhunderts zur Perfektion: Ob es sich um gemalte oder gezeichnete Bildnisse handelt, sie alle weisen eine außerordentliche Liebe zum Detail auf, die einerseits auf einer möglichst exakten Wiedergabe äußerlicher Attribute beruht, andererseits auch im Sinne einer gelungenen Komposition – insbesondere bei den gemalten Bildnissen – die Gesichts- und Körperproportionen verändert und kompositorisches Schmuckwerk hinzufügt.
Während der Epoche des Realismus in der bildenden Kunst und Literatur stand dagegen die menschliche Natur, das soziale Bewußtsein und weniger das äußerliche Erscheinungsbild des Dargestellten im Mittelpunkt des Interesses. Häufig wurden nun Arbeiter und Bauern portraitiert, man vergleiche hierzu die Bildnisse Leibls, der die Spuren des harten Alltags in seinen Bildnissen schonungslos wiedergab.
Mit Cézanne begann die Auflösung des Portraits und die Reduzierung auf die vom Künstler als wesentlich erachteten Bestandteile. Nicht mehr der Dargestellte stand im Vordergrund, es ging um neuartige Bildinventionen, die zugunsten einer kompositorisch und farblich harmonischen Bildfindung den Abbildcharakter vollkommen in den Hintergrund treten ließen. Empfand der Künstler die Komposition als gelungen, wurden ganze Partien des Bildnisses unvollendet gelassen, sein Sinn war erfüllt. Diese Entwicklung wurde im kubistischen Portrait Picassos und Braques weitergeführt: Der Abgebildete war nun als solcher kaum mehr zu erkennen, nur einzelne verfremdete Bildelemente ließen noch eine Deutung der Darstellung als Portrait zu. Eine derartige Form der Bildauflösung und Verfremdung ist weit bis ins 20. Jahrhundert hinein und bis zum heutigen Tag zu beobachten und findet in der Portraitkunst in unterschiedlicher formaler Gestaltung Ausdruck. Diese Entwicklung wurde nicht zuletzt auch durch die Einführung der Photographie zu Beginn des 19. Jahrhunderts beschleunigt, die mit der Entwicklung neuer technischer Möglichkeiten einherging und dem Abbild des Menschen unbekannte Perspektiven eröffnete. Von August Strindberg existieren mehrere photographische Selbstportraits, die alle eine bewußte Inszenierung seiner Person zeigen. Strindberg war von den Möglichkeiten der Photographie fasziniert, besaß im Laufe seines Lebens mehrere Kameras und experimentierte immer wieder mit der Photokunst. Er war der Meinung, daß sich anhand der Photographie seelische Zustände, unterbewußte Erlebnisse oder optische Täuschungen bildlich festhalten ließen und versuchte sich in immer neuen Experimenten in dieser

Ernst Theodor Amadeus Hoffmann: Selbstportrait
Aus: Fantasiestücke in Callot's Manier. 3. Auflage. Leipzig, 1825.
(Zentralbibliothek Zürich)

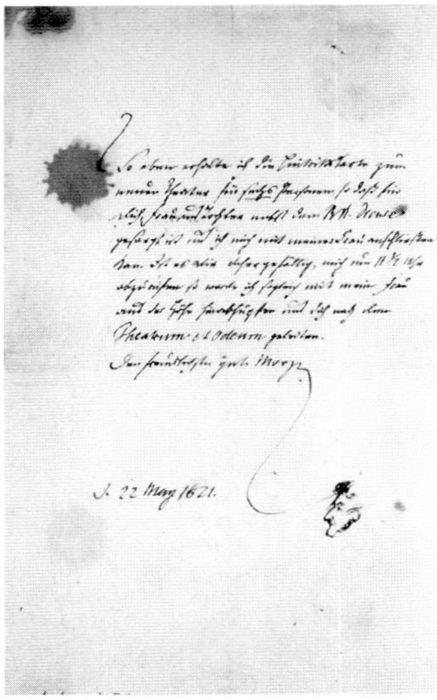

Ernst Theodor Amadeus Hoffmann: Selbstportrait in einem Brief an Theodor Gottlieb von Hippel
Berlin, 22. Mai 1821.
(Staatsbibliothek Bamberg)

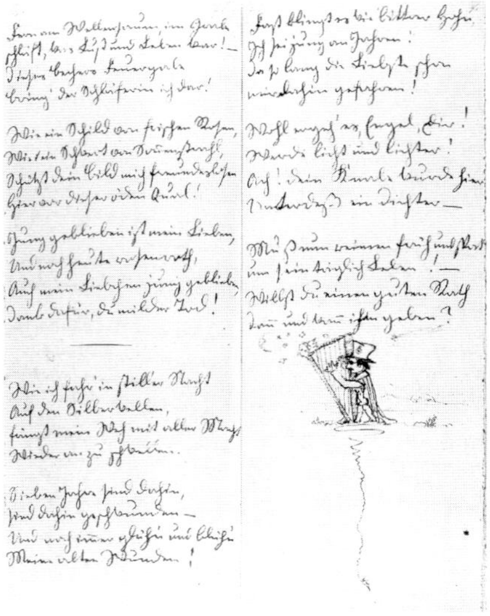

Gottfried Keller: Selbstportrait (Der harfende Dichter), 1846
Federzeichnung auf Papier, 29 x 10,8 cm.
(Zentralbibliothek Zürich)

Richtung. Strindberg befaßte sich im wesentlichen mit dem photographischen Selbstportrait, weil er alle von ihm aufgenommenen Photographien als nicht gelungen empfand: «Ich kümmere mich nicht um mein Aussehen, aber ich möchte, daß die Menschen meine Seele sehen.»
Das Selbstbildnis, handle es sich wie im Falle Strindbergs um eine Photographie oder auch um ein gemaltes oder gezeichnetes Selbstbildnis, stellt einen Bereich der Portraitkunst dar, der in der Kunstgeschichte ebenfalls auf eine lange Tradition zurückblickt. Es ist seit jeher ein beliebtes Sammelobjekt, da es dem Betrachter einen Einblick in die Seele des Künstlers verspricht. Ebenso verhält es sich bei den Autoren, die sich oder ihre Kollegen bildlich festhalten und somit ihren Lesern einen andersartigen Einblick in ihr künstlerisches Schaffen ermöglichen. Hierbei handelt es sich weitaus häufiger um skizzenhafte Darstellungen am Rande eines Briefes oder karikaturhafte Bildnisse des eigenen Ich oder befreundeter Dichter als um ausgereifte Kompositionen. Zwei Beispiele aus dem 19. Jahrhundert, wenn auch ganz unterschiedlicher Natur, sind die beiden Selbstbildnisse E.T.A. Hoffmanns und Bettina von Arnims. Während Bettina von Arnim ihr Selbstportrait ganz gemäß der während der Romantik üblichen formalen Merkmale ausführte, handelt es sich bei der Profilansicht Hoffmanns mehr um eine bildliche Signatur, die er anstelle der Unterschrift unter einen Brief setzte, als um ein eigenes Portrait. Hoffmann war eine der vielseitigsten Begabungen der deutschen Kunst. Von frühester Jugend an war ihm, der ohne Vater aufwuchs, die Musik ein wichtiger Wegbegleiter. Später betätigte er sich als Komponist, Musikrezensent und Dirigent. Seine Begabungen reichten aber auch in den Bereich des Theaters hinein, wo er als Theaterarchitekt, Kostüm- und Bühnenbildner sowie Dekorationsmaler tätig war. 1804 notierte der Dichter in seinem Tagebuch: «Eine bunte Welt voll magischer Erscheinungen flimmert und flackert um mich her – es ist, als müsse sich bald was Großes ereignen – irgendein Kunstprodukt müsse aus dem Chaos hervorgehen! – Ob es nun ein Buch – eine Oper – ein Gemälde sein wird – quod diis placebit.»
Viele der musischen Werke E.T.A. Hoffmanns entstanden während seiner juristischen Laufbahn als preußischer Beamter, der es schließlich zum Mitglied im Oberappellationssenat brachte. In seinen Tagebüchern kam der innere Kampf um den Widerspruch zwischen eigentlicher Berufung und Alltag zum Ausdruck. Auf einer kleinen Skizze von 1815 faßte er alle drei Musen zusammen: die Literatur in der Gestalt seines Alter ego, der von ihm geschaffenen literarischen Gestalt des Kapellmeisters Johannes Kreisler, die Musik in Form der von Hoffmann komponierten Partitur der Oper *Undine* und die Malerei mit den Worten: «Der Kapellmeister Johannes Kreisler in Haustracht nach dem Leben gezeichnet von Erasmus Spinher», was auch als verschlüsselter Ausdruck für «Spinner» gelesen werden kann. Als Dichter wurde Hoffmann in erster Linie durch seine Künstlernovellen und romantischen Märchen und Erzählungen bekannt. Sie alle zeugen von einer Wirklichkeitsverklärung, teilweise auch Ironisierung der bornierten Philistergesellschaft, der er sich ausgesetzt fühlte. Hoffmanns eigentliche Berufung galt zeit seines Lebens mehr der Musik als der Literatur. Nach seiner juristischen Tätigkeit wurde er als Kapellmeister an das Bamberger Nationaltheater berufen, später ging er als Musikdirektor nach Dresden und Leipzig. Nach seiner Entlassung kehrte Hoffmann an das Kammergericht nach Berlin zurück und begann erneut, literarische Arbeiten zu verfassen. Als

Bettina von Arnim: Selbstportrait, um 1805
Bleistift auf Papier, 19,4 x 13,8 cm.
(Stiftung Weimarer Klassik/Goethe-Nationalmuseum, Weimar)

Zeichner ist Hoffmann in erster Linie durch seine Karikaturen bekannt geworden.
Etwas jünger, aber ebenfalls der Epoche der Romantik im Ausdruck ihrer Kunst und Literatur verhaftet, ist das «großartigste, reichstbegabte, einfachste, krauseste Geschöpf» (Clemens Brentano) oder auch einfach das «wunderlichste Wesen von der Welt» (Goethe), Bettina von Arnim. Wie E.T.A. Hoffmann fand auch sie in der Musik die größte künstlerische Genugtuung, sie versuchte sich aber ebenfalls im Zeichnen und Modellieren. Erst von ihrem vierzigsten Lebensjahr an begann sie zudem, literarisch tätig zu werden. Im Jahre 1807 begann ihr Briefwechsel mit Goethe, der im Jahre 1835, kurz nach Goethes Tod, unter dem Titel *Goethes Briefwechsel mit einem Kinde* publiziert wurde. Es handelt sich hierbei um die Korrespondenz Bettina von Arnims mit Goethe und dessen Mutter. Der Verkaufserlös des Buches sollte einem für Weimar bestimmten Goethe-Denkmal nach dem Entwurf der Dichterin zugute kommen. *Goethes Briefwechsel mit einem Kinde* widerspiegelt Bettinas unbedingte Verehrung für den Dichter. Ungefähr ein Drittel der Korrespondenz ist ganz oder in Teilen erdichtet, der Rest mehr oder weniger frei umgestaltet, was Bettina später den Vorwurf einbrachte, das Bild Goethes verfälscht zu haben. Dennoch erntete der Briefwechsel nach seinem Erscheinen fast durchweg großen Beifall.
Mit dem Drang nach geistiger Freiheit und dem Anspruch auf Natürlichkeit und Gerechtigkeit durchbrach Bettina von Arnim die herrschenden Konventionen ihrer Zeit. Diese Unkonventionalität und gleichzeitige Verwurzelung im geistigen Gedankengut ihrer Epoche kommt in ihrer Bleistiftzeichnung deutlich zum Ausdruck: Die Künstlerin stellte sich als Halbfigur mit verschränkten Armen, an einem Tisch sitzend dar, dem Betrachter frontal zugewendet. Sie wählte somit die traditionelle Portraitform des Brustbildes und ergänzte es mit dem Attribut des vor ihr aufgeschlagen liegenden Buches, das sie als Autorin oder zumindest als an der Literatur Interessierte ausweist. Die dunklen Locken fallen der jungen Frau ungezähmt auf die Schultern und bilden einen Kontrast zu dem hellen schlichten Gewand, das ihr beinahe einen asketischen Ausdruck verleiht. Das Blattwerk am rechten Bildrand rankt über den Kopf der Dargestellten hinweg und bildet so einen nicht ganz geschlossenen floralen Rahmen, was den Eindruck asketischer Unschuld und Idealisierung zusätzlich unterstreicht. Durch die Zeitlosigkeit der ebenmäßig schönen Gesichtszüge wirkt dieses Bildnis weniger als Selbstportrait denn als Allegorie der Literatur oder der Künste schlechthin.
Wie E.T.A. Hoffmann hat sich auch Charles Baudelaire im Profil portraitiert, er wählte für sein Selbstportrait allerdings ein größeres Format. Trotz des karikaturhaften Charakters der Darstellung, so erscheint beispielsweise die prägnante Nase besonders in Szene gesetzt und das markante Kinn des Dichters ebenfalls betont, sind die Gesichtszüge des Autors unverkennbar. Baudelaire hat sich in zahlreichen Zeichnungen selbst abgebildet und wurde auch später von anderen Künstlern wie etwa Gaspard Félix Nadar dargestellt, der neben photographischen Portraits in erster Linie Karikaturen anfertigte.
Nach dem Erscheinen des Gedichtzyklus *Die Blumen des Bösen* im Jahre 1857 setzte eine öffentliche Polemik gegen Baudelaire ein, die sich wenig später in einem Prozeß an demselben Gericht fortsetzte, vor dem sich zu Beginn des Jahres Flaubert für seine *Madame Bovary* zu rechtfertigen hatte. Wie kein zweites Werk haben die *Blumen des Bösen* die Entwicklung der europäischen Lyrik des 19. Jahrhunderts bestimmt, in der die Spannung zwischen Ideal, geistiger Würde, Schönheit, Verdammnis und Melancholie thematisiert wird. Die Faszination der Gedichte wirkte insbesondere auf die Symbolisten wie Mallarmé und Rimbaud, durch die Übersetzung Stefan Georges 1891 fanden sie auch in Deutschland weite Verbreitung.
Etwa dreißig Jahre später zeichnete sich Paul Verlaine als Soldat. In der Zeit zwischen 1864 und 1871, in der er Verwaltungsbeamter in Paris und Soldat im Französisch-Preußischen Krieg war, entstanden bereits seine ersten Gedichte unter dem Einfluß der «Parnassiens». Hierbei handelte es sich um eine Dichtergruppe, die während der zweiten Hälfte des 19. Jahrhunderts in Paris eine entpersönlichte, gegenstandsbezogene Dichtung pflegte und nach dem Prinzip des *l'art pour l'art* nach formaler Vollendung ihrer Werke strebte. Die Gruppe trug ihren Namen nach der Anthologie *Parnasse contemporain*, in der unter anderem die frühe Dichtung Verlaines erschien. Die Mutlosigkeit und Unzufriedenheit des Dichters zu diesem Zeitpunkt seines Lebens, der zum grundlegenden Wandel in seinem Dasein führen sollte, läßt sich aus der Bildunterschrift seines Selbstportraits ablesen: «J'ai voulu mourir à la guerre, la mort n'a pas voulu de moi.» («Ich wollte im Krieg sterben, der Tod hat mich nicht gewollt.») Die Zeichnung ist mit den Worten «Mon *portrait* (?) en 1870-71 (Dessin authentique P.V.)» signiert und datiert und trägt zudem die Unterschrift Verlaines. Von 1871 bis 1873 reiste er mit dem zehn Jahre jüngeren Arthur Rimbaud durch Nordfrankreich, Belgien und Großbritannien und entwickelte dabei, auch unter dem Einfluß Charles Baudelaires, seinen eigenen Stil, der formale Elemente des Symbolismus aufweist. Rimbaud hatte sein lyrisches Werk mit 15 begonnen und im Alter von zwanzig Jahren bereits abgeschlossen, um in Afrika als Kaufmann sein Glück zu versuchen. Mit seinem visionären *Trunkenen Schiff* oder den Prosagedichten der *Illuminationen* eröffnete er der Dichtung in Frankreich neue Wege.
Zwischen den beiden Lyrikern entwickelte sich eine homoerotische Beziehung, die Verlaine dazu brachte, seine junge Familie aufzugeben. Im Juli 1873 ließ Verlaine Rimbaud

in London zurück, um sich mit seiner Frau in Brüssel zu versöhnen. Statt ihrer erschien jedoch der Freund an verabredeter Stelle, um sich seinerseits von Verlaine zu trennen. In Rage schoß dieser auf den Jüngeren und verwundete ihn am Handgelenk. Dieser Tat folgte eine Verurteilung zu zwei Jahren Gefängnis für Verlaine, die dieser wegen guter Führung um ein halbes Jahr verkürzen konnte. Nach seiner Entlassung – seine Frau hatte sich inzwischen gerichtlich von ihm getrennt – machte er sich erneut auf die Suche nach Rimbaud. Vom gemeinsamen Freund Ernest Delahaye erfuhr Verlaine, daß sich Rimbaud nun in Stuttgart aufhielt. Anfangs war das Wiedersehen voller Freude, doch es kam erneut zur Trennung, nachdem Rimbaud Verlaine während einer Prügelei halb totgeschlagen haben soll. Ob dies der Wahrheit entspricht, ist nicht mit Sicherheit nachweisbar, als Legende jedoch überliefert. Fest steht dagegen, daß sich Rimbaud 1875 in Stuttgart befand, als ihn Verlaine auf einer Federzeichnung in einem Brief an Delahaye portraitierte: Rimbaud stützt sich müde auf den linken Ellbogen, zahlreiche Gläser und Flaschen aller Größen und Formen vor ihm auf dem Tisch sind als Anspielung auf die Trunksucht Rimbauds zu verstehen. Ein aufgeschlagenes Buch, mit den Großbuchstaben «Dictionnaire» gekennzeichnet, weist auf die Beschäftigung des Dichters mit der deutschen Sprache während dieser Zeit. Das Blatt ist *Ultissima Verba* überschrieben, so der Titel einer Gedichtparodie Verlaines, die unterhalb der Darstellung notiert ist. Die Pose des Pfeife rauchenden Rimbaud erinnert an ein Gruppenbildnis Fantin-Latours von 1872, das sich heute im Musée d'Orsay in Paris befindet. Das Gemälde mit dem Titel *Le Coin de Table (Die Tischecke)* zeigt Fantin-Latour, der sich selbst mit Pfeife und einem aufgeschlagenen Buch in der Hand darstellte, im Kreis einiger von ihm geschätzter Schriftsteller. An der linken Tischecke sind Verlaine und Rimbaud zu erkennen, wobei Rimbaud wie in der Karikatur Verlaines den Kopf auf die linke Hand stützt. Verlaine, vor dem eine bereits weitgehend geleerte Karaffe mit Rotwein auf dem Tisch steht, wurde von Fantin mit dem Weinglas in der Rechten abgebildet.

Nach dem Wiedersehen in Stuttgart setzte sich der Briefwechsel zwischen den beiden Dichtern zwar fort, Mitte der achtziger Jahre führte Verlaine jedoch den endgültigen Bruch herbei. Er verbrachte seine letzte Lebenszeit, als Dichterfürst in Paris verehrt, in Armut und starb schließlich an den Folgen des Alkoholmißbrauches. Rimbaud war bereits fünf Jahre zuvor, im Jahre 1891, an einem Tumor verstorben.

Ebenfalls als Soldat, wenn auch während des Ersten Weltkrieges, portraitierte sich Guillaume Apollinaire, als er sich in der Ausbildung zum Artillerie-Soldaten befand. Wahrscheinlich nach einer Photographie entstanden, ist sein Selbstbildnis in der zweiten Figur von links zu erkennen. Apollinaire war einer der bedeutendsten Kunstkritiker seiner Zeit, der als Essayist die kubistische Malerei bekannt machte

Charles Baudelaire: Selbstportrait im Profil, um 1843
Bleistift auf Papier, 11,9 x 8 cm.
(Jean-Louis Debauve, Paris)

Paul Verlaine: Selbstportrait, 1870–71
Federzeichnung auf Papier, 19,5 x 15,5 cm.
(Bibliothèque littéraire Jacques Doucet, Paris)

Paul Verlaine: Portrait von Arthur Rimbaud, 1875
Federzeichnung auf Papier, 13 x 20,7 cm.
(Bibliothèque littéraire Jacques Doucet, Paris)

Henri Fantin-Latour: Die Tischecke, 1872
Öl auf Leinwand, 160 x 225 cm.
(Musée d'Orsay, Paris)

Guillaume Apollinaire: Soldaten und Seeleute
Lavierte Federzeichnung über Bleistift auf Papier, 21,5 x 27,5 cm.
(Stiftung Hans Arp und Sophie Taeuber-Arp, Rolandseck)

und in seinen eigenen literarischen Texten auch den Surrealismus André Bretons umsetzte. Da der Kubismus nicht von einem theoretischen Manifest begleitet wurde, im Gegensatz zu den meisten Kunstströmungen des 20. Jahrhunderts, nimmt Apollinaires Abhandlung *Die Maler des Kubismus* von 1913 den Rang einer Programmschrift ein, die auch die kubistischen Maler akzeptierten. Die drei «Tugenden der bildenden Form: die Reinheit, die Einheit und die Wahrheit» sah Apollinaire im Kubismus verwirklicht. Für ihn bedeutete der Kubismus nicht nur eine neue Stilrichtung, sondern eine neue Kunst an sich: «Der Kubismus unterscheidet sich dadurch von der früheren Malerei, daß er nicht eine Kunst der Nachahmung, sondern eine Kunst der Vorstellung ist, die sich bis zum Schöpferischen zu erheben sucht...» Apollinaire verteidigte in seiner Schrift die Kunst als Ausdruck der Geistigkeit. Mit Kandinskys Abhandlung *Über das Geistige in der Kunst*, ebenfalls von 1913, entstand der einzige vergleichbare Text zur Kunst dieser Zeit.
Zwischen 1913 und 1916 erschien Apollinaires Gedichtsammlung *Kalligramme. Gedichte vom Frieden und vom Krieg*, in der er auf die Tradition der griechischen und römischen Figurengedichte zurückgriff: Aus der graphischen Anordnung der Zeilen wird das jeweilige Thema erkennbar. Dieses Verfahren wurde beispielsweise von Kurt Schwitters, den Dadaisten und Futuristen variiert. Die Kalligramme Apollinaires sind in einen Gedichtband eingebunden, der auch die *Gedichte vom Krieg* enthält, die während des Ersten Weltkrieges verfaßt wurden. Einige erschienen sogar in den Frontzeitungen, die von den Soldaten selbst behelfsmäßig gedruckt wurden. Die Kriegserfahrungen gehörten zu den letzten des Schriftstellers, der im Jahre 1916 verwundet wurde und bereits im Jahre 1918 während der großen Grippeepidemie den Tod fand.

Wie Verlaine und Rimbaud haben sich zahlreiche Künstler in ganz Europa gegenseitig portraitiert. Insbesondere im 19. und frühen 20. Jahrhundert war es durchaus üblich und weit verbreitet, daß sich Künstler und Schriftsteller, die sich in ihren Ideen und Ansprüchen einer Richtung oder künstlerischen Bewegung zugehörig fühlten, gegenseitig ihre Werke widmeten oder einander portraitierten. So hat sich auch im Wien der Jahrhundertwende ein Kreis von Autoren zusammengefunden, die gelegentlich kleine Zeichnungen anfertigten, welche das Abbild des befreundeten Autors wiedergeben. So sind beispielsweise zwei kleine Bleistiftskizzen erhalten, eher zur eigenen Freude als für die Öffentlichkeit bestimmt, intim und wie beiläufig während eines Gesprächs oder entspannten Beieinanderseins entstanden, die Arthur Schnitzler und Richard Beer-Hofmann voneinander anfertigten. Zu dieser Gruppe von Künstlern, die sich «Jungwien» nannte und zwischen 1890 und 1930 existierte, gehörten Hugo von Hofmannsthal, Felix Salten, Hermann Bahr, Arthur Schnitzler und Richard Beer-Hofmann.
Karl Kraus stand der Gruppe ebenfalls nahe. Man traf sich im Café Griensteidl zu literarischen Gesprächen und fühlte sich dem Münchner und Berliner Naturalismus zugehörig. Ziel war es jedoch, eine eigene Literatur in Österreich zu begründen. Das Programm der Gruppe wurde in der Zeitschrift *Die Moderne* von Hermann Bahr in der ersten Ausgabe 1890 formuliert. Dennoch war es wohl mehr Freundschaft, was die Autoren des «Jungwien» miteinander verband, als ein künstlerisches Programm. Nach der Schließung des Café Griensteidl traf man sich in anderen Cafés oder in den Wohnungen der einzelnen Mitglieder zum Pokern oder zu Lesungen. Die Resonanz der anderen Mitglieder auf die eigenen Werke war jedem einzelnen wichtig, und so wurde

fast jeder Text vor seiner Veröffentlichung den anderen zur Beurteilung vorgelesen. Schnitzler hatte sogar die Idee, ein Gemeinschaftswerk herauszubringen, das er *Kaffeehausecke* nennen wollte und das aus Novellen der einzelnen Mitglieder bestehen sollte. Am 6. Juni 1891 setzte er Beer-Hofmann seinen Plan in einem Brief genau auseinander: «Titel: Aus der Kaffeehausecke. Sammlung von Skizzen, Noveletten, Impressionen, Aphorismen – jeder hat möglichst individuell zu sein – außerdem würde ich einen erhöhten Wiener Ton (jener Ton, der nicht im Dialekt besteht) bevorzugen.»
Die Idee wurde nicht verwirklicht, dennoch haben sich zwei Skizzen in Schnitzlers Nachlaß erhalten, die thematisch mit diesem Projekt zusammenhängen. Von umfassenden malerischen oder zeichnerischen Tätigkeiten Schnitzlers ist nichts weiter bekannt. Auch Beer-Hofmann hat keine nennenswerten Dokumente hinterlassen, die eine Vorliebe für das Malen oder Zeichnen belegen würden.
Wie die Bildnisse Schnitzlers und Beer-Hofmanns zeichnen sich auch die beiden Selbstportraits von Heinrich und Thomas Mann durch eine eher private Ausstrahlung aus. Allerdings stellten sich die Autoren selbst und nicht ein Gegenüber bildlich dar. Der Charakter der beiden Darstellungen ist vollkommen unterschiedlich und veranschaulicht auch die Verschiedenheit der beiden Brüder aufs deutlichste. In ihren Jugendjahren arbeiteten sie allerdings manchmal noch gemeinsam. Als frühes gemeinschaftliches Werk haben sie das *Bilderbuch für artige Kinder* geschaffen, das 1895 während einer Italienreise entstand und für die Schwester Carla als Konfirmationsgabe gedacht war. Das Buch ging 1933 verloren. Die Inhaltsankündigung in dem handgeschriebenen und gemalten Band lautete: «Fünfundsiebzig Kunstwerke von Meisterhand, worunter achtundzwanzig kolorierte Bilder und siebenundvierzig Kupfer, nebst sechzehn begleitenden Kunstgedichten und vielen Textbemerkungen sittlich belehrenden und erheiternden Inhalts mit Sorgfalt und unter besonderer Berücksichtigung des sittlichen Gedankens für die heranreifende deutsche Jugend gesammelt und herausgegeben.»
Von Viktor Mann, dem jüngeren Bruder Heinrichs und Thomas', ist eine genaue Beschreibung des Buches erhalten, die den humoristischen Charakter dieses Werkes veranschaulicht: «Das Bilderbuch für artige Kinder war sauber und dauerhaft in Pappe und Leinen gebunden, und sein Deckel zeigte eine Federzeichnung von Thomas: eine traumhaft-gespenstige Vollmondlandschaft, mit einem Moorweiher, aus dessen traurig-glatter Fläche ein übertrieben melancholischer Männerkopf auftauchte. Ein nächtlich Badender? Der Geist eines Ertrunkenen? Ein unterernährter Nök, oder Nickelmann? Ich habe es nie erfahren können. Es war wohl als *l'art pour l'art* gedacht und hatte mit dem Inhalt des Buches wenig zu tun...» (Viktor Mann: Wir waren fünf, Konstanz 1949).

Richard Beer-Hofmann: Portrait von Arthur Schnitzler, um 1892
Bleistift auf Papier, 12,4 x 6,7 cm.
(Deutsches Literaturarchiv, Marbach am Neckar)

Arthur Schnitzler: Portrait von Richard Beer-Hofmann
Bleistift auf Papier, 12,3 x 6,7 cm.
(Deutsches Literaturarchiv, Marbach am Neckar)

Thomas Mann: Selbstportrait, 1897
Eingezeichnet in ‹Der kleine Herr Friedemann›. Berlin, 1898
(Widmungsexemplar für seinen Bruder Heinrich).
(Stiftung Archiv der Akademie der Künste, Berlin)

Heinrich Mann: Selbstportrait, 1905
Bleistift auf Papier, 19 x 14 cm.
(Stiftung Archiv der Akademie der Künste, Berlin)

Thomas Mann: Aus dem ‹Bilderbuch für artige Kinder›, 1896
In: Viktor Mann: Wir waren fünf. Konstanz, Südverlag, 1949.

Von Heinrich Mann sind zahlreiche bildliche Darstellungen erhalten. Anders als sein Bruder suchte Heinrich Mann sein schriftstellerisches Werk mittels seiner bildlichen Darstellungen zu ergänzen. Ruchlosigkeit und Dekadenz, Ausschweifung und Luxus zu Beginn des 20. Jahrhunderts stießen ihn ab und faszinierten ihn zugleich. Ein thematischer Bezug läßt sich zwischen Heinrich Mann und George Grosz herstellen, der sich häufig von den Texten Heinrichs zu seinen gesellschaftskritischen Zeichnungen inspirieren ließ. Heinrich Mann suchte seinen Erlebnissen während dieser Zeit nicht nur in seinen Texten, sondern auch in seinen häufig ins Groteske verzerrten Zeichnungen Ausdruck zu verleihen. Dies führte zu einem ersten Zerwürfnis mit dem Bruder Thomas, der Heinrichs Schilderungen der zeitgenössischen, dekadenten Gesellschaft als geschmacklos und ordinär verurteilte. Interessant ist bei diesen Blättern die Gegenüberstellung von bloßer Skizzierung und genauer Detailzeichnung, die eine Konzentration auf das Wesentliche bewirkt. Dennoch stand für Heinrich Mann trotz seiner Affinität zum Zeichnen sein literarisches Werk immer im Vordergrund, seine bildlichen Darstellungen waren ihm eine gerne praktizierte Ergänzung, wenn die Zeit es zuließ. Bis zu seinem Tod führte er immer wieder Zeichnungen aus, häufig mit Bezügen zu Erlebnissen in seiner Jugend, manchmal scheinen sie auch Illustrationen zu Werken seines Bruders wie den *Buddenbrooks* oder eigenen Arbeiten wie *Professor Unrat* darzustellen. Auf dem frühen Selbstportrait von 1905 ist die satirische Ader Heinrich Manns unverkennbar. Zahlreiche Selbstbildnisse wurden zudem nach seinem Tode innerhalb eines Zyklus von 35 zwischen 1875 und 1891 entstandenen Zeichnungen sichergestellt.
Ganz anders verhält es sich mit Thomas Mann, der sich als Schilderer und Chronist bürgerlichen Daseins und Verfalls sah und mit seinen eigenen Worten «zugleich in der Rolle des Nachzüglers, eines Abschließenden, eines Vollenders und in der eines das Alte unterminierenden und auflösenden Neuerers» stand. Er war kein malender Dichter und hat nur wenige bildliche Darstellungen ausgeführt, so zum Beispiel noch als Großvater für seinen Enkel Frido. Die Zeichnungen von Thomas Mann, die sich aus dem *Bilderbuch für artige Kinder* erhalten haben, zeichnen sich durch eine derbe Ironie aus, die meist durch eine Über- oder Unterschrift des Blattes zusätzlich betont wird. Er selbst empfand einige der Zeichnungen aus dem Buch, die sich nur deswegen erhalten haben, weil sie anläßlich seines fünfzigsten Geburtstages in einem Zeitungsartikel veröffentlicht wurden, als «stümperhaft-komisch». Auch seine Selbstportraits weisen einen stark karikaturistischen Charakter auf, so eine Zeichnung, mit der Thomas ein Exemplar seiner Novelle *Der kleine Herr Friedemann* im Jahre 1898 seinem Bruder Heinrich widmete. Anders als Heinrich, der zu Beginn seiner Laufbahn Maler werden wollte, sich dann jedoch für die Literatur

entschied, waren für Thomas Mann seine Zeichnungen stets nur schmückendes, unterhaltsames Beiwerk, häufig ohne jeden Zusammenhang mit seiner Literatur und mit dieser seiner Ansicht nach keinesfalls zu vergleichen.

Ein weniger bekannter Maler und Schriftsteller, der sich in seinem umfangreichen graphischen Werk und seiner Literatur der Darstellung der aktuellen Gesellschaft widmete, ist der Pole Bruno Schulz, geboren 1892 in Drohobycz. Infolge der Krankheit des Vaters mußte er sein Studium an der Universität Lemberg aufgeben und erhielt aufgrund seiner künstlerischen Begabung eine Anstellung als Zeichenlehrer am örtlichen Gymnasium. Schulz gehörte mit seinen graphischen Arbeiten, die teilweise an Goya erinnern und stark expressionistisch geprägt sind, zur polnischen Avantgarde zwischen den beiden Weltkriegen. Heute gilt er als einer der bedeutendsten polnischen Schriftsteller und seine Werke, allen voran *Die Zimtläden* von 1934, sind in zahlreiche Sprachen übersetzt worden. *Die Zimtläden* sind stark autobiographisch gefärbt und aus dreizehn Geschichten zusammengesetzt. Die Handlung ist in einer kleinen galizischen Stadt angesiedelt, die sehr an Drohobycz erinnert. Die Familiengeschichten, erzählt aus der Sicht des kleinen Józef, dessen Vater wie der Vater Bruno Schulz' mit Seide handelt, bilden ein Hauptthema der Handlung ebenso wie die Portraitierung des kleinstädtischen Alltags in einer Zeit des geistigen und materiellen Umbruchs: Die alte Lebensordnung, die noch stark durch die Traditionen des österreich-ungarischen Kaiserreichs bestimmt ist, gerät durch das Eindringen von Mechanisierung und Kommerzialisierung aus den Fugen. Weiterhin bilden auch grundlegende existentielle Fragen an das Leben, die in einem eigenen Traktat innerhalb des Werkes erörtert werden (*Traktat über die Mannequins*) und die schwierige Vater-Sohn-Beziehung wichtige Bestandteile der Erzählung. Die einzelnen Episoden wirken phantastisch und wirklichkeitsfern, häufig auch kafkaesk durch Verwandlungen in unterschiedliche Tiere, die insbesondere der erfolglose Vater, der an den wirtschaftlichen Neuerungen scheitert, durchlebt. Daß Bruno Schulz Franz Kafka in besonderem Maße schätzte, belegt auch die Tatsache, daß er dessen Werke ins Polnische übersetzte.

Die bildlichen Darstellungen Bruno Schulz' zeigen neben zahlreichen Selbstbildnissen häufig auch erotische Motive oder haben einen absurden und teils surrealen Charakter. So ist beispielsweise das frühe Selbstbildnis von 1921 als erstes Blatt in das Mappenwerk *Das Buch vom Götzendienst* eingefügt. In dieser frühen Graphik kommt bereits das satirische Talent des Autors zum Ausdruck, der in dieser Darstellung die eigene unterwürfige Pose mittels der im Hintergrund sichtbaren, ins Groteske überzeichneten Figuren kontrastierte.

Schulz verbrachte sein Leben fast ausschließlich in der Provinz, mit kurzen Aufenthalten in Warschau und Paris. Als die Russen in Drohobycz einmarschierten, begann eine schwierige Zeit für den Künstler, dennoch konnte er weiterhin am Gymnasium arbeiten. Die Publikation eines während dieser Phase in deutscher Sprache verfaßten Romans wurde von den literarischen Instanzen in Moskau abgelehnt, der Roman gilt heute als verschollen. Mit der Besetzung Drohobycz' durch die Deutschen und der Errichtung eines jüdischen Ghettos wurde die Vernichtung der Juden der Stadt, zu der auch die Familie Bruno Schulz' gehörte, systematisch vorangetrieben. Zu Beginn konnte sich Schulz durch die Protektion eines Gestapochefs, dessen Wohnung er künstlerisch ausgestaltet hatte, noch vor den Übergriffen der Nationalsozialisten schützen. Am 19. November 1942 wurde er jedoch während einer Razzia im jüdischen Ghetto erschossen. Im *Selbstportrait mit Handstudie* [Siehe Abb. S. 78] von 1934 scheint der Blick des Dargestellten voller Ahnung der kommenden Ereignisse direkt auf den Betrachter gerichtet. Mit starken, gegeneinander gesetzten Schraffuren sind die Züge des hageren Gesichtes herausgearbeitet, die sorgenvollen Falten auf der Stirn deutlich erkennbar. Die Skizzenhaftigkeit der Darstellung tut ihrer Expressivität keinerlei Abbruch, im Gegenteil: Durch die Unfertigkeit der Darstellung wirken die vollendeten Partien umso stärker.

Nicht skizzenhaft, sondern kompositorisch und im Detail vollendet, präsentieren sich die Bildnisse, die Carlo Levi von sich selbst und seinem Freund Umberto Saba angefertigt hat, sowie das Selbstportrait Georg Trakls. Zwar sind sie in verschiedenen zeitlichen und örtlichen Umständen entstanden, dennoch lassen sie sich durch die allen drei gemeinsame Vollständigkeit vergleichen.

Trakl malte sein Portrait Ende November 1913 in Innsbruck im Atelier des Malers Esterle, nach seiner Rückkehr aus Wien, wo er mit Oskar Kokoschka zusammengetroffen war. In der Tat wird der Einfluß Kokoschkas im expressiven Pinselduktus dieses Bildnisses sichtbar. Die dunkle Farbpalette läßt die Gesichtszüge des Dargestellten eher modelliert als gemalt erscheinen – eine Vorahnung auf das düstere Ende Trakls, der sich nach seinen Erlebnissen auf dem Schlachtfeld während des Ersten Weltkrieges am 4. November 1914 selbst tötete. Die Todesahnung und -sehnsucht Trakls zeigt sich auch in dem Bericht von einer weiteren Begegnung mit Oskar Kokoschka in dessen «schwarzem Atelier» in der Hardtgasse 27 in Wien im Frühjahr 1914. Trakl war zu diesem Zeitpunkt ein hoch angesehener Dichter, der sich allerdings von einer persönlichen Enttäuschung in die nächste bewegte. Auf der Staffelei in Kokoschkas Atelier stand das berühmte Doppelbildnis *Die Windsbraut*, zu diesem Zeitpunkt noch ohne den Namen. Kokoschka hatte auf diese Weise seine gescheiterte Liebe zu Alma Maler verarbeitet. Nun erblickte es Trakl, der selbst um den Tod seiner geliebten Zwillingsschwester trauerte. Plötzlich, so Kokoschka,

Bruno Schulz: Selbstportrait mit Handstudie, um 1938
Bleistift auf Papier, 20 x 14,5 cm.
(Adam Mickiewicz-Literaturmuseum, Warschau)

Antonin Artaud: Selbstportrait
Aus: L'Éphémère, No. 13. Paris, 1970.

Friedrich Dürrenmatt: Selbstportrait ohne Spiegel, 1978
Kugelschreiber auf Papier, 26 x 21 cm.
(Privatbesitz Ch. K. D.)

Jean Cocteau: Portrait von Paul Eluard, 1942
Schwarzer Wachsmalstift auf Papier, 25 x 19,5 cm.
(Musée Jean Cocteau, Milly-la-Forêt)

Carlo Levi: Portrait von Umberto Saba
Öl auf Leinwand, 61 x 50 cm.
(Galleria Nazionale d'Arte Moderna, Rom)

Carlo Levi: Selbstportrait, 1935
Öl auf Leinwand, 66 x 60 cm.
(Fondazione Carlo Levi, Rom)

habe sich Trakl von seinem Stuhl erhoben und vor dem Bild sein Gedicht *Die Nacht* geformt und damit dem Doppelportrait den Namen gegeben: «...Über schwärzliche Klippen stürzt todestrunken die erglühende Windsbraut...». Malerei und Dichtung in mystischer Vereinigung! Kokoschka berichtet, daß Trakl während dieser Zeit täglich bei ihm erschienen sei und er selbst einmal ein Portrait von des Dichters Hand gesehen habe.

Unter welchen Umständen genau das Selbstbildnis Trakls entstanden ist, ob bei Tag oder auch bei Nacht, was durch die besonders dunkle Farbpalette angedeutet werden könnte, ist ungewiß. Der expressionistische Pinselduktus, die Maskenhaftigkeit der Darstellung, die auf den Einfluß afrikanischer Skulpturen zurückgeht, entsprach der modernen Kunstauffassung der Zeit und veranschaulicht die Auseinandersetzung Trakls mit der bildenden Kunst. Dennoch findet auch Trakl seine eigene künstlerische Richtung, steigert er die Maskenhaftigkeit durch die ausdruckslosen Augen, in denen die Pupillen scheinbar nutzlos in den dunklen Höhlen sitzen. Die düstere Ausstrahlung des Portraits reflektiert das Innenleben des Dichters aufs deutlichste.

Vollkommen anders in Farbpalette und Pinselführung sind dagegen die wesentlich später entstandenen Bildnisse Carlo Levis. Auch Levi hatte schwierige Zeiten während seines Lebens zu überwinden. Erst im Kampf gegen die Faschisten wurde der bis dahin ausschließlich als Maler wirkende Levi Schriftsteller. 1935 wurde er verhaftet und nach Gagliano in der heutigen süditalienischen Provinz Basilicata verbannt, wo er sich der Widerstandsbewegung anschloß. Während der Zeit der Verbannung entstand auch das bekannteste literarische Werk Carlo Levis *Christus kam nur bis Eboli*, das 1945 erschien. Levi berichtet darin über diese gottverlassene Region Süditaliens, in der Räuber und Banditen den Bauern das Leben zur Hölle machten und weder Staat noch Kirche für Ruhe und Ordnung sorgten. Deswegen auch der Titel, der auf ein Sprichwort der Bewohner dieser Gegend zurückgeht. Erzählt wird die Geschichte aus der Perspektive eines Arztes, der nach Gagliano verbannt wird und dort den von der Malaria geplagten Menschen beisteht. Nach ersten Anfeindungen gewinnt der Arzt die Zuneigung der Bevölkerung, die sich nun gegen die Mißstände aufzulehnen beginnt. Nach seiner Abreise sinken die Menschen jedoch wieder in die alte Mutlosigkeit zurück, die sie ihr Schicksal ertragen läßt. Levi formulierte in seinem Text politische Lösungsvorschläge für die armen ländlichen Gegenden Süditaliens, die eine Autonomie dieser Region vorsahen. Aufgrund der sachlichen Schilderungen der dortigen Zustände und der durchaus diskutablen Lösungsvorschläge erregte Levis Buch auch außerhalb Italiens großes Aufsehen und fand als eines der Hauptwerke des *neorealismo* im In- und Ausland Beachtung.

Im Jahr von Carlo Levis Verbannung entstand auch sein Selbstbildnis. Die helle Farbpalette scheint im Gegensatz zu den aktuellen Ereignissen im Leben des Künstlers und seinem melancholischen Gesichtsausdruck zu stehen. Levi portraitierte sich selbst als Maler, den Pinsel in der rechten, die Farbpalette in der linken Hand, dem Betrachter beinahe frontal zugewendet. Mit dieser Pose, dem Arbeitskittel und den dazugehörigen Utensilien wählte er eine traditionelle, schon seit der Renaissance häufig angewandte Darstellungsweise für das Künstlerselbstportrait, das den Abgebildeten für alle Welt als Maler auszeichnet. Levi gelangte als Schriftsteller zu weitaus größerem Ruhm denn als Maler. Trotzdem behielt er zeitlebens die Malerei bei. Beim Bildnis Umberto Sabas verzichtete der Künstler auf schmückendes Beiwerk zur näheren Kennzeichnung des Portraitierten und konzen-

Georg Trakl: Selbstportrait, 1913
Öl auf Leinwand, 32 x 25 cm.
(Georg-Trakl-Forschungs- und Gedenkstätte der Salzburger Kulturvereinigung)

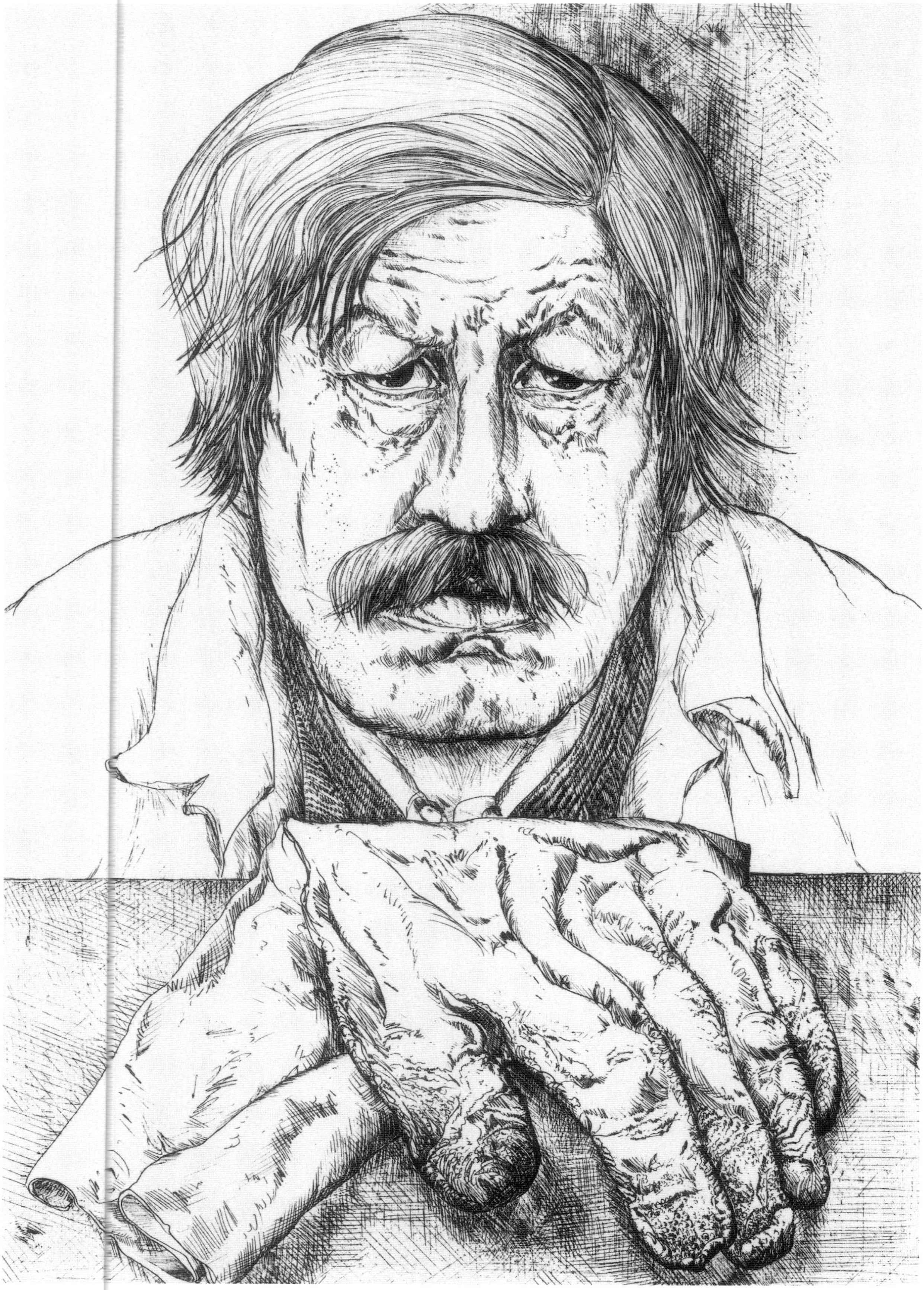

Günter Grass: Mit Handschuh, nachdenklich, 1981
Radierung, 62,8 x 49,8 cm.
(Deutsches Literaturarchiv, Marbach am Neckar)

trierte sich auf das Antlitz Sabas. Als heller Mittelpunkt der Komposition sticht es aus dem sonst in verschiedenen Blau-, Grau- und Schwarztönen gehaltenen Bildnis hervor. Die tiefblauen Augen blicken am Betrachter vorbei, ohne ihm einen Einblick in die Gedankenwelt des Autors zu gewähren. Der Lyriker Umberto Saba (1883-1957) ist in erster Linie durch sein Lebenswerk *Der Canzoniere* bekannt geworden, das erstmals 1921 und nach völliger Überarbeitung zwischen 1945 und 1948 erschien. Es umreißt in Versen und kurzen Prosastücken den Lebenslauf des in Triest geborenen Dichters und verarbeitet das Lebensgefühl in dieser italienisch-österreichisch-slavischen Hafenstadt in der ersten Hälfte des 20. Jahrhunderts.
Mit den beiden Portraits Carlo Levis sind zum Abschluß dieses Kapitels zwei Beispiele gewählt worden, die eine ausgeprägte Doppelbegabung dokumentieren. Mit der Wahl der Gattung des Ölbildes für sein Selbstbildnis und das seines Freundes Umberto Saba entschied sich Levi nicht für die einfache Skizze, die auf einen privaten Nutzen der Arbeit schließen ließe, sondern für die offizielle Gattung der öffentlichen Bildnisse. Als wollte sich Levi aller Welt als Maler zu erkennen geben, portraitierte er sich selbst mit den traditionellen Attributen des Malers, den Freund stellte er als Halbfigur ebenfalls in traditioneller Bildnisform dar. In diesen beiden Portraits kommt der Anspruch des Künstlers auf eine gleichwertige Beachtung beider Kunstgattungen – der des Malens und der des Schreibens – seitens des Publikums deutlich zum Ausdruck.

[Auf der folgenden Seite]

Victor Hugo: Ohne Titel
Tusche auf Papier, 20,5 x 26,5 cm.
(Maison de Victor Hugo, Paris)

A
B

WORT UND BILD
DIE ZEICHNUNG ZUM TEXT

UTE HARBUSCH

Zu Beginn der Geschichte vom *Kleinen Prinz* erzählt Antoine de Saint-Exupéry, wie er seine erste, im Alter von sechs Jahren angefertigte Zeichnung immer wieder zur Probe dafür heranzog, worüber er mit seinen Mitmenschen überhaupt sprechen konnte: Wer in dem ungestalten Bild nur einen alten Hut erkannte, der mußte mit banaler gesellschaftlicher Konversation vorliebnehmen, wer jedoch sah, daß der vermeintliche Hut in Wahrheit eine Riesenschlange war, die gerade einen Elefanten verdaute, der war würdig, wirkliche Geschichten erzählt zu bekommen – ein durchaus bedenkenswerter Vorschlag zur Beurteilung von Wort-Bild-Beziehungen. Das Besondere an Saint-Exupérys Buch ist nun, daß der Autor von jenem Hut (beziehungsweise jener Schlange) nicht nur berichtet, sondern sie zwischen die gedruckten Zeilen des Textes gleich mit auf die Seite zeichnet.

Ein solches vom Schriftsteller selbst illustriertes Buch ist ein reizvolles Beispiel für die vielfältigen Verbindungen, die Wort- und Bildkünste miteinander eingehen können. Der folgende Überblick über einige Formen von Wort-Bild-Beziehungen im Werk malender Dichter geht von der Frage aus, zu welchem Zweck ein Schriftsteller zeichnet: Mit welcher Absicht und in welchem Umfang greift er jeweils auf die Möglichkeiten der nichtsprachlichen Kunst zurück?

Es lassen sich dabei verschiedene Stufen unterscheiden, die von der gleichzeitigen Veröffentlichung in beiden Künsten, etwa im Fall der Buchillustration oder der Bildergeschichte, zu einem immer privateren Umgang mit dem anderen Medium führen, zum Beispiel im Fall einer graphisch festgehaltenen literarischen Gestalt, einer Schauplatzskizze oder eines Strukturschemas für einen Roman. Schließlich wäre auch an die bloße Kritzelei zu denken, die zumindest auf den ersten Blick ohne Bezug zum literarischen Werk steht. Entlang dieser Linie seien nun einige Beispiele herausgegriffen, um die Vielfalt möglicher Verbindungen zwischen dem geschriebenen und dem gezeichneten Werk von Schriftstellern zu verdeutlichen.

Wer Bildergeschichten verfaßt wie beispielsweise Rodolphe Töpffer, Wilhelm Busch oder zu unserer Zeit Robert Gernhardt, der stellt sich damit als Dichter *und* Zeichner vor. Text und Bild in anteilig meist ausgewogenem Verhältnis wirken hier nur gemeinsam. Indem sich die Handlungsabfolge auf einzelne Momentaufnahmen verteilt, werden die Zeichnungen in einen narrativen Zusammenhang gebracht. Ebensogut können sie auch einen Wortwitz oder eine Metapher, die nicht umsonst «sprachliches Bild» genannt wird, im wahrsten Sinn des Wortes «ausmalen», wie es bei Gernhardt oft zu beobachten ist. Wladimir Majakowskij hatte eine besondere Form der Bildgeschichte entwickelt, die sich dieses Mittels gelegentlich bediente. Sie wurde nicht gedruckt vervielfältigt, sondern von Hand gefertigt und entfaltete doch eine beträchtliche öffentliche Wirkung: In den Jahren unmittelbar nach der russischen Oktoberrevolution waren die Geschäfte und dementsprechend auch die Schaufenster vieler Läden der eben gegründeten Sowjetrepublik leer.

Das brachte den Moskauer Künstler Michail Tscheremnych auf die Idee, die leeren Fenster mit großformatigen Plakaten zu füllen, denen die Passanten Kommentare zum aktuellen politischen Geschehen entnehmen konnten. Schon kurze Zeit nach dieser Erfindung, im Herbst 1919, schlossen sich ihm, der mittlerweile im Auftrag der Russischen Telegraphenagentur ROSTA (Rossijskoe telegrafnoe agentstvo) arbeitete, Majakowskij und der Maler Iwan Maljutin an, und die fortan «ROSTA-Fenster» genannten, bebilderten Wandzeitungen gingen in Serie. Regelmäßig wurde so die vom Bürgerkrieg zerrissene Bevölkerung in den Städten und auf dem Land mit kurzen agitatorischen Bildergeschichten versorgt. Diese waren das Ergebnis eines künstlerischen Kollektivs, das in den zweieinhalb Jahren seiner Existenz, von September 1919 bis Februar 1922, insgesamt über sechzehnhundert solcher Fensterzeitungen herstellte. Zur Blütezeit der ROSTA waren bis zu hundert Mitarbeiter beteiligt. Dichter formten die eingegangene telegraphische Meldung in ein paar Verszeilen um, Künstler entwarfen, pro Zeile ein Bild, die Figuren dazu, die dann mittels Schablonen bis zu dreihundertmal vervielfältigt und verschickt wurden. Die Aushangblätter waren einfach, aber eindringlich gestaltet, sollten sie doch auch von Arbeitern und Bauern verstanden werden, die des Lesens noch kaum

Robert Gernhardt: Neulich im «Hegelstübchen»
(Caricatura, Kassel)

Wladimir Majakowskij: Entwurfszeichnung für ein ROSTA-Fenster, 1920
Tusche auf Papier
(Staatliches Literaturmuseum, Moskau)

Wladimir Majakowskij: Teil des ROSTA-Fensters ‹Hunger in Rußland›, 1921
Schablonendruck und Leimfarbe auf Papier
(Staatliches Literaturmuseum, Moskau)

kundig waren. Anläßlich des Achten Sowjetkongresses erschien zum Beispiel im Dezember 1920 das vierteilige ‹Fenster› Nr. 661: «An die Gurgel will der Ruin dem Arbeiter gehn. / Der Ruin verschlingt so manche Fabrik. / Keiner hilft der Arbeiterrepublik, / ihr kann bloß sie selber beistehn.» Wohl wurde der Reim zur Verstärkung des Ausdrucks eingesetzt, das Vokabular war ansonsten aber einfach und der Alltagssprache entlehnt und wurde allenfalls gelegentlich angereichert durch die auch in Agitationsversammlungen gebräuchlichen Schlagwörter. Die bunten Figuren wurden in klaren Farben und meist stereotyp dargestellt, so daß es auf den ersten Blick möglich war, den dickbäuchigen Bourgeois, den mit Schirmmütze und Hammer ausgestatteten Arbeiter und den behelmten Rot-Armisten zu erkennen. Besonders eindringlich wirkten die Text-Bild-Kombinationen dadurch, daß tote, abgeschliffene Metaphern visuell aufgegriffen und dadurch wieder lebendig wurden: Die vom Ruin «verschlungene» Fabrik verschwindet wirklich im weit aufgerissenen Schlund einer übergroßen Fratze.
Der Revolutionsdichter Majakowskij, der eine Ausbildung als Maler abgebrochen hatte und dank skandalumwitterter Auftritte im Kreis der Futuristen bekannt geworden war, avancierte schnell zum Kopf des ROSTA-Teams: Er war nicht nur einer der engagiertesten Verkünder propagandistischer Tagesparolen, sondern entwarf auch eine nicht geringe Zahl der Figuren, war also in vielen Fällen für Text und Bild zugleich verantwortlich. Das Verfahren, Metaphern gewissermaßen beim Wort zu nehmen, findet sich auch in seiner eigenen Dichtung wieder, wenn er etwa in dem Poem *Wolke in Hosen* eine ganze Schar Feuerwehrleute ausrücken läßt, um sein vor Liebe «brennendes» Herz zu löschen. Daß das Plakate-Pinseln eine recht ermüdende Fließband-Arbeit sein konnte, schilderte Majakowskij in einem anderen Gedicht: Eines heißen Julitages, als er sich über die Sonne ärgerte, die nichts besseres wußte, als alle Tage auf- und unterzugehen, rief er dem Gestirn erbost zu: «Ich schalt die Sonne: ‹Taugenichts – im Bett aus Wolkenwatte! Mal' mal im Schweiß des Angesichts jahraus, jahrein Plakate!› Ich rief der Sonne: ‹Bleib mal stehn, hör zu, Goldlockenkrause! Statt zwecklos auf und ab zu gehn, komm mal zu mir zur Jause!› Richtig heiß wurde dem Dichter, als das Himmelslicht der Einladung wirklich Folge leistete und durch den Vorgarten ins Haus trat. Bald aber, bei Tee, Eingemachtem und Kuchen, kam man ins Gespräch, tauschte sich aus über die Mühsal des jeweiligen Geschäfts und einigte sich schließlich, künftig gemeinsam die Menschheit zu erleuchten: «‹Licht überall und immer Licht, bis auf den Grund der Tonne! Sei Licht – und keine Flausen nicht!› Mein Wahlspruch und – der Sonne!» Mehrmals wurde dieses Gedicht illustriert, unter anderem 1925 von David Burljuk, der als Maler und Dichter, vor allem aber als Organisator die treibende Kraft der russischen Futuristen war und mehrere ihrer

avantgardistischen Bücher und Almanache ausgestattet hat. Für den Umschlag von Majakowskijs Gedicht entwarf er indes einen eher traditionellen Holzschnitt nach Art der in Rußland verbreiteten Volksbilderbögen.
Insbesondere die verschiedenen‹Ismen› der Moderne: Symbolismus, Dadaismus, Futurismus, Surrealismus lösten die herkömmlichen Gattungstrennungen auf und ließen die Künste miteinander verschmelzen. So kam es häufig vor, daß Talente, die gleicherweise als Dichter wie als Graphiker tätig waren, Werke ihrer ebenfalls auf beiden Gebieten arbeitenden Kollegen illustrierten. Überhaupt waren viele der so entstandenen Bücher und Almanache regelrechte Gesamtkunstwerke, bei denen auch der Typographie eine wichtige Rolle zufiel. Kommen wir aber nun zu denjenigen Büchern, worin Autoren ihren Texten eigene Illustrationen beigeben. Es ist, auch außerhalb der Kinderliteratur, gar nicht einmal selten, daß Schriftsteller ihre Bücher selbst bebildern oder Umschläge, Einbände, Vorsatzblätter mit eigenen Zeichnungen und Vignetten schmücken. Wie bei der Bildergeschichte wird daraus für das Publikum deutlich, daß der Autor zugleich auch als bildender Künstler tätig ist – wobei nicht jede Abbildung gleich Ausweis malerischen Talents sein muß. Das weite Spektrum der Möglichkeiten reicht von William Blake, der zweifellos eine wirkliche Doppelbegabung war, bis zu Matthias Claudius, der in die Ausgabe seiner sämtlichen Werke einige Holzschnitte einfügte, die die fehlende Begabung des Künstlers auf diesem Gebiet weniger verbergen als in humorvoller Weise zur Schau stellen sollten. In den meisten Fällen liegt das Hauptgewicht weiterhin auf dem gedruckten Text, zu dem die Bilder dann hinzukommen. Doch sind sie kein entbehrlicher Zusatz, sondern treten in unterschiedlicher Weise zu dem sprachlichen Teil des Kunstwerks in Beziehung.
Besonders eng ist dieser Bezug, wenn der Text, wie schon im *Kleinen Prinzen*, ausdrücklich von den Zeichnungen handelt, die der Leser im Buch vor sich sieht. Rudyard Kipling, der Verfasser des *Dschungelbuchs*, versammelte eine Reihe scheinbar kindlich-naiver Fabeln unter dem schlichten Titel *Einfach so Geschichten* (1902). Die einzelnen Geschichten – wie das Kamel seinen Höcker, der Leopard seine Flecken, der Elefant seinen Rüssel bekam – wurden durch Bilder von der Hand des Autors ergänzt, die jedoch nicht in die Erzählungen eingefügt, sondern diesen vielmehr an die Seite gestellt sind. Dazu gibt es wieder ausführliche Legenden, die sich selbst zu kleinen Erzählungen auswachsen können, deren Inhalt oftmals nicht mehr die eigentliche Geschichte, sondern das gezeichnete Bild ist: «Unter dem richtigen Bild sind Schatten von afrikanischen Tieren, die in eine afrikanische Arche gehen. Da sind zwei Löwen, zwei Strauße, zwei Ochsen, zwei Kamele, zwei Schafe und zwei andere Sachen, die wie Ratten aussehen, aber ich glaube, es sind afrikanische Gebirgshasen. Sie haben nichts zu bedeuten. Ich habe sie

David Burljuk: Illustration zu einem Gedicht von Wladimir Majakowskij, 1925
Tusche auf Papier
(Staatliches Literaturmuseum, Moskau)

Wladimir Majakowskij: Umschlag des Sammelbands ‹Rschanoje Slowo› (Roggenwort) 1918
(Staatliches Literaturmuseum, Moskau)

Aus: Rudyard Kipling: Just So Stories
London, 1902.

Eugène Ionesco: Ohne Titel, 1981
Lithographie zu ‹Le blanc et le noir›,
32 x 21,5 cm.
(Erker-Galerie, St. Gallen)

Alissa Walser
Filzstift auf Papier, 14 x 20 cm.
(Alissa Walser, Frankfurt am Main)

dazugetan, weil ich dachte, daß sie hübsch aussehen. Sie würden sehr fein aussehen, wenn ich sie bunt malen dürfte.»

Eugène Ionesco, der Dramatiker des Absurden, der als alter Mann noch die Malerei entdeckte – von 1959 an fuhr er auf der Flucht vor Depressionen und Melancholie regelmäßig von Paris nach St. Gallen, um dort in der Erker-Galerie jeweils für einige Wochen zu lithographieren und zu malen –, legte in dem mit eigenen Lithographien ausgestatteten Buch *Le blanc et le noir (Weiß und Schwarz,* 1981) vor sich selbst Rechenschaft ab über seine Bilder, die auf den ersten Blick so kindlich-heiter erscheinen und auf den zweiten Abgründe eröffnen. Doch sein Versuch, das von ihm Gemalte zu deuten, mündete nicht in eine Geschichte, sondern scheiterte. Daher führte Ionesco das Bild auf seine materiellen Bestandteile zurück: «Diese Figur, ist es ein König? Ist das, was seinen Kopf umgibt, eine Krone? Er sieht ziemlich traurig aus und dabei habe ich ihn voller Freude gemalt, seine Berater umgeben ihn. Das sind keine gewöhnlichen Berater: Ihre Köpfe sind Dreiecke, deren Basis unten liegt. Das ist eine Deutung. Ich glaube, es wäre schwierig, eine andere zu finden. Nein, es sind Striche auf dem Papier, es sind Striche und Papier. Das ist Papier.» Ein anderes Bild kommentierte er gleich mit den Worten: «Wüßte nicht, wie ich diese Zeichnung deuten soll.»

Ähnlich unschlüssig steht man vor den rätselhaften Bildern, die Alissa Walser in ihre Geschichten einfügt. Als die Autorin 1994 begann, Erzählungen zu veröffentlichen, hatte sie bereits ein Studium der Malerei absolviert. Trotzdem, möchte man sagen, wirken die Linienzeichnungen zunächst schlicht, ja unbedarft. Durch den jeweiligen Textzusammenhang werden sie als bloße, schnell hingeworfene Kritzeleien charakterisiert, meist von der Hand der Ich-Erzählerin selbst. Wie verhalten sich diese vorgeblichen Gelegenheitszeichnungen nun zum Text? Sie unterbrechen den Lesevorgang und zwingen zum unmittelbaren Anschauen. Und doch verdeutlichen sie nichts, weil sie selbst – mindestens – zweideutig sind. Die kleinen, anthropomorphen Tierfiguren sind wie Vexierbilder, die man entweder als Schwein, Maus, Schaf, Esel, Insekt oder als nackte, verschlungene Menschenkörper «lesen» kann. Ihre erotische Aufladung erhalten sie nicht zuletzt durch den Kontext der Erzählungen. Doch gerade weil die Bilder unmittelbar vor Augen geführt werden, bleibt ihre Lesart letztlich jedem selbst überlassen – wie schon bei Saint-Exupéry der vermeintliche alte Hut eine gefährliche Riesenschlange sein konnte.

Nicht immer werden Bilder, die im Zusammenhang mit literarischen Texten entstehen, auch publiziert. Es kommt sehr häufig vor, daß Schriftsteller Gestalten und Schauplätze ihrer Werke bildlich darstellen, sei es durch ins Manuskript eingestreute Skizzen, sei es in separaten, ausgeführten Zeichnungen, ohne daß diese gleichsam privaten Illustrationen für den Druck und damit für die Öffentlichkeit bestimmt wären. Figurinen und Bühnenbildentwürfe, die von Dramatikern wie August Strindberg, Federico García Lorca, Antonin Artaud oder Dario Fo überliefert sind, auch Filmskizzen von Jean Cocteau oder Peter Weiss, stellen in erster Linie Hilfsmittel für die Umsetzung des geschriebenen Textes auf der Bühne beziehungsweise bei den Dreharbeiten dar. Dokumentarische und autobiographische Texte wie Briefe, Tagebücher und Reisenotizen sind ebenfalls eine Fundgrube für Handzeichnungen, deren Bandbreite von physikalischen Skizzen in Lichtenbergs Briefen bis zu Ernst Penzoldts großzügig geschmückten Malerbriefen reicht. Aber auch fiktionale Prosatexte werden gelegentlich von Bildern begleitet, die während der Niederschrift der Erzählung Figuren und Szenen veranschaulichen und das sprachlich Imaginierte gleichfalls visuell zu fassen versuchen (eine Erscheinung, die sich im Zeitalter der Manuskripterstellung per Computer allerdings verlieren dürfte). Die Manuskripte Dostojewskijs zum Beispiel waren von vielen Zeichnungen durchsetzt. Raskolnikow, den Protagonisten aus *Schuld und Sühne*, zeichnete der Autor gleich mehrmals mit schnellen Strichen aufs Papier. Der symbolistische Dichter und Romancier Andrej Belyj tuschte auf separate Blätter einige Gestalten seines Romans *Petersburg*, die entsprechend dem phantasmagorischen Charakter dieses Werks reichlich gespensterhaft aussehen. So zahlreich sind derlei zeichnerische Paraphrasen, daß man es in manchen Fällen richtiggehend bedauert, wenn ein Autor seinen Manuskripten keine entsprechenden Marginalien beigegeben hat. Wie gerne sähe man beispielsweise ein Portrait der Mrs. Dalloway, gezeichnet von Virginia Woolf, oder ein Konterfei des Leopold Bloom aus der Feder von James Joyce...

Bruno Schulz, der «polnische Kafka», wie er gelegentlich genannt wird, war sowohl als Zeichner wie als Schriftsteller Autodidakt. Ohne eigentliche Ausbildung eignete er sich verschiedene künstlerische Techniken an. So schuf er in dem seltenen und komplizierten Verfahren der Glasradierung mehrere Mappen eines Graphikzyklus, den er *Das Buch vom Götzendienst* nannte. Fast zehn Jahre lang hat er dann insgeheim auch geschrieben, allein für sich, bevor er sich zur Veröffentlichung erster literarischer Arbeiten entschloß. Und doch plante er von Anfang an, seine Texte nur mit eigenen Illustrationen herauszubringen. Eine Zeichnung des 1937 erschienenen Buches *Das Sanatorium zur Todesanzeige* ist bereits auf das Jahr 1926 datiert! Seinen ersten Erzählungsband *Die Zimtläden* wollte er auch illustrieren, doch lehnte sein Verleger hier Stiche aus Kostengründen ab, so daß Schulz nur die Einbandvignette entwarf: Die Figuren des kleinen Józef – ein Selbstportrait –, des alten Vaters Jakub und der jungen Frau – vielleicht des Dienstmädchens Adela? – sind Gestalten aus seinen weitgehend autobiographisch fundierten Geschichten. Trotzdem fertigte Schulz auch für

Federico García Lorca
Mariana Pineda auf den Galgen
Umschlagzeichnung für ‹Mariana Pineda›.
Granada, 1927.
(Fundación Federico García Lorca, Madrid)

Fjodor Dostojewskij: Manuskriptseite des Romans ‹Schuld und Sühne›, 1865-66
(Staatliches Literaturmuseum, Moskau)

Andrej Belyj: Zeichnung zum Roman ‹Petersburg›, 1916
Tusche auf Papier
(Staatliches Literaturmuseum, Moskau)

Bruno Schulz: Umschlagentwurf für ‹Die Zimtläden› (Jakub, der kleine Józef und eine Frau), um 1933
Bleistift und Tusche auf Papier, 19,5 x 16,5 cm.
(Adam Mickiewicz-Literaturmuseum, Warschau)

Lewis Carroll: ‹Alice's Adventures Under Ground›, Manuskript, 1863-64
(British Library, London)

Lewis Carroll: Alice's Adventures in Wonderland. Illustriert von John Tenniel
London, 1866.
(Fondation Martin Bodmer, Cologny-Genf)

Die Zimtläden eine Folge von Handzeichnungen an, die er jedoch nicht vervielfältigte, sondern in ein Exemplar des Buches einklebte und verschenkte. Dieses Buch ist während des Krieges vernichtet worden, so daß nur die Erzählungen erhalten, die Bilder aber verloren sind.

Es gibt glücklicherweise auch andere Gründe, warum ein Buch nicht mit den Zeichnungen seines Autors erscheint, obwohl diese existieren. Lewis Carrolls *Alice im Wunderland* ist ein solches Beispiel. Die Erstausgabe von 1866 wurde von John Tenniel, dem bekannten Karikaturisten des *Punch*, illustriert, obwohl Carroll die phantastische Geschichte selbst schon reich bebildert hatte. Carroll, der weder Zeichner noch Schriftsteller, sondern Mathematikprofessor war und eigentlich Charles Lutwidge Dodgson hieß, hatte die Bilder des professionellen Zeichners Tenniel wohl für besser oder wirkungsvoller gehalten als seine eigenen. Ob dem tatsächlich so war, konnte seit 1886 überprüft werden, als eine Faksimile-Ausgabe des ursprünglichen Manuskripts, noch unter dem Titel *Alice's Adventures Under Ground*, erschien – auf Betreiben des Verfassers...

Ein ähnlicher Fall sind die Illustrationen Victor Hugos zu seinem Roman *Die Arbeiter des Meeres* (1866). Obwohl Hugos zeichnerisches Œuvre eines der größten sein dürfte, das ein Schriftsteller hinterlassen hat, was nicht allein in quantitativer Hinsicht gilt, machte er nur selten Bilder zu eigenen Werken. Seine graphischen Arbeiten sind ausschließlich Zeichnungen, die doch manchmal wie Malerei erscheinen, was an der Vielzahl der verwendeten Materialien liegt: Bleistift, Kohle, Kreide, Gouache, Tusche, verschiedenfarbige Tinten. (Daß er mit Kaffee gezeichnet haben soll, ist allerdings ein Gerücht.) Hugo begann wie so viele andere auch mit Gelegenheitszeichnungen: Portraits, Reiseskizzen und Karikaturen, die zum eigenen Vergnügen, für Freunde oder die Kinder entstanden. Das Zeichnen gehörte eben damals, nicht anders als das Reiten, noch zum guten Ton. Eine Serie kleiner Karikaturen von seiner Hand stellte wie in einer Typenkomödie verschiedenste Gemütslagen dar: den Entrüsteten, die Enttäuschte, den Unentschlossenen. Durch den jeweils beigegebenen kurzen Spruch ergab sich daraus eine treffliche Situationskomik. Bald aber führte Hugo, der seit Anfang der 1830er Jahre mit seinen Gedichten, den Theaterstücken *Cromwell* und *Hernani* und dem historischen Roman *Der Glöckner von Notre-Dame* zum Wortführer der romantischen Bewegung geworden war, seine Beschäftigung mit der nichtsprachlichen Kunst über diese Allerweltszeichnerei hinaus und ließ ein eigenes, eindrucksvolles Werk entstehen: nächtliche Landschaften, Burgen und Schlösser, Ruinen und Gehenkte, die die Nachtseiten der Romantik mit bedrängender Imaginationskraft ausmalten. Schließlich experimentierte Hugo mit dem Material selbst: Er gebrauchte Schablonen, benutzte Spitzen und Tücher für Frottagen, amüsierte sich, wie schon Justinus Kerner, mit Klecksographien. Diese mo-

dern anmutenden, den Zufall einbeziehenden Bilder, die im Gegensatz zur klassischen Ästhetik des vollendeten Werks stehen, fesselten vor allem die Surrealisten. Schon zu Hugos Lebzeiten interessierte sich die Öffentlichkeit für die zeichnerischen Hervorbringungen des Meisters, die zunächst als Geschenke, bald als begehrte Sammlerobjekte kursierten und gelegentlich sogar als Stiche reproduziert wurden.
Indes stehen nur wenige Bühnenskizzen und Randzeichnungen im Zusammenhang mit Hugos literarischem Œuvre.
Der Roman *Die Arbeiter des Meeres*, während des Exils auf der Insel Guernsey verfaßt, ist das einzige Werk, das von einer umfangreichen Bilderserie begleitet wurde. Es wäre allerdings nicht ganz richtig, hier von Illustrationen zum Roman zu sprechen, da neben konkreten Schauplätzen und Figuren auch Zeichnungen aus der Entstehungszeit des Textes hinzuzuzählen sind, die während mehrerer Reisen über die Kanalinseln entstanden und Küstenlandschaften oder andere maritime Motive aufgreifen. Das abgeschlossene Manuskript des Romans ließ Hugo schließlich binden, wobei er den Buchbinder eigens beauftragte, auch insgesamt 36 Zeichnungen einzufügen. (1985 wurden sie anläßlich einer großen Hugo-Ausstellung von den Konservatoren der Bibliothèque Nationale sorgfältig wieder aus dem Manuskript herausgetrennt.)
Die Geschichte der *Arbeiter des Meeres*, die von dem einsamen, fast übermenschlichen Kampf des Seemannes Gilliatt gegen die Gewalten des Ozeans erzählt, erschien 1869 mit Illustrationen von François Chifflart, der sich von Hugos Zeichnungen inspirieren ließ, welcher wiederum die Arbeiten des professionellen Künstlers sehr schätzte; auch von Gustave Doré gibt es einige Stiche zum Roman. 1882 brachte dann Fortuné Louis Méaulle ein ganzes Album mit über sechzig Blättern heraus, die direkt nach Hugos eigenen Bildern gestochen waren. Dabei nahm Méaulle über die eigentlichen Illustrationen hinaus auch all diejenigen Ansichten auf, «für die der Ozean, der Freund seines Exils, achtzehn Jahre lang vor Hugo posiert hatte», wie es im Vorwort heißt. Darunter waren die berühmten Schiffbruchdarstellungen, auf denen ein kleines, schon verzweifelt schräg liegendes Boot unter riesigen Wellen begraben wird: «Der letzte Kampf» oder «Vision» wurden diese Bilder im Mappenwerk untertitelt, Hugo selbst hatte eines von ihnen «Mein Schicksal» genannt. Diese atmosphärischen Bilder sind sehr wirkungsvoll. Sie übertreffen in ihrer symbolischen Dichte die im Roman über Dutzende von Seiten sich hinziehenden Beschreibungen von stets neuen Stürmen und Unwettern, deren Zweck offensichtlich allein darin besteht, die Spannung immer weiter zu steigern, so daß sie schließlich nur noch wie kunstvoll aufgebaute Kulissen erscheinen. Andere Zeichnungen, die durchaus suggestiven Portraits des Reeders Lethierry, seiner Tochter Déruchette oder der Hauptfigur Gilliatt selbst, müssen hingegen hinter den vielschichtigen Charakterisie-

Victor Hugo: «Ich verlasse Sie, werden Sie glücklich, Madame, mit einem anderen» (oder: Die Trennung), 1835
Braune Tinte auf Papier, 11,6 x 10,6 cm.
(Maison de Victor Hugo, Paris)

Victor Hugo: «Und dann lassen sie uns sitzen» (oder: Glanz und Elend), 1833
Braune Tinte auf Papier, 12,8 x 10,1 cm.
(Maison de Victor Hugo, Paris)

Victor Hugo: Ma destinée (Mein Schicksal)
Stich von Méaulle nach einer Zeichnung von Hugo zu ‹Die Arbeiter des Meeres›. Paris, 1882.
(Maison de Victor Hugo, Paris)

rungen der Figuren im Roman zurückstehen. Das gilt insbesondere für die Darstellung verschiedener Meerungeheuer, allen voran der Krake, mit der Gilliatt einen seiner letzten Kämpfe zu bestehen hat. Die Zeichnung dieser Krake, ein getuschtes, vom verschwommenen Hintergrund dunkel sich abhebendes Wesen mit Saugnäpfen und drohendem Blick, ist gerade in ihrer Sichtbarkeit so viel beschränkter als das symbolische «Monster», das «Rätsel des Bösen» schlechthin, zu dem Hugo sie in seiner rhetorisch brillianten Beschreibung im Roman stilisiert. Eines aber kann die gezeichnete Krake, was dem Text nicht möglich ist: Sie kann aus dreien ihrer ineinander verschlungenen Tentakel die Initialen «VH» formen...

Wohlweislich malte Victor Hugo die meerischen Abenteuer seines Helden nur in Sprache aus. Eine solche Handlung auf die Bühne zu bringen, wäre unmöglich oder nur einen Bruchteil dessen wert gewesen, was sich während der Lektüre im Kopf des Lesers abspielt. Solche Probleme der praktischen Umsetzung stellten sich hingegen für Goethe mit seinem *Faust*. Wie war der «Prolog im Himmel» mit dem Auftritt des «Herrn» und aller «himmlischen Heerscharen» auf der Bühne darzustellen? Wie die Erscheinung des Erdgeists oder die Verwandlung des Pudels in den Teufel Mephisto? Wie die Walpurgisnacht oder gar die zahllosen historischen und mythologischen Schauplätze des zweiten Teils von *Faust* (der allerdings zu Goethes Lebzeiten nie aufgeführt, ja nicht einmal veröffentlicht wurde)? Im Hinblick auf den Druck sprach sich der Autor gleich ganz gegen Darstellungen aus, als er 1805 seinem Verleger Cotta schrieb: «Den Faust, dächt' ich, gäben wir ohne Holzschnitte und Bildwerk. Es ist so schwer, daß etwas geleistet werde, was dem Sinne und dem Tone nach zu einem Gedicht passt. Kupfer und Poesie parodiren sich gewöhnlich wechselweise. Ich denke, der Hexenmeister soll sich allein durchhelfen.» Dies konnte freilich nicht verhindern, daß schon bald nach der Veröffentlichung von *Faust I* (1808) zahlreiche Illustrationen erschienen, zum Beispiel von Stieglitz, Nauwerck, Retzsch und Cornelius, die Goethe im übrigen doch recht gut gefielen. Er selbst fertigte dann einige «Theaterzeichnungen» zu dem Stück an; insgesamt sieben sind in einer Mappe mit dieser Aufschrift in seinem Nachlaß erhalten. Sie entstanden möglicherweise in den Jahren 1810-12 im Zusammenhang mit dem Plan, den *Ersten Theil* des *Faust* in Weimar auf die Bühne zu bringen. Einige lassen erkennen, daß er die genannten Illustrationen sehr wohl studiert hat. Seine zum Teil auf blauem Papier wirkungsvoll zur Geltung kommenden Zeichnungen sind keine konkreten Bühnenbildskizzen, sondern eher Versuche, sich das Gesamtbild, den optischen Eindruck einzelner Szenen zu vergegenwärtigen.

Graphische Darstellungen können auch lediglich als Planskizzen oder Schemazeichnungen fungieren, die dem Autor dabei helfen, einen längeren Text zu strukturieren und wäh-

Illustration von Chifflart für ‹Die Arbeiter des Meeres› von Victor Hugo
Paris, J. Hetzel et A. Lacroix, 1869.
(Zentralbibliothek Zürich)

Victor Hugo: Die Krake
Stich von Méaulle nach einer Zeichnung von Hugo zu ‹Die Arbeiter des Meeres›. Paris, 1882.
(Maison de Victor Hugo, Paris)

Victor Hugo: Die Douvres
Stich von Méaulle nach einer Zeichnung von Hugo zu ‹Die Arbeiter des Meeres›. Paris, 1882.
(Maison de Victor Hugo, Paris)

Johann Wolfgang von Goethe: Theaterzeichnung zu ‹Faust› (Beschwörung des Pudels), um 1810/12
Feder mit Tusche und Sepia auf Papier, 29,9 x 20 cm.
(Stiftung Weimarer Klassik/Goethe-Nationalmuseum, Weimar)

Johann Wolfgang von Goethe: Theaterzeichnung zu ‹Faust› (Walpurgisnacht), um 1810/12
Feder mit Tusche auf Papier, 20 x 33,2 cm.
(Stiftung Weimarer Klassik/Goethe-Nationalmuseum, Weimar)

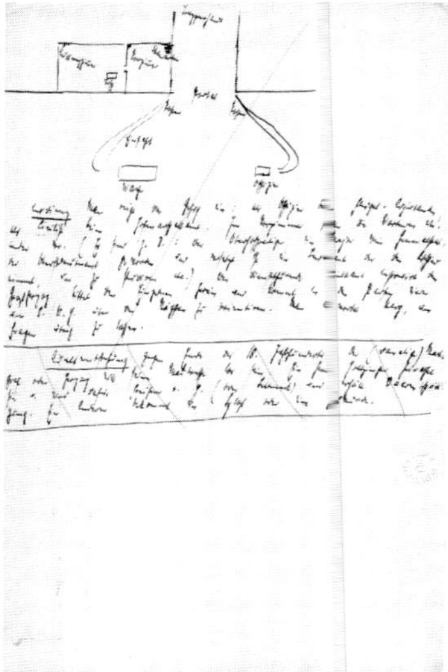

Thomas Mann: Skizze für ‹Königliche Hoheit› (Audienzzimmer)
Bleistift auf Papier, 21 x 14 cm.
(Thomas-Mann-Archiv, Zürich)

rend des Schreibens die Übersicht zu behalten. An sorgsam gezeichnete Straßenkarten Émile Zolas, die die Schauplätze seiner Paris-Romane festhalten, ist hier ebenso zu denken wie an die Strukturdiagramme in Reißblattgröße, mit denen Heimito von Doderer Handlungsstränge und Zeitabläufe seiner Romane veranschaulichte. In diesen Fällen steht die Zeichnung, nicht als figürliche Wiedergabe, in engem Zusammenhang mit der Werkentstehung, was dennoch nicht bedeutet, daß sie rein dienenden Charakter hätte: Günter Grass hat seine Romanpläne zum Teil lithographiert oder in Ton gebrannt und damit als eigene Kunstwerke herausgestellt.

Keinerlei künstlerischen Anspruch haben dagegen einige Bleistiftskizzen, die sich in Thomas Manns Materialiensammlungen zu diversen Werken befinden: ein Grundriß des Hauses der *Buddenbrooks*, auch deren Tischordnung während der Mahlzeiten, die Skizze eines Audienzzimmers für den Roman *Königliche Hoheit*, die Küstenlinie des Ärmelkanals für *Der Erwählte* und der Lauf des Rheins für *Felix Krull*. Solche Skizzen sind im Zusammenhang mit Manns Quellenstudium zu sehen, das er für praktisch alle seine Werke betrieb. Indem er Textexzerpte anlegte, Abbildungen aus Zeitschriften ausschnitt oder eben, wenn auch selten, eigene Zeichnungen anfertigte, sammelte er «Wahrheitsdetails», wie er es nannte, um die genaue Beobachtung in den Dienst der Wahrscheinlichkeit des Erzählten zu stellen. Für seinen einzigen abgeschlossenen Dramenentwurf *Fiorenza* skizzierte Thomas Mann das Bühnenbild des dritten Akts: das Wohngemach von Lorenzo de Medici, mit Türen für Auf- und Abtritte und einer «Cäsar-Büste» mitten im Raum.

Auf wieder andere Weise bediente sich Heinrich Böll des Zeichenstifts, wenn er schrieb. Für fast alle seine Romane sind Pläne erhalten, mit deren Hilfe er während der Arbeit am Text dessen Struktur verdeutlichte. Vor allem die Farben besaßen dabei große Bedeutung. In einem 1961 mit Horst Bienek geführten Werkstattgespräch beschrieb er sein Verfahren ausführlich: «Ich habe meistens nur ein paar Zettel mit Stichworten, und hinter diesem Stichwort steht jeweils ein ganzes Romankapitel, das ich im Kopf habe. Hinschreiben kann ich erst, wenn ich an das Ganze herangehe. (...) Ich fange an, den Roman niederzuschreiben, wenn er sozusagen überzulaufen droht, und dann schreibe ich zunächst einmal drauflos. Sehr lange Zeit, ohne zur Besinnung zu kommen. Das ist ein Zustand hoher Gereiztheit, weil ich immer das Ganze vor mir haben muß und einfach die Quantität mich erschreckt. Es ist sehr schön und sehr erschöpfend. Wenn ich dann das Ganze des Romans in der ersten Fassung fertig habe, fange ich an, richtig zu arbeiten, und dabei bediene ich mich eines einfachen Hilfsmittels, einer farbigen Tabelle, die drei Schichten hat. Die reale, das heißt die Gegenwart; die zweite ist die Reflektiv- oder Erinnerungsebene; die dritte die der Motive. Für die Motive habe ich

Günter Grass: Die Rättin, Plan II, 1983
Lithographie, 77,3 x 57,7 cm.
(Deutsches Literaturarchiv, Marbach am Neckar)

Farbzeichen, auch für die Personen, die ja nur in der ersten und zweiten Schicht auftreten. Ich kann es schwer erklären, ich stelle nur fest, daß diese Farbskalen, deren erste ich bei meinem ersten Roman schon entwickelt habe, immer komplizierter werden. Sie sind eigentlich nur Erinnerungsstützen und Kompositionshilfen, mit denen man nachher, wenn die erste Fassung fertig ist, die Struktur bestimmen, korrigieren, in der man vieles ändern kann. Es sind oft Winzigkeiten, die durch diese Kontrollzeichnung korrigiert werden können, und während der erste Arbeitsgang sehr hitzig, sehr engagiert verlief und unbewußt, verlaufen die letzten verhältnismäßig kühl und sehr bewußt. Stoff und Umfang ergeben dann, was Sie wahrscheinlich Struktur nennen würden. Die sogenannten Motive sind im Grunde nichts anderes als Interpunktion. Interpunktionen sind ja Zeitzeichen, rhythmische Zeichen.» Für den Roman *Billard um halb zehn* (1959) gibt es insgesamt drei solcher Pläne, die sowohl zur Vergewisserung über das bereits Geschriebene als auch zur Planung des noch zu Schreibenden oder zu Ändernden dienten. Der größte von ihnen hat die stattlichen Ausmaße von einem halben Meter Höhe und über zwei Metern Länge. Die meisten dieser «Kompositionshilfen» wurden, wenn sie ihren Zweck erfüllt hatten, gefaltet, gelocht und abgeheftet. Einige wenige aber hat der Autor gerahmt und bei sich zu Hause an die Wand gehängt. So erhielten sie den Status eines – privaten – Kunstwerks. Und wirklich läßt sich aus diesen Plänen eine allmähliche Verselbständigung ihrer malerischen Anteile ablesen: Für *Ende einer Dienstfahrt* (1966), die Schilderung einer Gerichtsverhandlung aus Anlaß eines «Häppenings», faßte Böll die verschiedenen beteiligten Personengruppen – Angeklagte, Anwälte, Zeugen, Besucher, Journalisten etc. – in jeweils bunt unterlegten Flächen zusammen, die insgesamt wiederum eine Rakete formen: die bildliche Umsetzung der «zündenden» Idee der Erzählung selbst. Für *Gruppenbild mit Dame* (1971) schließlich setzte er für einzelne Erzählabschnitte nur noch farbig gefüllte, über eine Legende aufzulösende Felder nebeneinander.
So verwandelte er das Romangeschehen in leuchtend bunte Ornamentbänder, die ihren Zusammenhang mit dem Handlungsablauf nur noch erahnen lassen, die aber das Vergnügen zeigen, das ein solch spielerischer Umgang mit den Farben bereiten konnte.
Am Ende dieser Reihe mannigfaltiger Wechselbeziehungen zwischen Text und Bild steht das vermeintlich gedankenverlorene Gekritzel, ohne offensichtliche Verbindung mit dem literarischen Werk scheinbar wie von selbst auf dem Papier entstanden: Der Stift fährt in seiner Bewegung fort, doch formt er nun keine Buchstaben und Worte mehr, sondern Zeichen anderer Art. Diese gleichsam unfreiwillige Illustration eines Textes ist dennoch aufschlußreich für die Schreib- und Arbeitsweise des Autors, und keineswegs ist ja ein Zusammenhang zwischen Geschriebenem und Gezeichnetem deshalb gleich zu leugnen, nur weil er nicht unmittelbar ins Auge springt. Das gilt vor allem für zwei der bedeutendsten Erzähler der literarischen Moderne: Franz Kafka und Marcel Proust. Obwohl weder der eine noch der andere wirklich zeichnen konnte, geht von beider Kritzeleien bis heute eine rätselhafte Faszination aus, und zwar gerade dann, wenn es keine offensichtliche Verbindung zum literarischen Werk gibt. Wohl existieren von Kafka, wie von so vielen anderen Autoren auch, kleine Skizzen in seinen Tagebüchern und Briefen, aber gut fünfzig weitere Zeichnungen sind überliefert, deren Textzusammenhang, falls es ihn je gab, nicht mehr zu rekonstruieren ist. Max Brod – ihm ist dafür zu danken, daß er sich über Kafkas testamentarischen Willen hinwegsetzte und die Manuskripte seines Freundes nicht vernichtete – schnitt sie von den Rändern von Kafkas Kollegienbüchern ab oder sammelte sie als Schnipsel aus dessen Papierkorb auf und veröffentlichte sie in kleiner Auswahl in seinen Erinnerungsbüchern; man kennt einige Strichmännchen von den Einbänden der Fischer-Taschenbuchausgabe. In seinem «Testament» bat Kafka den Freund, «alles, was sich an Tagebüchern, Manuscripten, Briefen, fremden und eigenen, Gezeichnetem u.s.w. findet restlos und ungelesen zu verbrennen, ebenso alles Geschriebene oder Gezeichnete das Du oder andere haben». Paradoxerweise wertete gerade diese letzte Bitte um Vernichtung das «Gezeichnete» auf, indem sie es auf eine Stufe mit den schriftlichen Hinterlassenschaften stellte. Brod jedenfalls meinte nach Kafkas Tod, daß ein «Parallelismus zwischen zeichnerischer und erzählerischer Vision kaum zu übersehen» sei, und kündigte an, er werde einmal eine «Kafka-Mappe» mit dessen Zeichnungen herausgeben, wozu es jedoch nie kam. Die Zeichnungen befinden sich nach wie vor im Nachlaß von Max Brod in Jerusalem.
Eine kleine Zeichnung von Kafkas Hand wurde auf anderem Weg überliefert. Sie befand sich im Nachlaß der Kafka-Forscherin Hélène Zylberberg und konnte 1996 vom Deutschen Literaturarchiv in Marbach erworben werden. Mit Bleistift auf Karton ist die Figur gemalt, die einen sich bückenden Mann mit Hut zeigt, welcher am Boden mit Linien oder einem Stab hantiert. Eine Hypothese lautet, daß es sich hier um den Landvermesser aus dem Roman *Das Schloß* handelt (Jacqueline Sudaka-Bénazéraf: Le regard de Franz Kafka, Paris 2001). Tatsächlich schrieb Brod einmal, einige der «schönsten Blätter» Kafkas seien zu «den Hauptszenen des *Schloß-Romans*» entstanden. Andererseits kann man bei diesem dreieinhalb mal sieben Zentimeter großen Stückchen Karton von einem «Blatt» schwerlich reden. Und zeichnet sich der Kafkasche Landvermesser nicht gerade dadurch aus, daß er alles nur erdenklich andere tut, als seinen Beruf auszuüben und Land zu vermessen?
Bei Marcel Proust gibt es ebenfalls zwei Arten von Zeich-

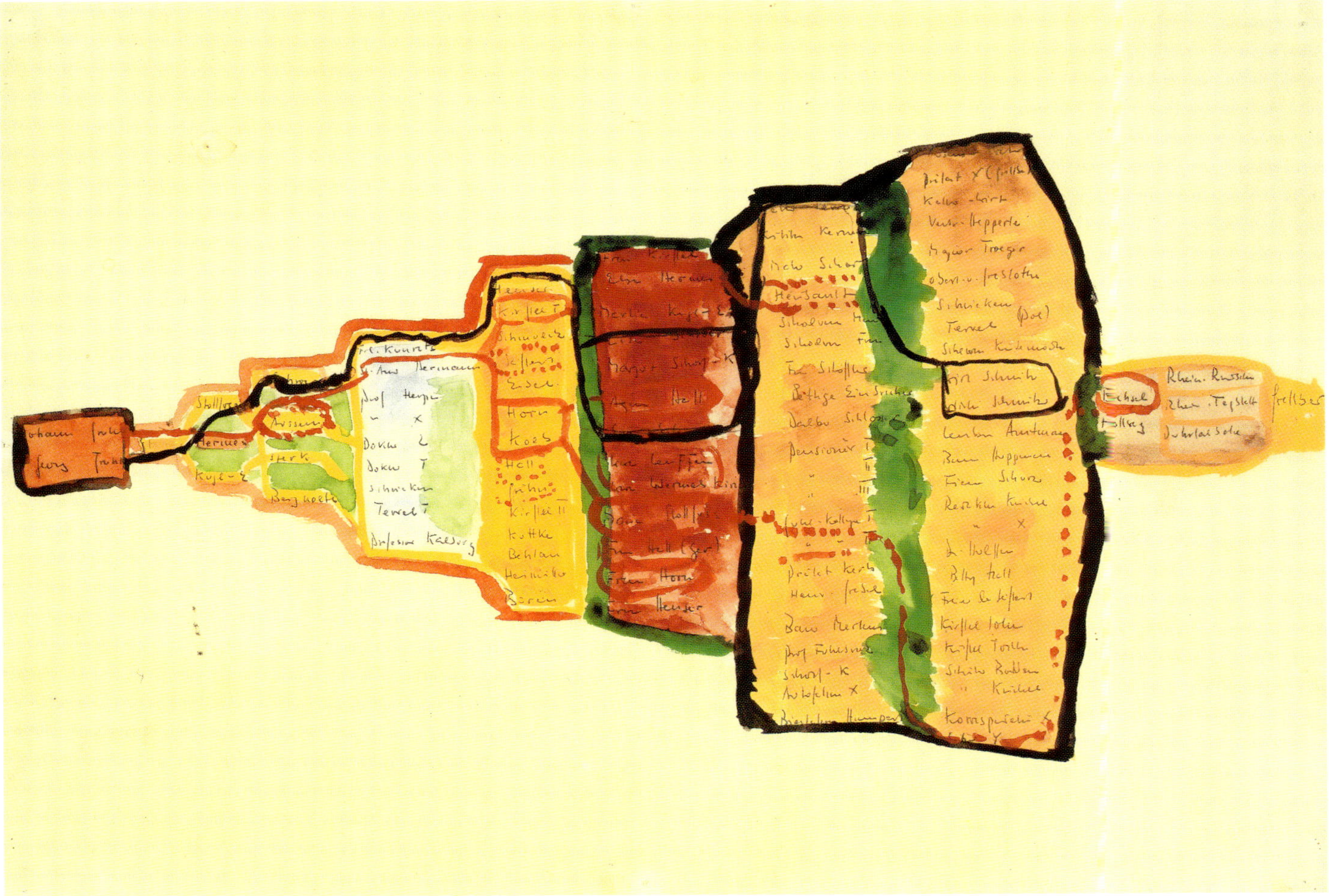

Heinrich Böll: Grundriß der Erzählung ‹Ende einer Dienstfahrt›, 1966
Aquarell auf Papier, 20,5 x 42 cm.
(René Böll – Erbengemeinschaft Heinrich Böll, Bornheim)

Franz Kafka: Sich bückender Mann
Bleistift auf Karton, 6,8 x 3,6 cm.
(Deutsches Literaturarchiv, Marbach am Neckar)

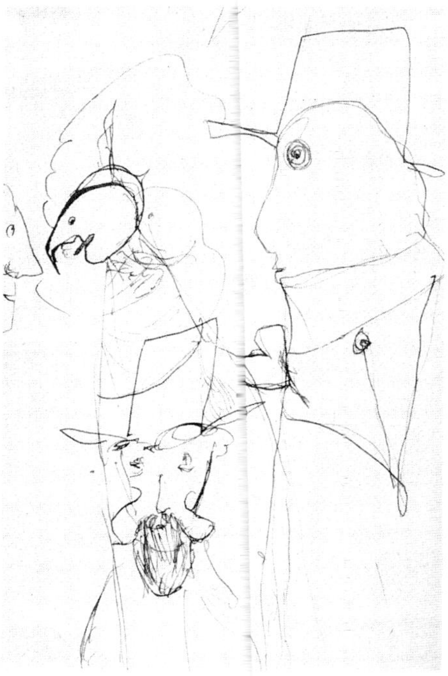

Marcel Proust: Fünf Personen, um 1900
Schwarze Tinte auf Papier, 17,5 x 11,3 cm.
(Bibliothek Reiner Speck, Köln)

nungen: solche, deren Bezug eindeutig, und andere, deren Sinn ähnlich rätselhaft ist wie der des vermeintlichen Landvermessers. Viele seiner Briefe an den Freund und Komponisten Reynaldo Hahn verzierte Proust mit Zeichnungen, die häufig ironische Pastiches mittelalterlicher Kunstwerke waren, zum Beispiel Glasfenster oder Steinfiguren gothischer Kirchen. Diese Bilder versah er dann mit Legenden, die auf seine Beziehung zu Reynaldo Hahn anspielten und die Motive damit aus dem sakralen in einen privaten Zusammenhang überführten. Das ‹Pastiche›, die Nachahmung eines Stils, hat Proust im übrigen auch auf literarischem Gebiet gepflegt. Gänzlich «außerhalb jeder pragmatischen Kommunikationssituation» (Sibylla Laemmel) stehen hingegen die etwa einhundert Zeichnungen, die in die Handschrift seines Hauptwerks *Auf der Suche nach der verlorenen Zeit* eingestreut sind. Die Figuren wurden direkt auf die Manuskriptseiten des Romanzyklus gezeichnet: auf frei gebliebene Blätter, auf leere Rückseiten, an den Rand, in den von einzelnen freien Zeilen ausgesparten Raum hinein oder zum Teil sogar in dünnen Linien direkt über die Handschrift, und doch stehen sie in keinerlei erkennbarem Bezug zu der jeweils benachbarten Textstelle. Nicht weil sie, wie bei Kafka, durch die Überlieferung vom literarischen Werk getrennt wurden, sondern im Gegenteil, obwohl sie rein räumlich auf das engste mit ihm verbunden sind, lassen sich die skurrilen Karikaturen aristokratischer «Typen» nicht mit dem Text in Verbindung bringen. Von nur ganz wenigen Ausnahmen abgesehen, in denen man Romangestalten wie die Prinzessin von Guermantes wiedererkennen kann, führen diese Tintengestalten wie diejenigen Kafkas ein unbekanntes Eigenleben. «Auf diesem Gebiet», schreibt aber Proust in der *Recherche*, «können dieselben Vergleiche, die falsch sind, sofern man sie zum Ausgangspunkt nimmt, dennoch stimmen, wenn man zu ihnen erst zum Schluß gelangt. Der literarisch Tätige beneidet den Maler; er würde gern Skizzen, gern ‹Aufzeichnungen› machen; er ist verloren, wenn er es tut. Wenn er jedoch schreibt, so trägt ihm sein Gedächtnis jede einzelne Geste seiner Personen, jede ihrer kleinen Angewohnheiten und jede Nuance ihres Tonfalls zu; jedem einzelnen seiner erfundenen Personennamen könnte er sechzig Namen von Personen unterlegen, die er selbst gesehen und von denen die eine ihm für einen bestimmten Gesichtsausdruck, die andere für das Monokel, eine dritte für den Zornausbruch und wieder eine andere für die gefällige Armbewegung Modell gestanden hat. Dann aber wird der Schriftsteller sich darüber klar, daß sein Traum, ein Maler zu sein, wenn er auch nicht auf eine bewußte und willkürliche Art realisierbar war, gleichwohl seine Verwirklichung gefunden und daß auch er, der Schriftsteller, unbewußt sein Skizzenbuch geführt hat.»

[Auf der folgenden Seite]

Wilhelm Busch: Plisch und Plum, Titelblatt, 882
Rote und schwarze Tusche auf Karton, 19,7 x 12,5 cm.
(Fondation Martin Bodmer, Cologny-Genf

Plisch und Plum

von

Wilhelm Busch

FRÜHE «COMICS»
ZUM BEISPIEL RODOLPHE TÖPFFER UND WILHELM BUSCH

PHILIPPE KAENEL

Sollten wir uns darüber wundern, daß schreibende Maler oder zeichnende Schriftsteller gewissermaßen Geburtshelfer spielten bei der Entstehung dessen, was seit den 1930er Jahren auf französisch als «bandes dessinées», auf englisch als «Comics» oder «Comic strips», auf italienisch als «fumetti» (ein «fumetto» ist eine Blase oder Sprechblase), auf spanisch als «còmic» und auf deutsch heute ebenfalls als «Comics» bezeichnet wird, früher hingegen «Bildergeschichten», «Bilderstreifen» oder vielleicht «Bilderbogen» genannt wurde? Das Genre verlangt tatsächlich Erzähltalent, Sinn für den «plot» und Interesse an der Inszenierung von Figuren oder Helden. Dies gilt, seit Rodolphe Töpffer, der selbsternannte Erfinder eines neuen Genres am Ende der zwanziger Jahre des 19. Jahrhunderts, seine *histoires en estampes*, wie er sie nannte, veröffentlichte. (Unter dem Titel *Collection des Histoires en estampes. Komische Bilderromane* wurden Töpffers Geschichten erstmals zweisprachig aufgelegt.)
Im 19. Jahrhundert galten graphische Werke dieser Art zumeist als zwecklose und spielerische Nischenprodukte, zumal sie sich an ganz bestimmte Adressaten richteten, nämlich an Kinder und über sie an deren Eltern. Bis zu den Anfängen des Kinos verbreitete sich die Erzählung in Form von Bildern in Zeitungen, Alben und Zeitschriften oder, diesmal räumlich inszeniert, als Projektionen der *laterna magica* oder als Schattenspiel. Diese Geschichte ist allgemein bekannt. An ihr entzünden sich seit einigen Jahren heftige historiographische und nationale Debatten in Europa und Amerika (David Kunzle: The History of the Comic Strip: The Nineteenth Century, Berkeley 1990). Einige Spezialisten übernahmen eine apologetische oder nostalgische Perspektive; andere gingen das Thema mehr oder weniger umfassend aus historischer Sicht an; andere wiederum sahen in den Comics den idealen Träger für theoretische, strukturalistische, semiotische oder psychoanalytische Forschungen.
Eine Sozialgeschichte des Comics würde vermutlich zeigen, daß die noch zu Beginn des 20. Jahrhunderts herrschende Unbestimmtheit des Genres auch mit der beruflichen Heterogenität der Zeichner zusammenhängt (Philippe Kaenel: Le métier d'illustrateur 1830-1880. Rodolphe Töpffer, J.-J. Grandville, Gustave Doré, Paris 1996). Sie kamen aus dem Verlagswesen, aus den Bereichen Karikatur und Illustration (Doré, Cham, Schrödter, Steinlen), selten aus intellektuellen Kreisen wie Nadar, der ursprünglich Publizist war, oder Georges Colomb, alias Christophe, der Schöpfer der Familie Fenouillard, der ursprünglich Lehrer war und sich gerne als Erbe Rodolphe Töpffers sah. Die Spezialisierung im Bereich von Graphik und Zeitungsillustration hatte zur Folge, daß Schriftsteller in der Regel von der Beschäftigung mit Bildergeschichten oder Comics ausgeschlossen wurden.
Rodolphe Töpffer und Wilhelm Busch waren dagegen ausgesprochen vielseitig begabt, geschickt im Umgang mit Feder wie Zeichenstift. Ihr Werk hat die Geschichte eines Genres geprägt. Rodolphe Töpffer ist der Sohn des Genfer Malers Wolfgang-Adam Töpffer. Sein Vater unterstützt ihn auf künstlerischem Gebiet, betont aber auch die Wichtigkeit einer guten Schulbildung. Mit zwanzig Jahren muß Rodolphe wegen eines Augenleidens die Idee einer Malerkarriere aufgeben. Todunglücklich entscheidet er sich für Lehrfach und Literatur. 1827 zeichnet er für seine Familie, seine Freunde und die Schüler des von ihm geleiteten Genfer Pensionats *Die Liebesabenteuer des Herrn Vieux Bois*, bald gefolgt von der *Geschichte des Herrn Jabot*, die ein Freund Goethe zukommen läßt. Das Lob des großen deutschen Dichters bewegt Töpffer dazu, diese Geschichte als lithographiertes Album zu veröffentlichen. Dabei bedient er sich der Autographie (= Umdruck, Überdruck), einer Übertragungstechnik, mit deren Hilfe er Texte und Zeichnungen direkt auf den Druckstein durchpausen kann. Zur selben Zeit wird Töpffer zum Professor für Rhetorik und Literatur an der Genfer Akademie ernannt; er veröffentlicht Schriften zur Kunstkritik, erste Novellen (*Die Bibliothek meines Onkels*) und die ersten illustrierten Reiseberichte über die Ausflüge in die Alpen mit den Schülern seines Pensionats. Töpffer ist sich der Neuartigkeit seiner «komischen Bilderromane» bewußt (erste Plagiate tauchen schon bald beim Pariser Verleger Aubert auf) und veröffentlicht in der Zeitschrift *Bibliothèque universelle de Genève* eine «Notiz», worin er die Besonderheit der *Geschichte des Herrn Jabot* unterstreicht:

Aus: Rodolphe Töpffer: Histoire d'Albert (Geschichte Alberts)
Genf, 1845.

«Das kleine Buch ist ein Mischwesen. Es setzt sich zusammen aus einer Reihe von eigenhändigen Strichzeichnungen. Zu jeder gehören ein oder zwei Textzeilen. Die Zeichnungen ohne Text hätten nur einen unklaren Sinn; der Text ohne Bilder würde nichts bedeuten. Beides zusammen bildet als Ganzes eine Art Roman, der um so neuartiger ist, als er weder einem Roman noch sonst etwas gleicht.» *Die Geschichte des Herrn Crépin* (1837), *Die Geschichte des Herrn Pencil* (1840), *Die Reisen und Abenteuer des Doktor Festus* (1840) und die *Geschichte Alberts* (1845) werden in mehreren hundert Exemplaren aufgelegt und machen den Autor nicht bloß bekannt, sondern sichern ihm auch nicht unerhebliche Einkünfte. Ein Jahr vor seinem Tod lithographiert Töpffer in Genf einen *Essay zur Physiognomonie*, eine Art Manifest und ästhetisches Testament, worin er eine Theorie zur «Literatur in Bildern» vorlegt. Darin unterstreicht Töpffer, daß William Hogarth mit seinen Bilderfolgen das Genre begründet habe, betont aber auch die ihm so teuren Grundsätze: Spontaneität, freie Strichführung, Einheit zwischen Legende und Figuren sowie moralischer Nutzen.

In seinen «komischen Bilderromanen» setzt Töpffer lächerliche Helden in Szene, deren Abenteuer nach dem Schema der exzentrischen Erzählung ablaufen – überzeichnete Theaterfiguren, in denen sich soziale und politische Kritik an vergeßlichen Gelehrten, an Karrieristen aller Art, an gutmütig-dümmlichen Bürgern und an hysterischen Menschenmassen äußert. Obwohl dem Zeitgeist der Restauration und der zunehmend konservativen Gesinnung des Autors auf dem Genfer politischen Parkett verpflichtet, finden die Alben sehr schnell in ganz Europa Verbreitung – insbesondere in Frankreich mit den Pariser Plagiaten, den xylographischen Umsetzungen Chams im Pariser Journal *L'Illustration* (1845) und den Neuauflagen bei Garnier in den sechziger Jahren des 19. Jahrhunderts. Wie viele andere verfallen Nadar, Gustave Doré bereits in jungen Jahren, aber auch der Schriftsteller Alfred de Musset dem Charme des Verfahrens. In Deutschland finden Töpffers Alben in Übersetzungen – darunter die *Geschichte Alberts* – ein Echo im Umfeld der Revolution von 1848: *Thaten und Meinungen des Herrn Piepmeyer* mit Bildern von Adolf Schrödter und Legenden von Johann Hermann Detmold.

Es versteht sich von selbst, daß eine eminente Persönlichkeit wie Wilhelm Busch das Genre aufnimmt. Nach Studien an der Technischen Hochschule Hannover schreibt sich Busch an den Akademien von Düsseldorf, Antwerpen und München ein. Ende 1858 beginnt seine Karriere als Karikaturist; er schickt Zeichnungen an die berühmte illustrierte Satirezeitschrift *Fliegende Blätter* und beginnt mit der Veröffentlichung einzelner Alben, von denen die berühmtesten die Streiche von *Max und Moritz* erzählen. 1865 erschienen, erreichen diese Alben Dutzende von Auflagen mit insgesamt Hunderttausenden von Exemplaren. Weitere Alben folgen, unter anderen *Der Heilige Antonius von Padua* (1870), *Die Fromme Helene* (1872), *Herr und Frau Knopp* (1876), *Maler Klecksel* (1884) oder *Eduards Traum* (1891). Mit diesen Geschichten erreicht Busch jene Berühmtheit, die ihm als Genremaler versagt bleibt. Darin gründet sein Zwiespalt (der sich auch bei Töpffer findet); er ist hin und her gerissen zwischen seinem Anspruch auf die Autorschaft seiner Bilderbogen und einer gewissen Distanznahme, womit er signalisiert, daß er sich nicht mit der Figur des Karikaturisten und Spaßmachers für Kinder identifizieren lassen will. Und letztlich richten sich seine Geschichten denn auch an Erwachsene; sie wissen die elegante Verknappung der Verse und die

häufig burleske und gewalttätige Seite von Abenteuern eher zu schätzen, die nicht eigentlich dem Kanon der zeitgenössischen pädagogischen Literatur entsprechen.
Busch und Töpffer unterscheiden sich in mehreren Punkten: Busch bedient sich der Technik des typographischen Drucks, was die xylographische Umsetzung der Zeichnungen verlangt, während der Genfer den autographen Charakter von Texten und Bildern bevorzugt; Buschs Kommentare in Versform, die, aneinandergereiht, eine Art selbständiges Gedicht bilden, sind formal anspruchsvoll, während mit den ironischen und ulkigen Legenden Töpffers keinerlei literarische Ambitionen verknüpft sind; Buschs Erzählsequenzen sind fragmentiert und regelmäßig – die Szenen werden als voneinander unabhängige, aneinandergereihte Vignetten präsentiert, während Töpffer in seinen Alben im länglichen Querformat dynamisch mit der Größe der Rahmen und ihrer Interaktion spielt. Schließlich unterscheidet sich die xylographische Präzision von Buschs Zeichnungen von der gewollten graphischen Ungenauigkeit von Töpffers Geschichten, die auf einer Ästhetik des *non finito* beruhen. Der deutsche Künstler zeigt sich in vielerlei Hinsicht häufig ‹verrückter› als sein Genfer Vorläufer; das gilt insbesondere für die karikaturistische Verformung, das Spiel mit den Maßstäben, den Wechsel des ‹Blickpunkts›, die Liebe zum Detail oder auch für seine fesselnde Darstellung der Gegenstände, der Tiere und ihrer manchmal explosiven Metamorphosen. Noch in einem weiteren Punkt unterscheiden sich Töpffer und Busch. Ersterem gelingt, wenn auch in begrenztem Rahmen, eine unabhängige literarische Karriere, deren Krönung der lange Artikel ist, den der Pariser Kritiker Sainte-Beuve ihm 1841 in der angesehenen *Revue des deux mondes* widmet. Busch hingegen stößt beim Publikum mit seiner 1874 veröffentlichten Gedichtsammlung ohne Illustrationen (vielleicht wollte er so dem Gerücht entgegentreten, die Legenden in Versform seiner Geschichten stammten nicht aus seiner Feder) auf Gleichgültigkeit, ebenso 1895 mit seiner allegorisch-philosophischen Prosaerzählung *Der Schmetterling*. Trotz der durch die Romantik verbreiteten Idee der Einheit der Künste, trotz der bedeutenden Zahl bildender Künstler und Schriftsteller des 19. Jahrhunderts, die mit Feder und Zeichenstift gleichermaßen gewandt umgehen, trotz der mit dem damaligen Aufschwung der illustrierten Bücher geschaffenen günstigen Voraussetzungen für eine Doppelberufung – trotz alledem gelingt es Künstlern nur in Ausnahmefällen, sich im Bereich der Literatur wie im Bereich der bildenden Kunst durchzusetzen. Trefflich formuliert das Busch, vielleicht auf sich selbst gemünzt, in seinem Gedicht *Es ging der fromme Herr Kaplan*: «Man sieht, daß selbst der frömmste Mann / Nicht allen Leuten gefallen kann.»

AUS DEM FRANZÖSISCHEN VON ELISABETH MAINBERGER-RUH (ZÜRICH)

[Auf der folgenden Seite]

Ernst Theodor Amadeus Hoffmann: Vignette aus ‹Kinder-Mährchen› Berlin, 1839.

DER AUTOR ALS ILLUSTRATOR SEINER WERKE
ZUM BEISPIEL E.T.A. HOFFMANN

FRIEDERIKE SCHMIDT-MÖBUS

Der Begriff Illustration, von lat. *illustrare*, bedeutet *erhellen, anschaulich machen*, auch *aufdecken, Glanz verleihen*. Wer sollte einen Text besser erhellen und anschaulich machen, wer Verborgenes besser aufdecken können als ein Verfasser, der zeichnerisches Talent besitzt und sein Geschriebenes und Mitgedachtes kongenial umzusetzen weiß? Er kann Charakteristika seines Textes hervorheben oder Abstraktionen vornehmen, zusätzliche Aspekte hinzufügen oder auch geschäftstüchtig den Zeitgeschmack berücksichtigen.
Einer der ersten Dichter, der in der Mitte des 18. Jahrhunderts Wert auf eine qualitativ hochwertige und einheitliche Gestaltung von Dichtung, Illustration und Einband legte, war Salomon Geßner. Später erkannten besonders die Romantiker den Wert eigener Illustrationen; einen Höhepunkt erreichte die Buchgestaltung mit dem Jugendstil, als handwerkliche Perfektion und höchste Ästhetik Bücher zu begehrten Sammelobjekten werden ließen. Die Künstler des 20. Jahrhunderts führten diese Tradition bis heute fort. Es gibt eine unüberschaubare Fülle an individuellen Beweggründen, die Künstler zur Eigenillustration anregten. Franz Kafka versah Texte mit privaten, nicht zur Publikation bestimmten Randeinfällen; Hermann Hesse empfand das Illustrieren als «Ausruhen von der blöden Wirklichkeit». Es gibt sich gegenseitig erhellende Kombinationen von Zeichnung und Text, wie bei Wilhelm Busch, der oft die Bilder vor den Geschichten zeichnete. Ganz anders bei Joachim Ringelnatz, der *...liner Roma...* im Nachhinein mit eigenen, unabhängig vom Romantext entstandenen, rein assoziativ wirkenden Aquarellen versah. Wieder anders verhält es sich zum Beispiel bei Kurt Schwitters und der experimentellen Gestaltung von Texten und Titeln wie *Anna Blume*, wo Inhalt, Bild und Schrift zu einer untrennbaren Einheit verwoben sind.
Else Lasker-Schüler wiederum stilisierte sich in ihren Illustrationen unter anderem zu *Jussuf, Prinz von Theben*, dem Herrscher ihres eigenen Phantasiereiches, der sein androgynes Wesen auch der jüdischen Mystik und der Vorstellung einer transzendentalen Ur-Einheit der Geschlechter verdankt. Sie entwickelte eine sehr eigenständige Ausdrucksform durch die Kombination ihres schönlinig-ornamentalen Zeichenstils mit symbolisch aufgeladener Farbwahl und schuf Bilder von großer exotischer Fremdartigkeit und poetischem Zauber. Eindrucksvoll sind die mit kühnem Schwung gezeichneten Variationen ihres Profils: melancholisch-versonnen, zärtlich-verspielt oder angriffslustig.
Die Liste von Künstlerbeispielen ließe sich beliebig verlängern. Herausgegriffen werden soll die Dreifachbegabung Ernst Theodor Wilhelm Hoffmann, der seinen dritten Vornamen zu Ehren Mozarts in Amadeus änderte.
«Die Wochentage bin ich Jurist und höchstens etwas Musiker, Sonntags am Tage wird gezeichnet und Abends bin ich ein sehr witziger Autor bis in die späte Nacht», schrieb Hoffmann, den das Grenzgängertum zwischen den drei künstlerischen Neigungen und dem Brotberuf zeitlebens begleitete. Der Nachwelt bekannt ist er vor allem als romantischer Dichter märchenhaft-schauerlicher Erzählungen, die von den Nachtseiten der menschlichen Existenz handeln oder mit äußerster satirischer Schärfe das selbstgefällige Philistertum geißeln. In seinen imaginären Welten verschränken sich realistische Schilderungen mit dem Wundersamen, Übersinnlichen. Im Märchen sah er das geeignete Medium, den Zugang zum wahren und ursprünglichen Sinn zu eröffnen, ohne Abstand zwischen Realität, Gewöhnlichem und Wunderbarem.
1816/17 erschienen seine Kunstmärchen *Nußknacker und Mausekönig* und *Das fremde Kind* zusammen mit Texten von E.W. Contessa und Friedrich de la Motte-Fouqué als *Kinder-Mährchen*; Hoffmann zeichnete die Vorlagen zu den zwölf Abbildungen der beiden Bände. «So viel wie möglich, habe ich immer den Titel genau in der Vignette, so wie das Resultat in der Schlußarabeske bezeichnen wollen», schrieb er dem Verleger. Entsprechend zeigt das Titelbild zu *Nußknacker und Mausekönig* die beiden Protagonisten des Märchens am dramatischen Höhepunkt der Erzählung, im Moment des entscheidenden Duells. Auf den ersten Blick wird deutlich, daß es nicht um Freunde, sondern um Todfeinde geht. Die Darstellung der Kämpfenden entspricht bis ins Detail den Vorgaben des Märchens; das blutige Gemetzel des abgebildeten Geschehens jedoch wird im Text gar nicht geschildert,

Kurt Schwitters: Anna Blume. Dichtungen
Hannover, Paul Steegemann, 1919.

Else Lasker-Schüler: Der Prinz von Theben.
Ein Geschichtenbuch
Umschlagzeichnung von Else Lasker-Schüler.
Berlin, Cassirer, 1920.

Else Lasker-Schüler: Die Wupper.
Schauspiel in fünf Akten
Umschlagzeichnung von Else Lasker-Schüler.
Berlin, Cassirer, 1919.

Ernst Theodor Amadeus Hoffmann: Vorder- und Rückendeckel von ‹Klein Zaches, genannt Zinnober›
2. Auflage. Berlin, 1824.
(Fondation Martin Bodmer, Cologny-Genf)

Ernst Theodor Amadeus Hoffmann: Vorder- und Rückendeckel von ‹Meister Floh›
Frankfurt am Main, 1822.

Ernst Theodor Amadeus Hoffmann: Vorder- und Rückendeckel von ‹Kater Murr›
Band 1. Berlin, 1820.

nur sein Ergebnis wird verkündet. Die fast reißerische Darstellung auf dem Titelblatt weckt zunächst die Neugier, fügt dem Text aber auch ein weiteres Handlungselement hinzu. Hoffmann ist hier auf kleinstem Raum eine wunderbar in sich geschlossene, in eine Ellipse eingeschriebene Komposition gelungen. Die Schlußarabeske zeigt ein Mischwesen, das zwei Kronen über ein auf Rankenvoluten sitzendes Pärchen hält. In abstrakter Form wird hier das «Resultat» des Märchens gezeigt, das erwartungsgemäß mit der Rückverwandlung des Nußknackers endet, der als Prinz die schöne Protagonistin in sein Reich führt.

Die Titelvignette zu *Das fremde Kind* zeigt die wichtigsten Figuren während des dramatischen Höhepunkts des Märchens: bei der Enttarnung und grotesken Metamorphose des Bösewichts. In klassischer Dreieckskomposition sind links unten die Fliege, rechts unten die flüchtenden Geschwister, mittig darüber das entschwebende Feenkind zu erkennen. Diese Vignette entspricht in ihrer Anschaulichkeit, Dynamik und ihrem naiven Charme ganz den zeitgenössischen Kinderbuchillustrationen. Die Schlußarabeske stellt wiederum abstrakt das «Resultat» des Textes dar: Der goldene Fasan aus dem Märchenland des Feenkindes ist Sinnbild eines glücklichen, behüteten Lebens.

Für *Klein Zaches, genannt Zinnober. Ein Märchen* (1819) schuf Hoffmann Illustrationen, die beidseitig den Einband schmücken. Dieser Text wendet sich als Satire auf die pseudoaufklärerischen, phantasiefeindlichen Zustände an einem imaginären Fürstenhof an Erwachsene. Der sepiabraune Einband ist farblich unauffällig, aber wohldurchdacht gestaltet. Eine helle Rahmung umfaßt wie ein profilierter Bilderrahmen das dunkelgrundige Feld, in dem mittig das eigentliche Motiv abgebildet ist. Ausgewählt wurden hierfür die beiden Figuren der Erzählung, die für Aufstieg und Fall des Protagonisten verantwortlich sind: vorn die Fee, die dem grotesk mißgestalteten, verstandlosen Gnom Klein Zaches aus Mitleid die zinnoberroten Zauberhaare einkämmt, hinten der Magier auf seiner Libelle, der den Zauber wieder bricht. Sie entsprechen in ihrer Gestaltung den Beschreibungen im Text. Hoffmann: «Zinnobers Porträt auf dem Deckel ist sehr ähnlich, denn da sonst niemand den Kleinen zu Gesicht bekommen konnte als ich, so verfertigte ich auch selbst die Zeichnung.»

Auf spaßhafte Weise macht er deutlich, wie wichtig es ihm war, seine phantastische Kreatur adäquat dargestellt zu sehen. Der ebenfalls sepiabraune Einband von *Meister Floh. Ein Märchen in sieben Abenteuern zweier Freunde* (1822) zeigt den ‹Titelhelden› auf beiden Einbandseiten. Eine aufwendig gestaltete Doppelrahmung mit groteskem, in Masken auslaufendem Rankenwerk und eingestellter Raute präsentiert dem verblüfften Betrachter einen bis auf die Stiefel unbekleideten Floh im Schuppenkleid, mit langen Beinen und eindrucksvollem Rüssel. Auf der Rückseite hingegen erscheint das Tier in einen Umhang gewandet und mit einer Fackel in der Hand. Erst der aufmerksame Leser wird erfahren, daß es sich bei dem Insekt, dessen Darstellung eigentlich das Decorum verletzt, tatsächlich um keinen «simplen», sondern um einen «graduierten» Floh handelt, der gern mit seiner Bildung protzt: eine gekonnte, die Aufmerksamkeit erregende Inszenierung.

Beide Einbände der *Lebens-Ansichten des Kater Murr* (1819/21) sind wiederum sepiabraun und von Grotesken umrahmt – offensichtlich legte Hoffmann in der optischen Erscheinung seiner Bücher Wert auf Einheitlichkeit. Auf die Bedeutung von Groteske und Arabeske für das literarische Werk Hoffmanns ist schon oft verwiesen worden. Die qualitätvollen, aber konventionell aufgefaßten Grotesken der Rahmung sind nicht in einem direkten inhaltlichen Zusammenhang zu interpretieren, sondern als abstraktes Prinzip zu verstehen, das sich als literarische Arabeske auch im Text findet. Die ausgewählten Motive zeigen auf den Vorderseiten Kater Murr jeweils in einer konkreten Szene: Wird er auf dem ersten Band, ironisch gebrochen, in seiner dichterischen Passion dargestellt, erscheint er auf dem zweiten Band als privater Kater, der um die Hand einer Schönen buhlt. Die rückseitigen Darstellungen hingegen sind keinen konkreten Textstellen zuzuordnen, aber dennoch eindeutig auf die binnentextuelle Kreisler-Erzählung bezogen. Nicht Kreisler selbst ist dargestellt, sondern die Personen, die stellvertretend für die Einflüsse auf den genialen, reizbaren Musiker stehen. Da ist einmal sein erster Lehrer, der Magier Meister Abraham, hier im magischen Kreis mit den Sternzeichen erkennbar, und auf dem zweiten Band der Abt des Klosters, in dessen Abgeschiedenheit Kreisler Ruhe und Kreativität wiederfindet.

Im laufenden Text haben diese Bücher keine Illustrationen, es ging Hoffmann nicht um deren anschauliche Begleitung. Er war sich der neugierweckenden Wirksamkeit von attraktiven Einbänden bewußt: Durch wohlkomponierte Illustrationen hob er ihm wichtige Aspekte der Texte hervor.

[Auf der folgenden Seite]

Horst Janssen: Rabe mit Baudelaire-Strophe
Aquarell und Tinte auf Papier, 32,5 x 25,5 cm.
(Privatsammlung, Schweiz)

Ils me disent, tes yeux, clairs comme le crista[l]:
„pour toi, bizarre amant,
quel est donc mon mérite?
– Sois charmante
et tais-toi!

Sûr [illegible] „pour le mon[…]
Antoine

BILD UND WORT

DER TEXT ZUR ZEICHNUNG

CHRISTINA FEILCHENFELDT

Dieses Kapitel ist zwei Künstlern gewidmet, die in erster Linie Maler und erst an zweiter Stelle Schriftsteller waren. Sowohl für Horst Janssen als auch für Paul Klee war das geschriebene Wort für das Bildwerk bestimmend. Insbesondere Klee hat ausführliche Schriften verfaßt, so zum Beispiel Tagebücher, in denen er sich explizit über seine Kunst äußerte. Auch Janssen schrieb selbst, war einer breiten Öffentlichkeit jedoch in erster Linie als hochproduktiver Zeichner bekannt. Die an dieser Stelle vorgestellten Werke haben alle eine Gemeinsamkeit. Sie integrieren Bild und Wort, figürliche Darstellung und Schrift auf einem Blatt. Zum Bereich «Bild und Wort» gehört im weiteren Sinne auch das Stilleben, das als Begriff erstmals Mitte des 17. Jahrhunderts in holländischen Inventaren auftauchte. Tatsächliche Darstellungen der sogenannten *nature morte* sind jedoch bis in die Renaissance zurückzuverfolgen. Horst Janssen hat das Thema Stilleben immer wieder aufs Neue variiert und – wie in den beiden Blättern *Blumen an Kierkegaard* oder *Rabe mit Baudelaire-Strophe* – häufig mit Schrift, seien es eigene Widmungen, seien es Zitate oder Briefe, versehen. Die Blätter sind den beiden Händlern Janssens in Hamburg und Paris gewidmet.

Immer nach der Natur zeichnend, diese zuweilen auch verfremdend, interessierte sich Janssen vor allem für ihre Vergänglichkeit, so etwa für die bereits verwelkende Blüte oder den leblosen Vogel. Häufig stellte er auch Serien desselben Motivs dar, um so dessen Veränderungen und den zeitlichen Verfall zu veranschaulichen oder auch seine eigenen zeichnerischen Fähigkeiten am selben Thema immer wieder unter Beweis zu stellen.

Als die schriftstellerische Karriere Horst Janssens begann, war er bereits ein erfolgreicher Zeichner, hatte zahlreiche Preise erhalten und sich in der bildenden Kunst einen Namen gemacht. Janssens Biograph, Stefan Blessin, nennt die schriftstellerische Entwicklung Janssens eine «Ich-Erweiterung»: «Ichiger geht's nicht.» Stets erzählte Janssen die eigene Geschichte. Er verband auch Zitate anderer Autoren mit seinen Zeichnungen und verlieh diesen damit eine erweiterte Dimension. Die schriftliche Auseinandersetzung mit gesellschaftspolitischen Diskussionspunkten (so etwa der Text *Anmerkungen zum Grundgesetz)*, wie sie Janssen in den achtziger Jahren vorgenommen hat, ist an dieser Stelle nicht Thema, veranschaulicht aber den umgekehrten Weg eines erfolgreichen Künstlers, der wegen dieses Erfolges auch als Schriftsteller Gehör fand.

Mit dem Blatt *Blumen an Kierkegaard* von 1977 hat Janssen ein Zitat aus einem Text von Kierkegaard mit einem Strauß, vorwiegend bestehend aus Hortensien, dargestellt [Siehe Abb. S. 112]. Einen Farbtupfer bilden die leuchtend roten Blüten einer Blume, die seiner Phantasie entsprungen scheint. Die Hortensienblüten sind leicht angetrocknet, zwischen dem hellen Blau sind bereits Spuren bräunlicher Fäulnis zu erkennen. Zum Teil sind die einzelnen Blütenblätter auch nur mit Bleistift ausgeführt, ohne die ergänzende Farbe, am deutlichsten sichtbar in einer gänzlich aus dem Strauß ragenden Blume. Die Vergänglichkeit der Blüten, verstärkt durch eine altmodisch ornamental verzierte Vase, wird zusätzlich durch die vergilbte Schrift betont, die als Palimpsest unter der Zeichnung zum Vorschein kommt. Einzelne Städte Oberitaliens sind dabei zu entziffern, neben die in früheren Zeiten Zahlen geschrieben wurden. Die Jahreszahl *18[illegible]1* ist über dieser Auflistung zu erkennen. Ob der Text vom Künstler in Bezug zu dieser früheren Beschriftung des Blattes gesetzt wurde, ob der Strauß eine besondere Bedeutung trägt, bleibt ungeklärt: «...verwandle alles in ein Getändel der Lippen / alles Pathos darin in Geschwätz/ nimm es fort verbirg jeden Zug / jede Miene / und jedes Gefühl, das ihr gefallen könnte – / so sicher, daß keine Wahrheit durch den Betrug hindurchschimmert / schaff mich nur / laß mich, wenn ich bei ihr sitze, wie eine nickende Pagode / dasitzen, mit einem gedankenlosen Lächeln um die Lippen, / vom Gespräch umnebelt. / Ab morgen beginnt also das letzte Gefecht, / die Schreckensperiode.»

Die welkenden Blüten scheinen im Zusammenhang des Textes nach Kierkegaard, der die Frauen mit einer gewissen Abschätzigkeit betrachtete, beinahe im Kontrast zum «letzten Gefecht», zur «Schreckensperiode» des Textes zu stehen.

Im Prolog zum *Tagebuch des Verführers* von Kierkegaard

Horst Janssen: Blumen an Kierkegaard, 1977
Bleistift und Buntstifte auf Papier, 32 x 41,5 cm.
(Privatsammlung, Schweiz)

spricht der Erzähler von den «Individuen», die dem Verführer bloßes «Inzitament gewesen, er warf sie ab, so wie die Bäume Blätter abschütteln – er verjüngte sich, das Laub verwelkte.» Hier kommt die Metapher der absterbenden Blätter wie in der Illustration der welkenden Blüten des Hortensienstraußes zum Ausdruck und entspricht der Vergänglichkeit der Liebe. Die Frau, so der Erzähler weiter im *Tagebuch des Verführers*, sei nicht zum Denken geboren, denn Denken sei für sie abwegig, allein mittels der Phantasie solle die eigentliche Kommunikation zwischen Mann und Frau stattfinden. Hierin kann eine Parallele zur Gedichtstrophe Baudelaires im zweiten Blatt Janssens mit totem Raben gezogen werden. Die Metapher erscheint an dieser Stelle direkter, der tote Rabe, ganz in der Tradition altmeisterlicher Stilleben gehalten, ist einem *memento mori* gleich. Unter die Darstellung ist der Anfang einer Strophe von Baudelaires *Herbst-Sonett* aus *Die Blumen des Bösen* gesetzt: «Ils me disent, tes yeux, clairs comme le cristal / : ‹pour toi bizarre amant, / quel est donc mon mérite? – Sois charmante / et tais-toi !› («Sie sagen mir, deine Augen, klar wie Kristall: ‹Was, wunderlicher Liebhaber, was nur findest du an mir?› – Sei lieb und schweige!...»)
Die Liebende äußert ihre Angst vor dem Verlassenwerden durch den geliebten Mann, dieser fertigt sie jedoch nur in beinahe entwürdigender Weise ab. Der leblose Vogel scheint nicht in direktem Bezug zum Text zu stehen, unterstreicht dessen Wirkung aber dennoch. Auch Baudelaire hatte ein stark ambivalentes Verhältnis zu Frauen, erachtete sie seiner nicht würdig, während Kierkegaard sie entweder anbetete oder ignorierte. Daß sich Janssen ausgerechnet Textbeispiele dieser beiden Autoren aussuchte, ist mit Sicherheit kein Zufall, sondern mit seiner eigenen Einstellung gegenüber dem weiblichen Geschlecht zu erklären. So ist bekannt, daß sich Janssen über Eifersuchtsszenen beklagte, diese aber andererseits anzettelte. Er liebte es zu schauspielern, liebte die Maskerade an sich und sah sich auch gerne in der Rolle des Verführers. (Joachim Fest: Horst Janssen. Selbstbildnis von fremder Hand, Berlin 2001).
Abstrahiert und häufig von mystischer Symbolik geprägt, erscheinen dagegen die Stilleben Paul Klees. Für Klee, so sein Biograph Will Grohmann, war es nicht so wichtig, ob er Blumen oder ein anderes Motiv bildlich darstellte: «Seine Beweglichkeit auf den verschlungenen Wegen des Bildens entspricht auch hier seiner Beweglichkeit auf den natürlichen Schöpfungswegen.» (Will Grohmann: Paul Klee, Stuttgart 1954). *Abstracte Schrift* gehört zu Paul Klees handschriftlichen Bildern. Das geschriebene Wort, die sprechenden Titel, die häufig die Arbeiten Klees ergänzen, zeigen die Auseinandersetzung dieses Künstlers mit der Sprache, die er bewußt für seine bildlichen Darstellungen einsetzte. Zudem verfaßte er Schriften, die ihn ebenfalls bei einer kunstinteressierten Öffentlichkeit bekannt machten. 1918 begann er die Arbeit an einem Werk mit dem Titel *Schöpferische Konfession*, dessen

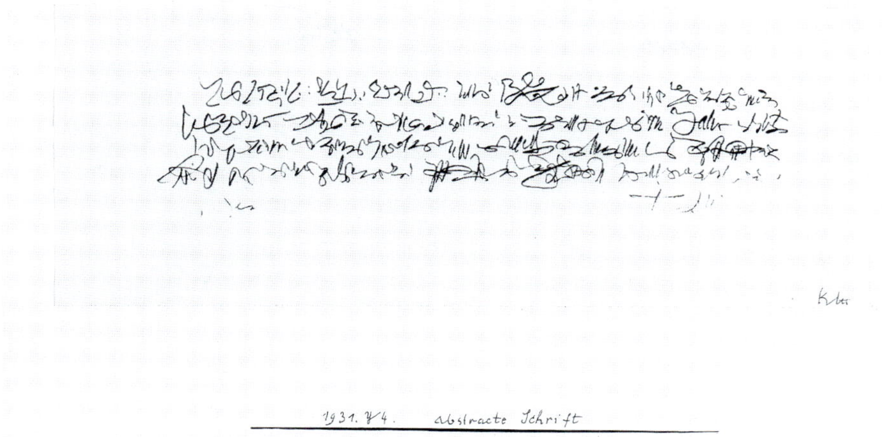

Paul Klee: Abstracte Schrift, 1931
Feder auf Papier auf Karton, 8,4 x 21,9 cm.
(Paul-Klee-Stiftung, Bern)

erster Satz lautet: «Kunst gibt nicht das Sichtbare wieder, sondern macht sichtbar.» Bei der Darstellung *Abstracte Schrift* ist die Intention, Schrift für die Kunst zu instrumentalisieren, auf die Spitze getrieben. Die bildliche Umsetzung eines Motivs ist ganz zugunsten des Wortes, wenn auch des abstrakten Wortes, in den Hintergrund getreten. Bei einer ersten Betrachtung glaubt man, einen Textauszug vor sich zu haben, den es zu entschlüsseln gilt. Auf den zweiten Blick wird jedoch offenbar, daß es sich hierbei nur um ineinander verschlungene Linien handelt, Arabesken gleichsam, ohne jede Bedeutung. Die Entstehungszeit im Jahre 1931 mag eine Rolle gespielt haben sowie Klees Unverständnis gegenüber der aktuellen politischen Situation, das sich in einer abstrakten Schrift niedergeschlagen haben könnte.
Möglicherweise ist auch im *Angelus Novus* von 1920 eine politische Botschaft verborgen. Das Motiv des Engels taucht im Schaffen Paul Klees im Zeitraum von 25 Jahren immer wieder auf. An die fünfzig Blätter sind erhalten, wovon 28 aus dem Jahre 1939 und vier aus dem letzten Lebensjahr Paul Klees stammen. Klees Engel leben in der Einheit von Leben und Tod, sehen im Unsichtbaren einen höheren Rang der Realität. Dies gilt nach Ansicht Klees gegen Ende seines Lebens auch für den Menschen: Der Mensch hat Anteil an der Durchdringung von Diesseits und Jenseits. Im Werk Paul Klees erscheinen die Engel oft selbst als schutzbedürftige Träger menschlicher Schwächen, die sich in einem Entwicklungsstadium befinden. Die Titel der Engel-Darstellungen deuten häufig auf ein Übergangsstadium hin: *Im Schreien noch unerzogen, Engel noch weiblich* (1939), wobei diese Engel menschliche Eigenschaften aufweisen und in der Entwicklung zu einer neuen Daseinsform begriffen sind. Sie bilden einen Gegensatz zu den bedrohlich wirkenden Dämonen, Hexen und Götzen in Klees Bildwelt. In der Schaffensphase der letzten Jahre lassen sie sich mit der Todesahnung Paul Klees in Verbindung bringen, der zu diesem Zeitpunkt schon unheilbar krank war.
Anders als die im Wandel begriffenen Engel gibt es im Schaffen Paul Klees auch Engel-Darstellungen mit den Titeln *Angelus dubiosus, Armer Engel* oder *Angelus militans.* Zu dieser «fertigen», sich nicht mehr in einem Übergang befindlichen Engel-Gruppe gehören die fast zwanzig Jahre früher entstandenen beiden Blätter mit dem Titel *Angelus Novus.* Klee hat dieses Motiv im selben Jahr zweimal dargestellt, einmal als Bleistiftzeichnung, einmal als Aquarell- und Ölfarbenzeichnung. Abgesehen von der Farbgebung sind kaum Unterschiede an der Abbildung des Engels zu beobachten. Der Titel ist wohl in Anbetracht der Reihe der Engel-Darstellungen in seinem Werk als «junger Engel» zu übersetzen. Als solcher scheint er auch wiedergegeben. Der übergroße Kopf, die an die Löckchen eines kleinen Putto erinnernden Kringel und die nach oben gestreckten unausgeformten Arme und

Paul Klee: Angelus Novus, 1920
Bleistift auf Papier auf Karton, 30 x 22 cm.
(Privatsammlung, Schweiz)

Finger erinnern an die frühkindliche Anatomie, gemäß des klassischen Kindchenschemas. Die starke Ausführung der oberen Körperhälfte – insbesondere des Kopfes – steht in krassem Gegensatz zur unteren Körperhälfte mit den nur angedeuteten Vogelfüßen. So könnte ein junger Engel aussehen, ausgestattet mit kleinen Flügeln, mit denen es sich wohl auch nur schwer fliegen ließe. Welche Worte dagegen der geöffnete Mund zu formulieren versucht, was die weit aufgerissenen Augen erblicken, die großen Ohren zu hören vermögen, kann nur vermutet werden und bleibt der Deutung eines jeden Betrachters überlassen. Der Engel blickt aus dem Bildraum in die Ferne am Betrachter vorbei in die Unendlichkeit, deren Teil er ist und in die er eingehen wird. Möglicherweise sind dies auch die Details, die Walter Benjamin, der eine Fassung des *Angelus Novus* besaß, zu seinem Text anregten. Benjamin gehörte die Aquarell- und Ölfarbenzeichnung, die sich heute im Israel Museum in Jerusalem befindet, bereits 1921. Im Jahre 1940 ließ er sich davon zu seiner *XIX. Geschichtsphilosophischen These* inspirieren, die sich allerdings weniger direkt auf Klees Darstellung bezog als vielmehr auf die historischen Ereignisse dieser Epoche. In diesem Zusammenhang soll der Text Walter Benjamins hier wiedergegeben werden: «Es gibt ein Bild von Klee, das Angelus Novus heißt. Ein Engel ist darauf dargestellt, der aussieht, als wäre er im Begriff, sich von etwas zu entfernen, worauf er starrt. Seine Augen sind aufgerissen, sein Mund steht offen und seine Flügel sind ausgebrannt. Der Engel der Geschichte muß so aussehen. Er hat das Antlitz der Vergangenheit zugewendet. Wo eine Kette von Begebenheiten vor *uns* erscheint, da sieht *er* eine einzige Katastrophe, die unablässig Trümmer auf Trümmer häuft und sie ihm vor die Füße schleudert. Er möchte wohl verweilen, die Toten wecken und das Zerschlagene zusammenfügen. Aber ein Sturm weht vom Paradiese her, der sich in seinen Flügeln verfangen hat und so stark ist, daß der Engel sie nicht mehr schließen kann. Dieser Sturm treibt ihn unaufhaltsam in die Zukunft, der er den Rücken kehrt, während der Trümmerhaufen vor ihm zum Himmel wächst. Das, was wir den Fortschritt nennen, ist *dieser* Sturm.»

Benjamin übernahm den Titel *Angelus Novus*, den er, ohne nach Klees Einverständnis zu fragen, unter Bezug auf die Kabbala mit «Neuer Engel» übersetzte, auch für eine von ihm gegründete Zeitschrift. In der Ankündigung dieser Zeitschrift ging er indirekt auf die Engelthematik ein: «Hierin ist das Ephemere dieser Zeitschrift berührt, das sie sich von Beginn an bewußt hält. Denn es ist der gerechte Preis, den ihr Werben um die wahre Aktualität fordert. Werden doch sogar nach einer talmudischen Legende die Engel – neue jeden Augenblick in unzähligen Scharen – geschaffen, um, nachdem sie vor Gott ihren Hymnus gesungen, aufzuhören und in Nichts zu vergehen. Daß der Zeitschrift solche Aktualität zufalle, die allein wahr ist, möge ihr Name bedeuten.»

[Auf der folgenden Seite]

Émile Zola: Jacques und Denise, die Kinder von Jeanne Rozerot und Émile Zola
(Musée Émile Zola, Médan/Yvelines)

VON DER UNWIRKLICHEN WIRKLICHKEIT

SCHRIFTSTELLER ALS PHOTOGRAPHEN

UTE HARBUSCH

Die Photographie mußte lange warten, bevor sie Anerkennung als eine der Künste fand. Zunächst galt sie nämlich keineswegs als Kunstform, sondern lediglich als ein technisches Verfahren zur Erzeugung wirklichkeitsgetreuer Abbilder – das der Zeichenkunst und der Graphik allerdings bedrängende Konkurrenz machte. So beschreibt der Maler und Erfinder Samuel Morse seinen Eindruck von der ersten Daguerrotypie, eines nach ihrem Erfinder Louis Jacques Mandé Daguerre benannten Vorläufers der Photographie, die er 1839 zu Gesicht bekam: «Man kann sich keinen Begriff von der gestochenen Schärfe der Wiedergabe machen, an die keine Malerei und kein graphisches Verfahren heranreichen.» Wegen der damals erforderlichen Belichtungszeit von sieben Minuten war es allerdings noch nicht möglich, bewegte Objekte festzuhalten, so daß der Pariser *Boulevard du Temple* – fast – menschenleer ist in Daguerres Aufnahme, die Morse beschreibt: «Alles, was sich bewegt, bleibt unsichtbar. Der Boulevard, der doch von Fuhrwerken befahren und von Fußgängern belebt war, schien auf der Aufnahme ganz leer, abgesehen von einem Mann, der sich die Schuhe putzen ließ. Gezwungenermaßen mußte er eine Weile bewegungslos bleiben, einen Fuß auf dem Kasten des Schuhputzers, den anderen auf dem Bürgersteig.»
Die seit ihren Anfängen zu Beginn des 19. Jahrhunderts sich stets weiterentwickelnde Photographie wurde nicht zuletzt von Malern und bildenden Künstlern als Rivalin empfunden; namhafte Theoretiker wie Charles Baudelaire äußerten sich ebenfalls kritisch über das neue Medium. 1862 war in einem Pariser Prozeß zwischen Künstlern und Photographen eine zweimalige Berufung notwendig, bevor das Gericht entschied, Photographien seien Kunstwerke und als solche auch gesetzlich geschützt. Andererseits sind genügend Künstler bekannt, die Photos gerne als Hilfsmittel für ihre eigene Arbeit gebrauchten, zum Beispiel Ingres und Delacroix, später dann Manet, Degas, Rodin und viele andere. Einen entscheidenden Einschnitt in der Geschichte der Photographie bewirkten in den 1880er Jahren neue technische Errungenschaften:
Die Erfindung von Gelatine-Trockenplatten, die Einführung von Handkameras und bald auch die Entwicklung des Rollfilms machten die neue Kunst Tausenden von Amateuren zugänglich. Jetzt benötigte man keine chemischen und optischen Kenntnisse mehr, machte sich die Finger nicht länger beim Entwickeln schmutzig und mußte keine aufwendigen Apparaturen herumschleppen, sondern brauchte nur noch auf den Auslöser der allzeit griffbereiten Kamera zu drücken. Das Zeitalter des ‹Knipsens› begann. Ein Bild zu erzeugen, war fortan auch dem möglich, der keinerlei Maltalent besaß – was aber freilich noch nichts über das Gelingen des Bildes aussagte.
«Ich wollte schon immer zeichnen und malen. Ich hatte keine literarischen Ambitionen: ich wollte ein Michael Angelo und kein Shakespear [sic] sein. Doch ich konnte für meine Begriffe nicht genug zeichnen, und der Unterricht, den ich nahm, war für die Katz. Als daher Trockenplatten und die einfachen Boxkameras auf den Markt kamen, kaufte ich so ein Ding und begann zu knipsen. Das war 1898.» Was der anglo-irische Dramatiker George Bernard Shaw beschreibt, ist bezeichnend für viele seiner Generation, unter ihnen auch einige bedeutende Schriftsteller, die die Kamera als alternatives Ausdrucksmittel einzusetzen begannen. Neben der Möglichkeit, Freunde und Bekannte im Portrait festzuhalten, wie zum Beispiel Shaw es tat, gebrauchten sie die Photographie zu dokumentarischen Zwecken. Eine der ersten Photoreportagen stammt von Anton Tschechow, der 1890 in die sibirische Sträflingskolonie Sachalin reiste, um die Unmenschlichkeit des zaristischen Strafvollzugs zu erforschen und öffentlich bloßzustellen. Dazu machte Tschechow nicht nur Notizen, sondern auch photographische Aufnahmen, die jedoch in seiner 1893/94 erschienenen Dokumentation *Die Insel Sachalin* nicht mit abgedruckt wurden. Erst sehr viel später hat man die Photos wiederentdeckt und festgestellt, daß Tschechow mangels Erfahrung mit dem Objektiv nie nah genug an die Häftlinge herangegangen war. Qualitätvolle Aufnahmen von seinen Forschungsreisen hinterließ dagegen der Dichter und Ethnologe Franz Baermann Steiner (1909-1952). Auch Claude Simon, der in jungen Jahren viel photographierte, nutzte seine Kamera für gleichsam ethnologische Studien etwa von einer Zigeunerfamilie, und in

August Strindberg: Mit seinen Töchtern im Garten, 1886
(Strindbergsmuseet, Stockholm)

August Strindberg: Mit Mantel und Zylinder, 1886
(Strindbergsmuseet, Stockholm)

gewissem Sinne kann man noch den Paris-Aufenthalt des aus Ostdeutschland stammenden Lyrikers Heinz Czechowski als Forschungsreise bezeichnen. Auf Anraten des Freundes Günter Kunert nahm Czechowski einige seiner Paris-Photos in die Reisenotizen mit auf, die er 1981 unter dem Titel *Von Paris nach Montmartre* veröffentlichte.
Eine Erforschung weniger der Umwelt, sondern in erster Linie seiner selbst unternahm August Strindberg mit Hilfe der Photographie. 1886 erwarb er eine der neuen Handkameras für Trockenplatten, eine sogenannte «Blitzkamera». Sein erster Versuch, damit Illustrationen für die Studie eines befreundeten Soziologen über das Leben französischer Bauern zu machen, schlug gründlich fehl. Sämtliche Photos wurden entweder schon bei der Aufnahme oder dann bei der Entwicklung unbrauchbar. Daraufhin konzentrierte er sich auf die Erkundung seiner eigenen Person. Noch im selben Jahr entstanden im schweizerischen Gersau 37 Aufnahmen von Strindberg und seiner Familie: 27 von ihnen zeigen den Autor selbst, manchmal mit seinen Kindern, meist aber allein. Es ist bis heute nicht klar, ob er sich dabei eines Selbstauslösers bediente, wie seine Tochter Karin behauptete, oder ob seine Frau Siri die Photos machte, wie Strindberg in einem Brief an seinen Verleger schrieb, dem er die Bilder zur Publikation anbot: «Bester Herr Bonnier, mit heutiger Post geht ein coli postale [sic] mit 18 Impressionistenphotos (und Text) ab, ausgeführt von meiner Frau, die mich hiermit um geschäftliches Negozieren bittet, wenn möglich. Die Photos zeigen den grausigen Frauenhasser Aug Sg. in 18 realistischen Situationen (Idee aus der Chevreul-Nummer). Die Bilder sind, wie man sieht, keine Proben schöner Photographie, sondern – das, was sie sind. Im voraus sei erwähnt, daß die Klischees gut genug sind und man bessere Kopien davon machen, sie möglicherweise auch retouchieren lassen kann (von meiner Schwester, die Photographin ist und mein Gesicht am besten kennt). ... Änderungen können bekanntlich vorgenommen werden, daß beispielsweise die Kinder etwas wegretouchiert und zu Nebenfiguren werden.» Deutlich wird der kommerzielle Hintergedanke, den Strindberg mit diesen Aufnahmen verfolgte. In jedem Fall darf er als deren geistiger Urheber gelten, wenn er auch vielleicht nicht immer selbst auf den Auslöser gedrückt hat. Unter Umständen aber war es auch nur ein geschäftlicher Trick, seine Frau vorzuschieben, um so besser verhandeln zu können. Der Verleger ging jedenfalls nicht auf den Vorschlag ein, und zwei weitere Versuche, die Photos an den Mann zu bringen, scheiterten ebenfalls. Deren «Realismus» betonte Strindberg einerseits zu Recht, zeigen sie doch alltägliche Situationen aus Haus und Garten. Andererseits ist die Inszenierung nicht zu übersehen, in welcher der Dramatiker sich die verschiedensten Rollen zuschrieb, zunächst die des Schriftstellers, sodann die des Vaters, und noch viele weitere, wechselnd je nach Accessoire und Kostüm: mit Frack und

Zylinder als Bourgeois, mit Joppe und zerzaustem Haar als Naturbursche, mit dem Spielbrett und seiner Frau als Gatte (in einer bereits heillos zerrütteten Ehe), mit Mütze und Mantel als russischer Anarchist, mit Gitarre als Musikant. Angeregt wurde Strindberg zu dieser Selbstdarstellung, wie er im Brief an Bonnier schrieb, durch das erste Photointerview, welches Félix Nadar mit dem Chemiker Chevreul geführt und 1886 im *Journal illustré* veröffentlicht hatte. Dort sah man den berühmten Greis, aufgenommen in verschiedenen Haltungen während des Gesprächs, dessen Wortlaut unter den Bildern abgedruckt wurde. Und sogar diese Idee, Text und Bild zu kombinieren, übernahm Strindberg, indem er den einzelnen Bildern jeweils kurze Zitate aus eigenen Werken beifügte: «Ja, wir müssen Gärtner werden!» Oder: «Er hatte einen schwarzen Bonjour angezogen und sah respektabel aus, aber auch froh.» Oder: « – Jetzt brauch ich eine cinq! – Finger weg! brüllte der Alte und schlug zu.» Wenn die Aufnahmen selbst auch kein besonderes photographisches Können verraten, ist die gesamte Serie doch ein bemerkenswertes autobiographisches Kunstwerk, worin Strindberg die Möglichkeiten der Photographie, Wirklichkeit sowohl wiederzugeben als auch vorzuspiegeln, souverän einzusetzen wußte.

Einige Jahre darauf fertigte er im Rahmen seiner wissenschaftlichen Experimente Kristallogramme und Celestographien an, ‹Bilder› also, die kristalline Strukturen, Wolken- und Sternenformationen möglichst ohne Zuhilfenahme von, wie Strindberg meinte, verfälschenden Linsen auf das Papier bannen sollten. Dafür bediente er sich verschiedener, zum Teil aus Zigarrenkisten selbstgebastelter Apparate, oder verzichtete gänzlich auf jede Apparatur und ließ lichtempfindliches Papier direkt vom nächtlichen Sternenhimmel bescheinen. Wenn in der Tat Myriaden kleiner Punkte auf den Abzügen zu erkennen sind, so muß dies aber keineswegs ein Abbild des Himmels sein, es mag ebensogut auf chemische Vorgänge oder einfach auf Luftstäubchen oder Unreinheiten der Entwicklerflüssigkeit zurückzuführen sein. Diese Unternehmungen jedenfalls zeichneten sich, wie die meisten von Strindbergs photographischen Versuchen, mehr durch ingeniöse Visionen als durch technisches Raffinement aus.

Während seiner Berliner Zeit 1893 entstanden nochmals einige Selbstportraits. Strindbergs letzte Aufnahmen stammen aus dem Jahr 1906, als er mit dem professionellen Photographen Herman Anderson zusammenarbeitete, um – wieder ein neuer Einfall – «psychologische Portraits» herzustellen. Sie sollten die Seele des Portraitierten unmittelbar und unverfälscht wiedergeben. Zu diesem Zweck arbeitete man mit dreißig mal vierzig Zentimeter großen Platten, die es erlaubten, das Gesicht des Dargestellten in Lebensgröße abzubilden. Ob dabei auch die Seele festgehalten wurde, bleibe dahingestellt, es entstanden auf diese Weise aber einige eindrucksvolle Portraits zeitgenössischer Künstler

August Strindberg: Am Schreibtisch, 1886
(Strindbergsmuseet, Stockholm)

August Strindberg: Mit seiner Frau beim Brettspiel, 1886
(Strindbergsmuseet, Stockholm)

Émile Zola: Mit dem Fahrrad unterwegs, in der Umgebung von Médan
(Musée Émile Zola, Médan/Yvelines)

Émile Zola: Ein Zug, der unterhalb von Zolas Grundstück in Médan vorbeifährt
(Musée Émile Zola, Médan/Yvelines)

und Schauspieler wie auch ein Selbstportrait Strindbergs, das dieser möglicherweise mit einer eigens von ihm gebauten «Wunderkamera» aufgenommen hat. Als George Bernard Shaw Strindberg 1908 besuchte, war er von diesen Bildern so angetan, daß er sich von seinem Kollegen selbst ablichten ließ.

Wenn eben gesagt wurde, daß die Photographie auch denjenigen ein willkommenes Ausdrucksmittel war, die kein Maltalent besaßen, so gilt dies allerdings nicht für August Strindberg, der ein eigenständiges und reiches malerisches Œuvre hinterlassen hat. Der experimentelle Charakter zeichnete sowohl seine Malerei als auch seine Photographie aus. Diese aber ermöglichte ihm die Darstellung von Personen, namentlich seiner selbst, an der er sich in seinen Gemälden nie versucht hat.

Ungefähr zur gleichen Zeit wie Strindberg entdeckte Émile Zola in Frankreich die Photographie für sich. Zola gilt als Vater des naturalistischen Romans. Eindringliche Milieuschilderungen wie die des Pariser Proletariats in *Der Totschläger* (1877), der Bergarbeiter in *Germinal* (1885), des Eisenbahnbetriebs in *Die Bestie im Menschen* (1890) oder der Finanzaristokratie in *Das Geld* (1891) entwarfen ein wirklichkeitsnahes Bild sämtlicher Gesellschaftsgruppen im Frankreich des Zweiten Kaiserreichs. Allerdings war Zolas literarisches Werk schon weitgehend abgeschlossen, als er sich 1888 bei einem Sommerurlaub in Royan in die Anfangsgründe der Photographie einführen ließ. Von 1895 an entwickelte er dann eine richtige Leidenschaft für das neue Medium und machte in den verbleibenden sieben Lebensjahren bis zu seinem Tod mehrere tausend Aufnahmen.

In Alben eingeklebt, wurden sie erst fünfzig Jahre nach Zolas Tod der Öffentlichkeit bekannt. Sie zeigen sein Landhaus in Médan, wo er bis zu acht Monate im Jahr verbrachte und befreundete Schriftsteller (die Brüder Goncourt, Mirbeau, Huysmans, Maupassant), Musiker (Bruneau) und Maler (Cézanne und Guillemet) empfing. Auch Pariser Szenen und Straßenansichten hielt Zola mit der Kamera fest, wobei er sich, anders als in seinen Romanen, weniger für das Leben der Armen und Benachteiligten interessierte, sondern vor allem die vom Stadtpräfekten Haussmann neu angelegten, eleganten Boulevards aufsuchte, die Gärten und Parks, die Warenhäuser, die Oper und die Theater, in denen die Gutsituierten sich vergnügen konnten. Bei seiner Italienreise von 1894 hatte er ebenfalls die Kamera dabei, und auch während der elf im englischen Exil verbrachten Monate hörte er nicht auf zu photographieren. Zola hatte 1898 in einem offenen Brief an den französischen Präsidenten das Verfahren gegen den degradierten jüdischen Hauptmann Dreyfus als Justizskandal angeprangert, woraufhin er selbst zu einem Jahr Gefängnis verurteilt wurde, dem er sich aber durch eine nächtliche Flucht nach England entzog. Mit großer Begeisterung verfolgte er im Jahr 1900 die Internationale Weltausstellung in Paris und war fast jeden Tag mit der Kamera unterwegs, um die vielen Sehenswürdigkeiten aufzunehmen. Schließlich gibt es zahlreiche Selbstportraits, die er mit einem eigens erfundenen Selbstauslöser anfertigte, außerdem Bilder von seiner Frau Alexandrine und vor allem von seiner ‹zweiten Familie›: Im gleichen Sommer 1888, in dem er das Photographieren entdeckte, verliebte sich Zola in Jeanne Rozerot, die ursprünglich von seiner Frau als Hausgehilfin angestellt worden war und mit der er zwei Kinder hatte, Denise und Jacques. Mit «ausgeprägtem Sinn für Bildeffekte» (H. Gernsheim) hielt Zola hundertfach Portraits und Alltagsszenen aus dem Leben mit seinen Liebsten fest. Die Bilder sind, anders als bei Strindberg, frei von Inszenierung und verzichten im Gegensatz zur damals üblichen

Émile Zola: Der Eiffelturm bei Nacht, 1900
(Musée Émile Zola, Médan/Yvelines)

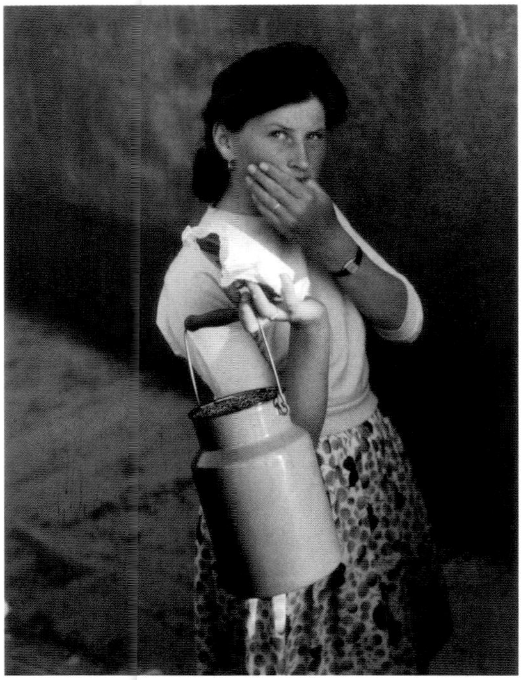

Péter Nádas: Junge Frau mit Milchkanne
Vintage Silver Print, 40 x 30 cm.
(Péter Nádas, Budapest)

Péter Nádas: Am Kirmes
Vintage Silver Print, 40 x 30 cm.
(Péter Nádas, Budapest)

Atelierphotographie auf künstliche Accessoires. Einige der Aufnahmen von seinen Kindern können sich durchaus mit den bekannten Photographien kleiner Mädchen von Lewis Carroll, dem Autor von *Alice im Wunderland*, messen, zeichnen sich aber auch in diesem Vergleich durch größere Spontaneität und Natürlichkeit aus. Zola besaß nicht weniger als drei Dunkelkammern, in denen er alle seine Bilder selbst entwickelte und abzog. Auch experimentierte er mit außergewöhnlichen Bildgrößen: Unter den rund zehn verschiedenen Kameras, die er im Lauf der Zeit erwarb, waren solche mit Plattenformaten bis zu dreißig mal vierzig Zentimetern oder ein von Kodak 1899 lancierter Apparat, der Panorama-Aufnahmen von neun mal dreißig Zentimetern ermöglichte. «Meiner Meinung nach kann man erst dann behaupten, etwas wirklich gesehen zu haben,» sagte Zola, «wenn man von ihm eine Photographie gemacht hat, da sie eine derartige Fülle von Details offenbart, die man sonst gar nicht wahrnehmen würde.» Das sieht der ungarische Romancier und Theaterautor Péter Nádas anders. Die Photographie schildere nicht die Realität, meinte er einmal im Anschluß an eine Lesung, allenfalls eine sehr persönliche, egoistische Realität. Und dies sagte er als ausgebildeter Photograph, der den Beruf einige Jahre lang professionell ausgeübt hatte, bevor er zum Schreiben überging. Von 1961-63 arbeitete Nádas als Photoreporter für eine Illustrierte, 1965 erschien seine erste Erzählung in einer Zeitschrift. Doch schon als Kind, mit elf Jahren, habe er zu schreiben begonnen, und auch der Journalismus sei nur ein Weg gewesen, auf dem er «an die Schreibenden heranzukommen« gehofft habe. Nádas wurde 1942 als Sohn jüdischer Eltern in Budapest geboren. Beide Eltern starben schon während seiner Kindheit, der Vater beging Selbstmord. Weil Péter Nádas in Ungarn als unerwünschter Autor galt, durfte sein erstes, 1972 fertiggestelltes Buch *Ende eines Familienromans* erst fünf Jahre später veröffentlicht werden. Nach Erscheinen der deutschen Übersetzung wurde er 1981 für ein Jahr nach West-Berlin eingeladen, seit Mitte der 1980er Jahre lebt er mit seiner Frau in einem kleinen Ort im ungarischen Südwesten. 1999 brachte er in einem deutschen Verlag einen Bildband mit eigenen Photographien heraus: nicht-journalistische Schwarzweiß-Aufnahmen, die ungekünstelt wirken und doch insbesondere durch ihre Licht-Schatten-Wirkungen ds Können des Autors beweisen. Nicht zufällig trägt der Band den Titel *Etwas Licht*. Neben Portraits, darunter auch vereinzelte Selbstportraits, und einigen Berliner Reminiszenzen finden sich darin vor allem Bilder aus dem ländlichen und städtischen Ungarn der 1960er und 1970er Jahre.

Als Schriftsteller, der sich zugleich professionell des Mediums der Photographie bedient, wird Péter Nádas häufig gefragt, was die beiden Künste unterscheide. Seine Antwort gilt ihrem jeweiligen Verhältnis zur Wirklichkeit: Beim Photographieren müsse man immerhin von der Wirklichkeit

Péter Nádas: Das Kaffeehaus New York im Vormittagslicht
Vintage Silver Print, 40 x 30 cm.
(Péter Nádas, Budapest)

Péter Nádas: Die Pferderennbahn am Kerepesweg
Vintage Silver Print, 40 x 30 cm.
(Péter Nádas, Budapest)

ausgehen, beim Schreiben hingegen «nütze» die Wirklichkeit nicht viel, sie diene allenfalls gelegentlich der Kontrolle. In seiner Erzählung *Schöne Geschichte der Fotografie* von 1995, die selbst wie eine alte Schwarzweiß-Aufnahme anmutet, sagt Kornélia, die Photographin, zu ihrem männlichen Widerpart Carl, dem Schriftsteller: «Das Bild geht deiner Erklärung immer voraus.» Kornélia möchte nur dem glauben, was ihre Kamera durch das Objektiv sichtbar macht, und das Zentrum der Betrachtung, also sich selbst, ausschließen. (Interessanterweise versucht sie sich einmal, wie schon August Strindberg, mit der direkten Belichtung des Films durch nächtlichen Mondschein.) Doch deutet die Erzählung am Ende an, daß dieser vermeintlich ‹objektive› Weg auch nicht zu näheren Erkenntnissen über die Wirklichkeit führt. Nádas jedenfalls ist der Auffassung, es sei damals, zur Zeit der Erfindung der Photographie, lediglich ein schöner Traum gewesen zu glauben, daß wir durch Bilder mehr wissen könnten.

Das Retouchieren, von dem schon Strindberg in seinem Brief an den Verleger Bonnier sprach, war ein das Photographieren gleichsam von Anbeginn an begleitendes Verfahren, die dargestellte Wirklichkeit zu schönen, das heißt zu verändern. Es dauerte dann nicht lange, bis die Technik der Photomontage aufkam, und spätestens seitdem es möglich ist, Photographien am Bildschirm zu bearbeiten und nach Belieben zu fälschen, dürfte man im Grunde keinem Photo mehr Glauben schenken. Der schwedische Schriftsteller Lars Gustafsson, der seine Habilitation über *Sprache und Lüge* schrieb und das «Verhältnis zwischen Fiktion und Wirklichkeit» als Hauptthema seiner essayistischen Schriften bezeichnete, zog daraus die Konsequenz.

Er bearbeitete eine alte Photographie seines Vaters aus dem Jahr 1929 mit dem Computer, aber nicht etwa, indem er die Eingriffe verschleierte, sondern sie vielmehr deutlich sichtbar werden ließ. Köpfe, Oberkörper, ganze Personen einer vor einem Laden aufgestellten Gruppe wechseln ihren Ort, vervielfachen sich oder verschwinden, ohne daß jedoch der jeweilige Bildausschnitt geschickt dem neuen Hintergrund angepaßt würde; die elektronischen Eingriffe bleiben durch Ränder und Kanten gut zu erkennen. Nicht nur die Menschen, auch die Ladenfront erfährt Änderungen: Das Gesicht eines bärtigen, alten Mannes, das in einer Art Fensteröffnung zu erkennen ist, erscheint mal hier, mal dort; ein heller, unerklärlicher Schimmer ist mal zu sehen, mal nicht; in der vorletzten Ansicht wird durch einen großen Schatten am linken Bildrand eine Figur angedeutet, die das Ganze betrachtet oder möglicherweise gerade photographiert, bevor im allerletzten Bild nur noch graphische Elemente übrigbleiben, die sich bei näherem Hinsehen als mehrmals veränderter Ausschnitt aus einer der Schaufensterauslagen erweisen.

Diese Serie von Computergraphiken enthielt zunächst zehn Bilder, als sie im November 2001 in der Berliner Galerie am

Lars Gustafsson: Speceri- och Diversehandel.
Variationen einer Photographie von Einar Gustafsson von 1929
7 Computergraphiken
(Lars Gustafsson, Austin/Texas)

Savignyplatz gezeigt wurde. Für unsere Ausstellung hat Gustafsson, der nun seit fast zwanzig Jahren in den USA lebt und an der Universität von Austin, Texas lehrt, die Reihe noch einmal überarbeitet und auf sieben Bilder reduziert.
Es führen einige Verbindungslinien von der Bilderserie zum literarischen Werk Gustafssons, der im übrigen als «Autodidakt in der Bildkunst» auch in Acryl und Öl malt. Fragmentierung, Facettierung und Variation zeichnen auch seine Romane und Gedichte aus, wenn er etwa in einem Romanzyklus der 1970er Jahre fünf Erzähler mit vier Namen auftreten läßt: Lars Gustafsson, Lars Herdin, Lars Troäng und Lars Lennart Westin, die alle am 17. Mai 1936 und damit am gleichen Tag wie ihr Autor geboren sind.
Für seine Computergraphiken hat er einen eigenen Text geschrieben, der Auskunft über deren Entstehungsweise und Wirklichkeitsgehalt gibt – oder vielmehr verweigert.

LARS GUSTAFSSON: ÜBER DIE SVEDVI-BILDER

Einar Gustafsson (1907-1992), Amateur-Dichter, Amateur-Photograph, später Handlungsreisender in Västmanland für Electrolux-Staubsauger, bekam seine erste Kamera, eine Box von Zeiss, im Jahr 1927 von seinem Onkel Claes Claeson aus Hallstahammar geschenkt.
Im Februar des folgenden Jahres erhielt Einar Gustafsson eine Anstellung als Handlungsgehilfe und Botenjunge bei Svedvi Speceri & Diversehandel, nicht weit von Hallstahammar entfernt. Seine Photographien aus dieser Zeit sind teilweise erhalten. Die vom Jahresbeginn zeigen nur ein freundliches und leicht erklärliches Interesse an jungen Mädchen sowie die Umgebung des Ladens, die nicht über die Maßen aufregend aussieht.
Die Svedvi-Bilder scheinen irgendwann zwischen Mitte und Ende März 1929 aufgenommen worden zu sein. Ihre Geschichte ist merkwürdig. Eine 5 x 9 mm-Filmrolle blieb bis 1998 in Einar Gustafssons erster Kamera, als ich diese Kamera mit dem noch darin eingelegten Film in einer alten Holzkiste auf dem Dachboden von Einars Landhaus in Väster Våla fand. Die Kiste scheint seiner Tante Frederike gehört zu haben.
Da ich mir der Gefahren bewußt war, die darin bestanden, eine Kodak-Filmrolle von 1929 zu entwickeln, wandte ich mich an eine Einrichtung auf meinem Campus an der University of Texas in Austin, an das Photolabor des Humanities Research Center.
Die damalige Leiterin des Labors, die jetzt in Warschau lebt, Dr. Anna Kaminska, rief mich einige Wochen später an und erklärte mir, was sie auf diesen siebzig Jahre alten Negativen gefunden hatte, oder sagte mir vielmehr, daß sie nicht herausfinden konnte, was sie gefunden hatte.

– Dr. Gustafsson, Sie kennen sicherlich Louis Jacques Mandé Daguerres *Boulevard du Temple* von 1839, die erste Photographie, die einen Menschen zeigt, der sozusagen aus Versehen dort aufgenommen wurde.
– Natürlich. Der erste Mensch der Photographie beugt sich zu einem Schuhputzjungen hinunter, der seinerseits hinter einer Wasserpumpe versteckt ist?
– Genau. Ihr Vater hat in den Svedvi-Bildern offensichtlich etwas Ähnliches gemacht. Er hat etwas aufgenommen, was er nicht aufnehmen wollte.
– Und was?
– Ich weiß es nicht. Ich frage mich, ob man es je erklären kann. Es muß nicht einmal da sein. Vielleicht ist das alles während der siebzig Jahre innerhalb der Kamera passiert. Sie werden sehen, die Bilder haben sich vervielfältigt, sie sind größer geworden und anders und haben sich zu einer neuen Geschichte entwickelt, der niemand von uns folgen können wird, fürchte ich. Etwas sehr Ungewöhnliches muß da an diesem Nachmittag des 29. März passiert sein. Oder vielleicht gar nichts. Vielleicht kam alles später. Was? Chemie? Der Einfluß von Elementen aus dem All? Was weiß ich?

[Auf der folgenden Seite]

Filmstill aus ‹Barton Fink›
von Joel & Ethan Coen, 1991

«I'll jus' walk on down to the Pacific, and from there I'll... improvise.»
(W.P. Mayhew)

AUTOREN. FILM.
SCHRIFTSTELLER HINTER DER KAMERA

VOLKER PANTENBURG

Dabei hatte alles so gut angefangen. Mit agitatorischen Dramen, die den vielbeschworenen «Mann von der Straße» nicht nur auf die Bühne, sondern am liebsten auch gleich in den Zuschauerraum bringen sollten, feierte der junge Theaterautor am Broadway rasende Erfolge. Wir schreiben das Jahr 1941, und die New Yorker Zeitungen übertreffen sich in fettgedrucktem Lob. Anlaß genug, von einem neuen Theater zu träumen, das im brechtschen Sinne politisch geerdet und revolutionär sein könnte. Aufbruchstimmung.
Wie immer kommt es anders.
Das Telefon klingelt, Hollywood ist am Apparat – und an dieser Stelle gibt es einen harten Schnitt. Denn nach seiner Ankunft in der Traumfabrik taumelt der idealistische Schriftsteller von einem Horrorszenario ins nächste, vom tropisch überhitzten Hotel in die obligatorische Schreibhemmung, von ausweglosen Debatten mit dem Produzenten in ein blutig-kopfloses Liebesabenteuer mit seiner Muse. Am Ende sitzt er einsam am Strand und schaut mit leerem Blick auf den Pazifik. Neben ihm steht ein etwa schädelgroßes Päckchen, über dessen Inhalt man gar nicht so genau Bescheid wissen will.
Den Namen des Autors, Barton Fink, sucht man in amerikanischen Literaturgeschichten vergeblich. Kein Wunder, schließlich handelt es sich bei der Figur nicht um einen realen Schriftsteller, sondern um den Protagonisten des 1991 entstandenen gleichnamigen Films der Brüder Joel und Ethan Coen.
Der in *Barton Fink* abgerufene Mythos des kreativen Schriftstellers, der in Hollywood rücksichtslos durch die Unterhaltungsmühle gedreht wird und sich bestenfalls durch Rauschdrogen aller Art über Wasser halten kann, kennt reale Vorbilder. Etwa F. Scott Fitzgerald, der zwischen 1927 und seinem Todesjahr 1940 gleich dreimal vergeblich versuchte, in Hollywood Fuß zu fassen, dessen Erfolg aber nie auch nur annähernd mit seinem Alkoholkonsum Schritt halten konnte. Ein Teil seiner Enttäuschung ist im unvollendeten Roman *Der letzte Tycoon* wiederzufinden, der 1941 postum erschien und ernüchtert – wenn sich das über einen Alkoholiker sagen läßt – die Strukturen des Systems Hollywood nachzeichnet.
Fitzgeralds Schicksal steht hier stellvertretend dafür, daß die amerikanische Filmindustrie in einem äußerst groben Schematismus meist den industriellen Verwertungszusammenhang repräsentiert, der die Autoren ausschlachtet und ihre Ideen dem kapitalistischen Kalkül der Produzenten unterwirft. Der Autor, so das Klischee, ist hier lediglich «Writer» und damit Lohnarbeiter, dessen Vorlagen – wenn sie überhaupt gedreht werden – nach Hollywoodschem Muster beliebig verändert und stromlinienförmig gemacht werden. Daß ein Autor tatsächlich auch als Regisseur in Erscheinung tritt, ist im fordistisch-arbeitsteiligen Studiosystem fast undenkbar.
Es paßt in dieses Bild, daß Beispiele für eine gelungene Hinwendung von Schriftstellern zum Film eher in Europa zu finden sind. Jean Cocteaus Debütfilm *Das Blut eines Dichters* etwa, der 1930 kurz nach *L'Âge d'or* von Buñuel und Dalí entstandene Klassiker des surrealistischen Kinos, stellt ein relativ frühes Beispiel dafür dar, daß Schriftsteller als Regisseure meist außerhalb des etablierten Studio-Systems operieren – und in diesem Fall auch fernab ökonomischer Zwänge. Schließlich hatte der vielfach begabte Cocteau das große Glück, für seinen Film finanzkräftige Sponsoren zu finden. *Das Blut eines Dichters* kann als früher «Autorenfilm» gelten, bei dem Cocteau für Drehbuch, Regie und Ausführung gleichermaßen verantwortlich zeichnete; das Konzept des Autorenkinos jedoch stammt aus den späten 1940er Jahren und brauchte auch dann noch ein weiteres Jahrzehnt, um sich in entsprechenden Kinoproduktionen niederzuschlagen. Als Alexandre Astruc 1948 den Begriff der «Kamera als Federhalter» («la caméra stylo») prägte, verband sich damit eine Utopie, die neben der wirtschaftlichen Autonomisierung der Filmproduktion vor allem ihre Annäherung an die Ausdrucksmöglichkeiten der Schrift wünschte. Auch Descartes, so Astrucs Überlegung, würde seine *Abhandlung über die Methode* im 20. Jahrhundert nicht mehr als philosophischen Text, sondern als Film schreiben.
Filme zu «schreiben», diese metaphorische Verbindung zweier medialer Techniken, impliziert einerseits eine Ausweitung des Textbegriffs, die Gedanken französischer

Theoretiker der 1960er Jahre vorwegzunehmen scheint. Denn seitens des Zuschauers muß ein «geschriebener» Film auf ähnliche Weise lesbar sein wie ein gedruckter Text. Christian Metz hat die Möglichkeiten einer hier im Keim enthaltenen Semiologie des Films unter anderem in seinem Buch *Sprache und Film* (1971) ausgearbeitet. Andererseits wirkt die Betonung des Autorsubjekts, der die Autorenfilme der 1960er Jahre schon dem Begriff nach Vorschub leisten, vor dem Theoriehintergrund Roland Barthes' oder Michel Foucaults merkwürdig anachronistisch. In den 1960er Jahren lag der Autor schließlich bereits schwerkrank im Bett und sah sich von dort aus mit wehmütigem Blick Autorenfilme im Fernsehen an. Als maßgebliche Instanz für die Interpretation von Texten spielte er jedenfalls scheinbar keine Rolle mehr: Seine Deutungshoheit war weitgehend auf die Kategorien «Text» und «Leser» übergegangen. 1968 war es dann nur noch ein kleiner Schritt für Barthes, auf wenigen Seiten den «Tod des Autors» zu diagnostizieren.

Aber vielleicht folgt der Autorenfilm anderen, pragmatischen Strategien und versteht den Autor nicht als sinnverbürgende, bedeutungsgebende Kontrollinstanz, sondern als unkorrumpierten, unabhängigen Produzenten. In diesem Sinne eröffnete die «politique des auteurs» auch Schriftstellern neue Chancen, fernab der eingespielten Produktionszusammenhänge Filme zu machen. Leichte, handlichere Kameras und die Arbeit mit Laienschauspielern an Originalschauplätzen stellten zudem die technische Basis dafür dar, die Budgets klein zu halten und außerhalb der großen Studios arbeiten zu können.

Die Aufbruchstimmung des europäischen Kinos zu Anfang der 1960er Jahre hängt eng mit dem Autorenprinzip zusammen. Eine ganze Reihe von Strömungen, die dem Film neuen Schwung verliehen, zog ihre Impulse nicht nur aus einer Neubewertung der Filmgeschichte – Hitchcock, Preminger, Ford und andere Regisseure wurden kurzerhand zu «Autoren» *avant la lettre* erklärt –, sondern verdankt sich zugleich der Hinwendung von Schriftstellern zum Film.

In Frankreich gilt dies für die Protagonisten der «Nouvelle Vague» (Godard, Truffaut, Rivette, Rohmer etc.), die allesamt von der Filmkritik zum Film – und damit in einem weiteren Sinne ebenfalls vom Wort zum Bild – kamen, ebenso wie für Alain Resnais. Seine Filme *Hiroshima mon amour* (1959) und *Letztes Jahr in Marienbad* (1961) konnten nur in enger Zusammenarbeit mit Marguerite Duras und Alain Robbe-Grillet entstehen – zwei Autoren, die in der Folgezeit selbst bei zahlreichen Filmen Regie führten. «Nouvelle Vague» und «Nouveau Roman» gingen hier Hand in Hand.

Auch außerhalb Frankreichs erhielt der Film von Schriftstellern entscheidende Anstöße. Peter Weiss trat in Schweden schon in den 1950er Jahren nicht nur als Maler und Literat, sondern auch als experimenteller Filmemacher in Erscheinung, Pier Paolo Pasolini ist heute für kontroverse Filme wie seine de Sade-Adaption *Die 120 Tage von Sodom* bekannter als für seine Bücher. Und mit Alexander Kluge, Jurist und Autor, der 1988 durch die Gründung der Produktionsfirma DCTP auch zum wichtigsten Kulturunternehmer im Privatfernsehen wurde, hat eine der zentralen Figuren des «Neuen Deutschen Films» ebenfalls von der Textproduktion her zum Film gefunden. Ironischerweise ist Kluges Hinwendung zum Film ausgerechnet dem Kinogegner Theodor W. Adorno zu verdanken. Er hatte Kluge 1958 als Assistenten zu Fritz Lang geschickt, der gerade *Das indische Grabmahl* drehte. Erklärtes Ziel Adornos war es, Kluge damit nicht nur von der Literatur abzubringen, sondern ihm auch den Geschmack am Film zu verderben; die Arbeit mit Lang sollte, wie Kluge später im Gespräch mit Gertrud Koch beschrieb, «zum Abgewöhnen dienen und dann wieder einen guten Juristen herstellen.» Glücklicherweise ging Adornos Rechnung nicht auf – Kluge entwickelte sich in den 1960er Jahren nicht nur zum Autor komplexer Texte, die er seitdem kontinuierlich um- und fortschreibt. Er war 1962 auch einer der Initiatoren des Oberhausener Manifests und Begründer der Filmabteilung an der Hochschule für Gestaltung in Ulm. Gemeinsam mit Edgar Reitz und Winfried Reinke verfaßte er 1965 – zwischen seinem zweiten Roman *Schlachtbeschreibung* und dem ersten Spielfilm *Abschied von Gestern* – den programmatischen Text *Wort und Film*, der in entscheidenden Punkten an Astrucs Konzept des Autorenfilms anschließt. Ziel des Films, der gegenüber der Sprache einen Vorsprung von mehreren Jahrtausenden aufzuholen habe, müsse es sein, seine genuinen Ausdrucksmöglichkeiten nicht *gegen* das Wort, sondern durch die reflektierte Einbindung von Sprache zu finden, sei es in Form der Dialoge, des Kommentars oder einer «freien Bewegung der Worte».

Was aber ist nun das Spezifische an den Filmen von Autoren? Eine mögliche Antwort könnte lauten, daß die Frage falsch gestellt ist. Denn gerade an Godard und Kluge ist die Tendenz zu beobachten, nicht kategorial zwischen Text und Bild zu unterscheiden. An beiden Filmemachern, aber auch an Regisseuren wie Chris Marker, Harun Farocki oder Johan van der Keuken ist zu erkennen, daß die konsequente Verbindung von Wort und Text zur Produktion von Filmen führt, die spätestens seit Markers Film *Sans Soleil* (1982) meist mit dem Gattungsbegriff des Essay-Films beschrieben werden. Der Kommentar, der laut Alexander Kluge keineswegs eine abgeleitete und sekundäre Textsorte darstellt, sondern die «Grundform der Texte», ist als hinzugesprochener Text bei allen genannten Regisseuren zu finden. Anders als im traditionellen Spiel- oder Dokumentarfilm dient er hier jedoch nicht dazu, die Bildebene lediglich auf einer sprachlichen Ebene zu illustrieren oder zu doppeln. Mal durchkreuzt er die Bilder und relativiert ihre suggestive Kraft, um sie mit gegenläufigen Interpretationen zu konfrontieren, mal dient er dazu, dokumentarisches Material oder Zitate einzubinden. Autorenfilm, das heißt in diesem Fall: mehrstimmig zu sprechen. Ein Blick in Kluges «Filmbücher», etwa *Die Patriotin* von 1979, zeigt schnell, daß Bild und Wort hier auf eine Weise interagieren, die keine der beiden Ebenen bevorzugt, die weder Buch zum Film noch Drehbuch sein will, sondern auf wechselseitige Beobachtungsverhältnisse setzt, die Schrift als Bild wahrnimmt und Bilder verschriftlicht. Vom Autor zum Regisseur zu werden, bedeutet daher auch keineswegs, das eine Medium zugunsten des anderen aufzugeben. Als nach einer langen Zeit, in der Kluge scheinbar kaum geschrieben hatte, mit der zweibändigen *Chronik der Gefühle* (2000) und dem mit Oskar Negt zusammen verfaßten Kompendium *Der unterschätzte Mensch. Gemeinsame Philosophie in zwei Bänden* (2001) etwa viertausend Seiten Text kurz hintereinander erscheinen, ist dies ein deutliches Zeichen dafür, daß – zumindest für Alexander Kluge – die Medien Film und Text lediglich zwei unterschiedliche Instrumente bezeichnen, «Unterscheidungsvermögen» zu produzieren.

Ob als Film- oder als Textproduzent: Bei der Arbeit des Autors handelt es sich, in Kluges Worten, um «ein hochgezüchtetes Unterscheidungsvermögen. Mehr als diese Unterscheidungen zu treffen, tut der Autor eigentlich nicht.» Nicht gerade wenig.

[Auf der folgenden Seite]

Jean Cocteau: Wandmalerei aus der Villa Santo-Sospir: Das Zimmer von Cocteau, 1950
(Carole Weisweiller, Paris)

ÜBERS MALEN SCHREIBEN
EINE TEXTAUSWAHL

GOTTFRIED KELLER
TAGEBUCHEINTRAG VOM 9. JULI 1843

Heute habe ich Hoffmanns Biographie von Hitzig fertig gelesen. Letzterer, welchen ich zuerst in Chamissos Werken kennen lernte, ist mir ordentlich lieb geworden. Welch ein vortrefflicher Freund von so Vortrefflichen, und dabei welch eine edle Bescheidenheit. Was nun Hoffmann und sein Leben selbst betrifft, so habe ich mich sehr daran erbaut und gestärkt. Denn das Leben großer Männer, welche dabei unwandelhaft, klar und ohne hindernde Schwächen ihren Weg gingen, ist uns wohl Vorbild, zur Bewunderung und Nachahmung reizend, so Schiller, Jean Paul und andere; ein Leben, wie Goethes, das ohne materielle Sorgen und Kummer, in heiterer Ruhe, behaglichem Wohlstand und klarem Selbstbewußtsein fortfließt, höchstens von selbstgeschaffnen Geistesstürmen aufgeregt, vermag uns mehr niederzubeugen als aufzurichten. Ein Leben aber, wie Hoffmanns, voll Mangel, Not und Nahrungssorgen, denen immer zur rechten Zeit die Hilfe nahe war, ein Leben, das mit großen Schwachheiten, die wir oft auch kennen, zu kämpfen hat und ihnen manchmal unterliegt, dient uns zum lebendigen Beispiel, zur Stärkung, zum Trost; und, weil es einem Manne angehört, den wir sonst lieben und achten, und seiner Schwächen halber bemitleiden, so zeigt es uns besser und eindringender, was wir zu tun und zu lassen haben, als alle Moral.
(...) Hoffmann war Musiker, Dichter und Maler. Doch glaube ich, daß sein Ruf hauptsächlich nur noch in seinen literarischen Werken lebt. Da ich nicht Musikkenner bin, so kann ich in dieser Hinsicht nicht urteilen, doch habe ich als Laie seinen Namen unter denen der gleichzeitigen und frühern Komponisten zu wenig nennen gehört, als daß ich annehmen könnte, er habe außerordentliche oder klassische Verdienste in dieser Hinsicht. Was aber die bildende Kunst an geht, so mag seine Malerei wohl mehr in seinem Enthusiasmus dafür und in dem, was er selbst soviel darüber gesprochen hat, bestehen als in seinen eigentlichen künstlerischen Werken. Er müßte eben nicht Hoffmann gewesen sein, wenn er nicht gute und phantasievolle Karikaturen gemacht hätte, was ich aber Ernsthaftes von ihm gesehen, das erhob sich nicht über das Mittelmäßige und meistens Geschmacklose seiner Zeit, wo die herrliche Richtung, die Cornelius und seine Schüler der deutschen Kunst gaben, eben angebahnt wurde; er nimmt als Maler nicht einmal eine Stelle unter den Künstlern vor Cornelius ein, wie man die Verhältnisse wenigstens jetzt überblickt; und wenn man das nicht tut, so ist es unrecht, einem den Namen davon beizufügen, und trübt das Urteil der Befangenen über den ganzen Gehalt eines solchen Mannes. Da Hoffmann ein Genie war und großen Drang zur Malerei hatte, so zweifle ich keineswegs, daß er ein großer Maler geworden wäre, wenn er die strenge und berufsmäßige Bildung erhalten

hätte, welche die bildende Kunst verlangt. Ein Genie, das viel gelesen hat, kann auch gewiß etwas Gutes schreiben, ohne seine Jugend auf Universitäten zugebracht zu haben; denn der Gedanke ist es, der das Wort adelt. Bei der bildenden Kunst aber sind Form und Gedanke eins, und mit dem feinsten Gefühl, mit der besten Überzeugung und mit der feurigsten Phantasie kann man keine schöne, klassische Figur zeichnen, wenn man nicht mit seiner eignen Hand jahrelang ausschließlich, ich möchte sagen handwerksmäßig unter guter Anleitung gezeichnet und studiert hat; der Maler und Bildhauer studiert nur mit dem Griffel in der Hand; daß man aber Jus studieren und Musik treiben könne neben dem Malerstudium, das halte ich für unmöglich, wenn man in letzterem mehr als Dilettant sein will.
Von Hoffmann zu verlangen, daß er die Malerei aufgeben und alle seine Kräfte der Dichtkunst zuwenden solle, wäre eine Philisterei gewesen; denn der Evangelist Johannes sagt: «Der Wind wehet, wo er will, und du hörest sein Tosen; aber du weißest nicht, von wannen er kommt, noch wohin er fahren wird. – Also ist ein jeder, der aus dem Geiste geboren ist!» Aber es ist ein frommer Wunsch, daß er diesen Drang zur Bildnerei nicht gehabt und die Literatur, mit einem ganz gereinigten Geschmack, zu seiner Lebensaufgabe gemacht haben möchte. Gewiß würde er unter den ersten Sternen am deutschen Dichterhimmel glänzen. – Ich werde nun seine Schriften gänzlich durchlesen.

ADALBERT STIFTER

AUS: NACHKOMMENSCHAFTEN (1864)

«Hören Sie mich an», begann er. «Es lebt seit Jahrhunderten ein Geschlecht, das immer etwas anderes erreicht hat, als es mit Heftigkeit angestrebt hat. Und je glühender das Bestreben eines dieses Geschlechtes war, desto sicherer konnte man sein, daß nichts daraus wird. Und nicht etwa durch das Schicksal wurden diese Leute aus ihren Bahnen geworfen; denn dann wäre ja mancher darin geblieben, weil Schicksal und Zufall nicht folgerichtig sind, sondern jeder verließ selber freiwillig und mit Freuden seinen Kampfplatz und wendete sich zu andern Dingen. Manche erreichten über Ansammlung der Mittel zu ihrem Zwecke den Zweck nicht. Sie waren alle höchst begabte Leute, einen einzigen ausgenommen, welcher ein gewöhnlicher Mensch war, und weil sie solche Begabungen hatten, so wählten sie frühzeitig schon irgendeine Tätigkeit, spornten diese zu höchstem Feuer und erreichten auch Erfolge, die andere Menschen in Erstaunen setzten; aber es genügten ihnen die Erfolge nicht, und sie warfen das Zeugs weg. Ich weiß nicht, wenn einmal einer gekommen wäre, der das Höchste in seinem Fache hervorgebracht hätte, ob auch er von demselben wieder gewichen wäre, ich weiß es nicht, weil der Fall nicht vorgekommen ist; ich glaube aber, dieser Mann wäre eine Ausnahme seines Geschlechtes geworden und hätte es zu seltenen Ehren gebracht, wenn er nicht, auch noch andern Gedanken nachjagend, all sein Tun für Stückwerk gehalten und es zu dem Plunder geworfen hätte. Wer kann das wissen. So merkwürdig ist aber das Geschick dieses Geschlechtes, daß selbst der gewöhnliche Mensch, der, wie ich Ihnen sagte, dazu gehörte, diesem Geschicke nicht entgehen konnte. Obwohl er nicht durch hohe Begabung zu vorzeitiger Tätigkeit getrieben und von ihr wieder abwendig gemacht wurde, so reichte sein Pfund doch gerade hin, zu tun wie alle seine Väter, Vettern und Muhmen, nämlich ein Ungetüm von Zeit und Kraft einem Dinge zuzuwenden, um es dann gehen zu lassen und ein anderes zu ergreifen. Ich kenne dieses Geschlecht außerordentlich genau, ich bin selbst einer davon, und zwar jener gewöhnliche Mensch, von dem ich Ihnen gesagt habe. Ich habe selbst getan wie meine Angehörigen. Ich habe von denen erzählen gehört, welche vor uns gelebt haben, und ich habe beobachtet, was die gefördert haben, die mit mir gleichzeitig sind, und habe besonders die jüngeren beobachtet. Und gerade so wie diese jüngeren benehmen Sie sich, mein Herr. Sie haben sich der Landschaftsmalerei ergeben nicht des Geldes wegen, nicht des Ruhmes wegen, nicht aus Eitelkeit; denn Sie verbergen Ihre Bilder, zeigen sie nicht, wollen sie nicht verkaufen, sondern Sie streben nach eigener Billigung, wollen den Dingen ihr Wesen abringen, wollen die Tiefe erschöpfen, darum wählen Sie sich einen Gegenstand, der so ernst, schwierig und unbedeutend ist, daß ihm die andern aus dem Wege gehen würden, dieses Moor. Sie verfolgen Ihren Zweck mit einer Kraft und Hartnäckigkeit, die zum Bewundern sind, Sie lassen alles, was sonst die Jugend bewegt, beiseite liegen, ja Sie versagen sich die Befriedigung der gewöhnlichen Bedürfnisse, um nur Ihrem Ziele zuzusteuern, und Sie sind in Ihren Arbeiten zu Ergebnissen gekommen, die ganz ungewöhnlich sind. Ich verstehe Bilder, und wenn Sie mich einmal in meinem Hause besuchen wollten, würden Sie nicht unbedeutende Erzeugnisse der Malerkunst älterer Zeiten bei mir finden. Ihre Entwürfe, die ich genau angesehen habe, gehören zu dem Allerbesten, was die neue Kunst hervorgebracht hat, an Wahrheit übertreffen sie alles, was jetzt da ist; und eben deswegen werden Sie eines Tages sagen: Das ist doch noch nichts als leeres Getue, ich werfe es zum Teufel. (. .)»

GEORGE SAND

AUS IHREM BRIEFWECHSEL

Ich habe unter meinen Zeichnungen etwas gesucht, was Monsieur de Goncourt zufriedenstellen könnte. Aber es sind nur Reisenotizen, die nur für mich von Bedeutung sind und an sich keinerlei Vorzug oder Wert haben. Und wenn die ganze Sache nur aus Neugier gemacht wird, um dem Publikum zu zeigen, wie die Literaten dumm zeichnen, dann *ist es nicht nötig*, sich lächerlich zu machen.

AN CHARLES-EDMOND, 12. UND 13. DEZEMBER 1873

Ich habe viel Spaß beim Zeichnen und mache bemerkenswerte Fortschritte in der Kunst der *dendrites* (siehe Littré), deshalb bitte ich Dich, mein Lieber, mit der beigelegten Liste, verlier sie nicht! zu Susse oder einem anderen *großen* Farbenhändler zu gehen und uns genau die verlangte Auswahl zusammenstellen zu lassen, die man uns gegen Bezahlung zusendet oder die Du uns selbst schickst. Es eilt, Lolo, die beste Vorbereiterin der *Kleckse*, sorgt für einen solchen Verbrauch, daß uns die Farben ausgehen.

AN EDMOND PLAUCHUT, 7. FEBRUAR 1874

Wir haben alle unsere Spielereien bekommen. Danke, mein großer Bibi. Schick uns die Rechnung. *Ich will es so*, andernfalls setzt es Ohrfeigen. Allen geht es gut. Das Wetter ist schön. (...) Ich mache weiter meine *dendrites* und ich mache Fortschritte. Aber während ich so herumkleckse, lasse ich meine Gedanken schweifen und ich werde mich eines Tages ans Werk machen, Theaterstück oder Roman, ich weiß es nicht, aber ich habe ein lustiges Sujet.

AN EDMOND PLAUCHUT, 27. FEBRUAR 1874

Lieber Freund, heute kann ich schreiben. Die ganzen letzten Tage litt ich unter starkem Rheumatismus im rechten Arm und war gezwungen, um mich zu unterhalten, meine kleinen Aquarellklecksereien mit der linken Hand zu machen.

AN CHARLES-EDMOND, 5. JULI 1874

Die Aquarelle waren mir dieses Jahr eine große Hilfe und diesbezüglich glaube ich nicht, daß die Radierung oder irgendein anderes Verfahren die *dendritage* von Maurice wiedergeben könnte. Dieses Verfahren ist die einzige Besonderheit meiner kleinen Kleckseleien, das, was ihnen ein etwas *spezielles* Aussehen gibt. Toulmouche war so überrascht davon, daß er mir den Gedanken nahebrachte, von dem ich vor einem Jahr tausend Meilen entfernt war, dies zu meinem Vergnügen zu machen. Als Sie mich für eine Veröffentlichung um eine Zeichnung baten, sprang ich an die Decke. Maurice hat mich trotzdem gedrängt, eine meiner Reiseerinnerungen zu schicken, die ich vor dreißig Jahren gemacht habe. Er sagte, das sei es wert. Das fand ich nicht. Wegen dieses Vorfalls, wie ich so mit ihm über Landschaften und Farbe plauderte, habe ich begonnen, diese dendrites auszuprobieren, die mir Spaß gemacht haben und die allmählich weniger ungehobelt werden als noch die ersten Versuche. Ich habe nicht zu Toulmouche gesagt, daß er sie für mich verkaufen soll. Ich habe ihn beauftragt, Aquarelle von Maurice zu verkaufen, und wollte ihn nicht mit uns beiden *belasten*. Wenn Sie für mich eine Lösung wüßten, würden Sie mir einen großen Dienst erweisen, denn ich möchte mich nicht auf meinem Besitz ausruhen. Dieses Recht habe ich nicht, und ich kann nicht mehr das ganze Jahr Literatur machen, das ist unmöglich geworden. Denken Sie an die Ratschläge, die man Ihnen gab, und sehen Sie, ob es durchführbar ist. Ich glaube nicht; ich glaube, wenn man es übersetzt – ist es nicht mehr. Mir wäre lieber, es wäre wie ein Verkauf von Handschriften, das wäre weniger *unverschämt*, als mich gravieren zu lassen.

AN CHARLES-EDMOND, 11. AUGUST 1874

Als Dank für Ihr Buch schicke ich Ihnen eines meiner eigenhändigen Aquarelle und bitte Sie, es zum Gedenken an mich anzunehmen. Wenn Sie Liebhaber fänden, lassen Sie nur viele kaufen, denn ich mache jeden Abend vor dem Einschlafen ein oder zwei davon, und ihr Erlös ist für die Sparbüchse meiner Enkelinnen bestimmt. Ich placiere diese zwei mikroskopisch kleinen Figuren in meine Zeichnungen, mit dem unzertrennbaren Hund, Monsieur Fadet. Mein Preis ist hoch, 100 Francs für das Format, das ich Ihnen schicke, 200 für das doppelte. Es ist sicherlich keine 10 Sous wert, aber Handschriften sind in Mode, und so muß man sie nehmen. Sie sagen mir bei Gelegenheit, ob Sie Liebhaber gefunden haben und wie man es machen muß, um Ihnen diese Zeichnungen zu schicken, denn bei einer so langen Reise müßte man um die fünfzig auf einmal schicken können. Denken Sie nur in Ihren Mußestunden an mich, sonst nicht!

AN JOAQUIM NABUCO, 21. AUGUST 1874

Ich habe mich an meine jährliche Aufgabe begeben, ich mache meinen Roman. Mit dem Alter fällt es immer leichter, deshalb erlaube ich mir auch nicht, mehr als zwei oder drei Monate im Jahr daran zu arbeiten, ich würde zu einer Fabrik und ich glaube, daß meinen Erzeugnissen die nötige Bewußtheit fehlen würde. Ich schreibe sogar nur zwei oder drei Stunden jeden Tag, und die innerliche Arbeit geschieht, während ich Aquarelle kleckse.

AN GUSTAVE FLAUBERT, 28. SEPTEMBER 1874

Endlich bin ich wieder auf den Beinen. Es ist angenehm draußen nach dem Unwetter, und ich beklecks Papier, Aquarell und Roman.

AN CHARLES-EDMOND, 13. NOVEMBER 1875

AUGUST STRINDBERG

AUS DEM AUTOBIOGRAPHISCHEN ROMAN: DER SOHN EINER MAGD (1886)

Wieder entstanden Pläne, drängten sich vor, zeitigten aber keine Folgen. Seine Seele befand sich in Auflösung, schwebte wie ein Rauch, war äußerst empfindlich.
Die graue, schmutzige Stadt quälte ihn, die Landschaft peinigte ihn. Er lag auf einem Sofa und sah sich die Illustrationen einer deutschen Zeitschrift an. Der Anblick von Landschaften aus andern Ländern wirkte wie Musik auf ihn; er empfand ein Bedürfnis, grüne Bäume und blaue Seen zu sehen. Er wollte aufs Land hinaus; aber es war erst Februar, und die Luft war grau wie Sackleinwand, Straßen und Wege kotig.
Wenn er ganz niedergeschlagen war, ging er zu seinem Freund, dem Naturforscher. Es erfrischte ihn, dessen Herbarien und Mikroskope, Aquarien und physiologische Präparate zu sehen.
Am meisten erfrischte ihn der stille friedliche Atheist selbst, der die Welt ihren Gang gehen ließ, denn er wußte, daß er mit seinen geringen Kräften mehr für die Zukunft arbeitete als der Dichter mit seinen konvulsivischen Anstrengungen.
Doch war der Kamerad nicht ganz frei von Künstlertum, denn er malte in Öl. Das interessierte Johan außerordentlich. Eine grünende Landschaft mitten in den Nebeln dieses furchtbaren Winters hinmalen und sie an die Wand hängen zu können: das wäre etwas!
– Ist malen schwer? fragte er.
– Nein, behüte, es ist leichter als zeichnen. Versuch es nur!
Johan hatte schon ohne Bangen ein Lied für Gitarrebegleitung komponiert: er hielt also das Malen für nicht so unmöglich. Er lieh sich Staffelei, Farben, Pinsel. Dann ging er nach Haus und schloß sich ein. Aus einer illustrierten Zeitung nahm er eine Zeichnung, die eine Schloßruine vorstellte; die kopierte er. Als er die blaue Farbe wie ein klarer Himmel wirken sah, wurde er sentimental. Als er dann grüne Büsche und eine Wiese hervorzauberte, wurde er unaussprechlich glücklich, als habe er Haschisch gegessen.
Der erste Versuch war gelungen. Dann aber wollte er ein Gemälde kopieren. Das ging nicht. Alles wurde grün und braun; er konnte seine Farben nicht auf den Ton des Originals stimmen. Da verzweifelte er.
Eines Tages, als er sich eingeschlossen hatte, hörte er, wie ein Besuch mit dem Kameraden im äußern Zimmer sprach. Sie flüsterten, als sprächen sie von einem Kranken.
– Jetzt malt er auch noch! sagte der Kamerad in einem sehr niedergeschlagenen Ton.
Was sollte das bedeuten? Hielten sie ihn für gestört? Ja, jetzt verstand er es. So war es. Er dachte über sich selber nach und kam zu der Schlußfolgerung, wie alle Grübler, er sei gestört. Was war da zu machen? Wenn man ihn einsperrte, würde er verrückt werden; davon war er überzeugt. Besser ist, dem zuvorkommen, dachte er. Er erinnerte sich, daß man in seiner Gegenwart einmal von einer Privatirrenanstalt auf dem Lande gesprochen hatte, und er schrieb an den Vorsteher.
Nach einiger Zeit erhielt er eine freundliche Antwort, in der er ermahnt wurde, ruhig zu sein. Der Briefschreiber habe sich bei Kameraden nach Johan erkundigt und kenne jetzt seinen Seelenzustand. Das sei eine Krisis, die alle empfindlichen Naturen durchmachten usw.
Also diese Gefahr war überstanden.

AUS: VON MIR ÜBER MICH (1893/99)

Ein Maler wies mir den Weg nach Düsseldorf. Ich kam, soviel ich weiß, grad an zu einem jener Frühlingsfeste, für diesmal die Erstürmung einer Burg, die weithin berühmt waren. Ich war sehr begeistert davon und von dem Maiwein auch. Nachdem ich mich schlecht und recht durch den Antikensaal hindurchgetüpfelt hatte, begab ich mich nach Antwerpen in die Malschule, wo man, so hieß es, die alte Muttersprache der Kunst noch immer erlernen könne.
In dieser kunstberühmten Stadt sah ich zum ersten Male die Werke alter Meister: Rubens, Brouwer, Teniers, Frans Hals. Ihre göttliche Leichtigkeit der Darstellung malerischer Einfälle, verbunden mit stofflich juwelenhaftem Reiz; diese Unbefangenheit eines guten Gewissens, welches nichts zu vertuschen braucht; diese Farbenmusik, worin man alle Stimmen klar durchhört, vom Grundbaß herauf, haben für immer meine Liebe und Bewunderung gewonnen.
(...)
Von Lüthorst ging ich nach München. Indes in der damaligen akademischen Strömung kam mein flämisches Schifflein, das wohl auch schlecht gesteuert war, nicht recht zum Schwimmen.
Um so angenehmer war es im Künstlerverein, wo man sang und trank und sich nebenbei karikierend zu necken pflegte. Auch ich war solchen persönlichen Späßen nicht abgeneigt. Man ist ein Mensch und erfrischt und erbaut sich gern an den kleinen Verdrießlichkeiten und Dummheiten anderer Leute. Selbst über sich selber kann man lachen mitunter, und das ist ein Extrapläsier, denn dann kommt man sich sogar noch klüger und gedockener vor als man selbst.
Lachen ist ein Ausdruck relativer Behaglichkeit. Der Franzel hinterm Ofen freut sich der Wärme um so mehr, wenn er sieht, wie sich draußen der Hansel in die rötlichen Hände pustet. Zum Gebrauch in der Öffentlichkeit habe ich jedoch nur Phantasiehanseln genommen. Man kann sie auch besser herrichten nach Bedarf und die eher tun und sagen lassen, was man will. Gut schien mir oft der Trochäus für biederes Reden; stets praktisch der Holzschnittstrich für stilvoll heitere Gestalten. So ein Konturwesen macht sich leicht frei von dem Gesetze der Schwere und kann, besonders wenn es nicht schön ist, viel aushalten, eh' es uns weht tut. Man sieht die Sach an und schwebt derweil in behaglichem Selbstgefühl über den Leiden der Welt, ja über dem Künstler, der gar so naiv ist.
Auch das Gebirg, das noch nie in der Nähe gesehene, wurde für längere Zeit aufgesucht. An einem Spätnachmittag kam ich zu Fuß vor dem Dörfchen an, wo ich zu bleiben gedachte. Gleich das erste Häuschen mit dem Plätscherbrunnen und dem Zaun, von Kürbis durchflochten, sah verlockend idyllisch aus. Feldstuhl und Skizzenbuch wurden aufgeklappt. Auf der Schwelle saß ein steinaltes Mütterlein und schlief, das Kätzchen daneben. Plötzlich, aus dem Hintergrunde des Hauses, kam eine jüngere Frau, faßte die Alte bei den Haaren und schleifte sie auf den Kehrichthaufen. Dabei quäkte die Alte wie ein Huhn, das geschlachtet werden soll. Feldstuhl und Skizzenbuch wurden zugeklappt.
Mit diesem Rippenstoße führte mich das neckische Schicksal zu den trefflichen Bauersleuten und in die herrliche Gegend, von denen ich nur ungern wieder Abschied nahm.
Es kann 59 gewesen sein, als zuerst in den ‹Fliegenden› eine Zeichnung mit Text von mir gedruckt wurde: zwei Männer, die aufs Eis gehen, wobei einer den Kopf verliert. Vielfach, wie's die Not gebot, illustrierte ich dann neben eigenen auch fremde Texte. Bald aber meint' ich, ich müßt' alles halt selber machen. Die Situationen gerieten in Fluß und gruppierten sich zu kleinen Bildergeschichten, denen

größere gefolgt sind. Fast alle hab' ich, ohne wem was zu sagen, in Wiedensahl verfertigt. Dann hab' ich sie laufen lassen auf den Markt, und da sind sie herumgesprungen, wie Buben tun, ohne viel Rücksicht zu nehmen auf gar zu empfindsame Hühneraugen; wohingegen man aber auch wohl annehmen darf, daß sie nicht gar zu empfindlich sind, wenn sie mal Schelte kriegen.
Man hat den Autor für einen Bücherwurm und Absonderling gehalten. Das erste mit Unrecht.
Zwar liest er unter anderm die Bibel, die großen Dramatiker, die Bekenntnisse des Augustin, den Pickwick und Don Quichotte und hält die Odyssee für das schönste der Märchenbücher, aber ein Bücherwurm ist doch ein Tierchen mit ganz anderen Manierchen.
Ein Sonderling dürft' er schon eher sein. Für die Gesellschaft, außer der unter vier bis sechs Augen, schwärmt er nicht sehr.

ELSE LASKER-SCHÜLER

Jungens, nun hab ich's raus mit den Künsten: man muß zeichnen, wie man operiert. Ob man ein Stück Haut zuviel skalpiert oder einen Strich länger zieht, darauf kommt es ja gar nicht an!

AUS: BRIEFE NACH NORWEGEN (1912)

Wie ich zum Zeichnen kam
Wahrscheinlich so: meinen Buchstaben ging die Blüte auf – über Nacht; oder besser gesagt: über die Nacht der Hand. Man weiß eben nicht – in der Dunkelheit des Wunders.
Blicke ich über einen Grasplatz wie über einen runden Bogen voll grüner Buchstaben oder über einen herbstlichen Garten, rauschendem Schreiben der Erdhand, der Urkunde Gottes, so löst sich das Rätsel. – Wie ich zum Zeichnen kam? Ganz genau wie das Laub sich nach der Blume sehnt, so zaubert die Sehnsucht meiner lebendigen Buchstaben das Bild in allen Farben hervor. Nicht zu erzwingen... Manch einer aber warte nur vertrauend auf den Mai seiner Schrift.

AUS: BERLINER TAGEBLATT (1927)

FEDERICO GARCÍA LORCA

AUS DEN BRIEFEN AN SEINEN FREUND SEBASTIÁN GASCH (1927)

Ich danke Dir ganz besonders für Dein Lob, denn es hilft mir in einem Maße, das Du nicht ahnst, beim Zeichnen, und wirklich freue ich mich meiner Zeichnungen. Bevor ich zeichne, überlege ich mir erst Themen und bringe so die *gleiche* Wirkung zustande, als wenn ich an gar nichts denke. Selbstverständlich bin ich in solchen Augenblicken mit einer derartigen Sensibilität erfüllt, die beinahe schon physisch ist, daß ich mich auf Ebenen begebe, auf denen es schwer ist, sich auf den Füßen zu halten, und wo man gewissermaßen über dem Abgrund schwebt. Es ist eine ermüdende Anstrengung für mich, mit den Leuten im Kurort eine normale Unterhaltung zu führen, denn meine Augen und meine Worte sind ganz woanders. Sie sind in der gewaltigen Bibliothek, die niemand gelesen hat, in einer sehr kühlen Luft, dem Land, in dem die Menschen nur auf einem Beine tanzen.

Die Ausarbeitung der letzten Zeichnungen, die ich gemacht habe, hat mich schwere Arbeit gekostet. Ich überließ die Hand der jungfräulichen Erde, und die Hand,

Federico García Lorca: Selbstportrait mit märchenhaftem schwarzem Tier, um 1929-30
Tusche auf beschnittener Pappe, 19,5 x 16 cm.
(Fundación Federico García Lorca, Madrid)

zusammen mit meinem Herzen, führte mir die wunderbaren Urstoffe zu. Ich habe sie enthüllt und festgehalten. Ich habe meine Hand von neuem ausgestreckt, und so, mittels vieler Urstoffe, erkannte ich die Charakteristiken des Gegenstandes oder ihre schönsten und unerklärlichsten und bildete meine Zeichnung.
So habe ich den ‹Ireso sevillano› zustande gebracht, die ‹Sirena›, den ‹San Sebastián› und fast alles, was ein Kreuzlein hat. Es gibt reine Wunder wie ‹Cleopatra›, die mir Fieberschauer machte, als ich diese Harmonie der Linien erkannte, an die ich *nie gedacht*, von der ich *nicht geträumt* und die ich nicht *gewollt hatte*; ich *war auch nicht inspiriert* und ich sagte, *Cleopatra!* als ich es sah; wahrhaftig! Dann hat es mir mein Bruder bestätigt. Diese Linien waren *das genaue Porträt, die reine Empfindung* der Königin von Ägypten. Einige Zeichnungen entstehen wie die schönsten Metaphern, und andere sucht man an dem Ort, *wo man sie mit Sicherheit weiß*. Es ist ein Fischfang. Manchmal springt der Fisch von selbst in das Körbchen, manchmal sucht man das klarste Wasser auf und wirft die beste Angel aus, um seinen Zweck zu erreichen. Die Angel heißt Realität. Ich habe diese kleinen Zeichnungen nach einem poetisch-plastischen oder plastisch-poetischen Kriterium erdacht und ausgeführt, in genauer Verbindung. Und viele sind lineare Metaphern oder sublimierte Gemeinplätze, wie der ‹San Sebastián› und der ‹Pfau›. Ich habe mich bemüht, die wesentlichen Charakterzüge der Bewegung und der Form oder der Über-Wirklichkeit oder der Über-Form herauszusuchen und sie in ein *Signum* zu verwandeln, das, als magischer Schlüssel, es uns ermöglicht, die Wirklichkeit, die sie in der Welt haben, *besser zu begreifen*.

Aber *ohne Qual noch Traum* (ich verabscheue die Kunst der Träume) noch Komplikationen. Diese Zeichnungen sind zugleich reine Poesie oder reine Plastik. Wenn ich sie mache, fühle ich mich rein, gestärkt, heiter, *kindlich*. Und das *Wort*, dessen ich bedarf, um sie zu benennen, jagt mir Schrecken ein. Und in Schrecken versetzt mich auch die sogenannt *direkte* Malerei, die nichts anderes ist als ein angstvoller Kampf mit den Formen, aus dem der Maler immer *besiegt* und mit *totem* Werk hervorgeht. In diesen Abstraktionen aber sehe ich die *erschaffene* Realität, die sich der uns umgebenden Realität verbindet, wie sich die konkrete Uhr dem Konzept verbindet: wie die Klette dem Felsen. Du hast recht, bester Gasch, man muß die Abstraktion verbinden. Darüber hinaus würde ich die Zeichnungen, die Du erhältst (ich schicke sie Dir eingeschrieben) *sehr menschliche Zeichnungen* nennen. Denn fast alle wollen mit ihren kleinen Pfeilen ins Herz treffen...

Malerstunde

Mich juckt's,
Doch ich kann mich nicht jucken,
Weil meine Finger voll Farbe sind.

Dabei habe ich den Schlucken.
Wenn ich den Pinsel – – Hupp schluckt's.

In meinem Fliegenspind
Summt eine Fliege grollend,
Eingesperrt, hinauswollend.
Keine Fliege lebt von Worcester-Sauce.

Ach, Hunger tut weh.
Aber er schont die Hose
Und macht sie locker.

Ha! Jetzt habe ich eine Idee!
Weh! Aber keinen Lichten Ocker.

Maler und Tierfreund

Ich hatte eine Landschaft in Öl gemalt,
Und sie gefiel mir sehr:
Ein blauer Himmel, aus dem die Sonne wie Wonne strahlt,
und darunter weites, ruhiges, grünes Meer.
«Einsame Sehnsucht»

Danach fuhr ich irgendwo hin,
Um einen kleinen Affen zu erwerben,
Weil ich ein Tierfreund bin.
Aber was einem die Tiere nicht alles verderben.

Wieder zu Haus, stieß ich aus einen Schrei,
Denn mein Bild war verhext.
Erstens hatte mein Papagei
Etwas Groteskes ins Meer gekleckst,
Und das geradezu künstlerisch kühn.
Aber das Wasser selber war abgeleckt
Von meinem Wolfshund. Der lag vom Schweinfurter Grün
Vergiftet am Boden, verreckt.

In den Himmel hatte sich eine Fliege geklebt,
Und zwar mit dem Rücken.
Die strampelte, wie man, wenn man Großes erlebt,
Mit den Beinen strampelt vor lauter Entzücken.

Joachim Ringelnatz: Dreimaster in hohem Wellengang (auch: Sturm auf hoher See), 1924
Aquarell, Deckweiß, Bleistift, Feder auf Papier, 18,5 x 25,5 cm.
(Staatliche Graphische Sammlung, München)

Und offenbar nicht minder beglückt
In ihrer Nähe
Hing auch mein Laubfrosch ans Bild angedrückt
Und tat so, als ob er die Fliege nicht sähe.

Da wollte mein Affe mit lautem Geschrei – – –
Doch ich band ihn fest. Und lächelte dann.
Wie gut, daß man bei der Ölmalerei
Alles noch übermalen kann.

Mit Phantasie das Gegebne fixiert –
Genie und Farbe und Lichter dick aufgetragen –
Schwarz, Weiß, Rot, Ocker mutig darüber geschmiert – – –
Ein schönes Bild, muß ich selber sagen,
«Mein Selbstporträt».

Amaryllis

Das Atelier ist heiß.
Draußen, drunten die andere Welt
Klopft ihre Teppiche, schreit und bellt.
Der Maler, der das wußte, er weiß
Es jetzt nicht mehr. Die Zeit steht still.
Der Pinsel zecht, läuft, zecht, läuft schnell
Und weiter, als er darf und will.
Reglos im Stuhle das schöne Modell
Träumt von sich selber, von Amaryll.

FRIEDRICH DÜRRENMATT

BRIEF AN DEN VATER

Kiental den 27 September 1941
Lieber Vater.
Der Brief war zwar sehr interessant, es hat mich aber einigermassen erstaunt, dass ihr das Problem immer noch ganz anders auffasst oder aufzufassen scheint als ich. Es handelt sich hier nicht darum zu entscheiden, ob ich ein ausübender Künstler werde oder nicht, denn da wird nicht entschieden sondern das wird man aus Notwendigkeit. Und das ich ein Künstler werden kann und muss, weiss und fühle ich.
Das Problem liegt ja bei mir ganz anders. Soll ich malen oder schreiben. Es drängt mich zu beidem Aber ich weiss auch dass man diese beiden Künste nicht gleich zeitig ausüben darf; denn bald wird einer zu einem Zwitter, er schreibt da wo er malen sollte und wo Schreiben am Platze gewesen wäre, greift er zum Pinsel.
Ich habe Dir schon oft gesagt dass ich mich auf der Grenze zwischen Schriftstellerei und Malerei bewege, auf welche Seite das Los fallen wird weis ich noch nicht, obwohl ich eine ganz bestimmte Ahnung habe.
Bevor der Maler ein Künstler werden kann, muss er ein Handwerker werden, denn Malen verlangt Technik, Technik und abermals Technik.
Eine harte strenge Arbeitszeit ist notwendig. Beim ‹Dichter› ist es anders. Auch hier ist die Arbeitszeit hart, aber anders geartet. Der Mensch der diese Kunst

erwählt, muss sich selber bilden. Er muss ‹Stoff fassen› Darum ist ein Universitätsstudium notwendig. Den Stil, die Methode seiner Erzählungstechnik, die muss er sich selber bilden und errarbeiten. Aber er muss Geschichte kennen, Philosophie, Psychologie, und Literatur und nochmals Literatur. Dies alles muss er wissen und erlernen. Die Phantasie aber und das Wunder der Inspiration, – das muss ihm gegeben sein.
Ich halte es für gut noch den Brief von Dr. Bleyle abzuwarten, ich könnte mich dann einmal richtig im Malen austoben oder vertoben und Französisch lernen. Dann könnte ich mich entschliessen. So oder so. Eines von beiden muss ich werden, eines von beiden muss ich fallen lassen. Der Entschluss aber ist schwer, sehr schwer.
Wenn ich studieren würde, müsste es Weltgeschichte, Deutsche Literatur – später auch Französische Literatur – sein. Anstatt Kunstgeschichte, Psychologie. Aber man wird sehen. Man sollte eigentlich alles studieren, denn alles könnte man brauchen als ‹Schriftsteller›.
Ich danke dir auch was Du über das ‹andere› geschrieben hast Es tut mir leid dass ich dich betrüben musste. Aber manchmal ist etwas in mir das ich nicht zähmen kann. Ich bin jetzt oft mit mir allein und lerne mich kennen. Es ist gut so. Ich brauche Ruhe.
Lasse auch Mutter vielmals grüssen, sie war so lieb. Sei nun herzlich gegrüsst von deinem Sohn

Fritz

Kiental den 30 September.
Ich habe Dr Schüpach und Frau in Merligen besucht Sie waren sehr freundlich und nett. Geht vielleicht noch zu Professor Feller. Wer ist der jetzige Rektor der Universität? Jetzt anzufangen hat keinen grossen Sinn da ich ja in die Rekrutenschule muss, wo man so wie so alles vergisst. Ich weiss immer noch nicht was ich will. malen? schreiben? Ihr lasst Euch aber auch von jedem Professor umreden. Ein Sekretär von Kunstgesellschaften, eine Museumsstelle oder gar ein Beamter zu werden ist einfach unmöglich für mich. Ich kans nicht. Das solltet ihr wissen.

Fritz

GÜNTER GRASS

BIN ICH NUN SCHREIBER ODER ZEICHNER? (1980)

Als ich kürzlich eine Erzählung schrieb, in deren Verlauf sich gegen Ende des Dreißigjährigen Krieges zwei Dutzend barocke Schriftsteller versammeln, um einander aus ihren Manuskripten vorzulesen, suchte ich nach einem Ausdruck ihrer verzweifelten Lage, fand ihn zuerst im Bild – eine aus Steingeröll ragende, noch immer die Schreibfeder führende Hand –, bevor ich ihn in Worte fassen und meiner Erzählung einfügen konnte. Das gezeichnete Bild, eine Radierung, wurde zum Buchumschlag. Die geschriebene Metapher findet sich beiläufig im erzählenden Text. Auf zweierlei Weise versuchte ich, die barocke Tradition der Emblematik aufzunehmen. Wenn der zeichnerische Einfall voranging, löste der Schreibprozeß zeichnerische Varianten aus. Beide Disziplinen befruchteten einander zwittrig. Der Gegensatz zwischen Zeichnen und Schreiben hob sich bei der Gestaltung einer Bildvorstellung auf, die, ins Wort gesetzt, zeichenhaft wirkt, die, als Zeichen, wörtlich zu nehmen ist.
Nicht nur, weil Schrift und zeichnerische Linie gleichermaßen grafisch sind,

sondern auch aus Gründen der Bildhaftigkeit stehen Zeichnen und Schreiben zueinander in Wechselbeziehung: In der Praxis überschreitet die zeichenhafte Vorstellung die Grenzen künstlerischer Gattungsbestimmung, so irritierend verschieden jeweils das Handwerk und seine Materialien sind.
Vielleicht sind es die Ursprünge der Kunst, von der Bildersprache zur Bilderschrift, die daran erinnern, daß unsere klassische Einteilung und Abgrenzung der Künste jüngeren Datums und einzig vom akademischen Zwang geleitet ist. Deshalb sind mir Publikumsfragen wie «Sind Sie nun zuallererst Schriftsteller oder Grafiker?» so verständlich wie lächerlich. Meine Antwort kann deshalb nur spielerisch, das heißt abseits vom ernsthaften «Entweder-oder» ihre Widersprüche entwickeln.
Ich zeichne immer, auch wenn ich nicht zeichne, weil ich gerade schreibe oder konzentriert nichts tue. Und auch beim Zeichnen schreiben sich Sätze fort, die angefangen auf anderem Papier stehen. Das Schreiben hebt raffend oder verschleppend die Zeit auf. Beim Zeichnen findet sich der knappere Ausdruck. Lange bevor ich 700 Seiten lang das Märchen vom Butt als Roman schrieb, habe ich den großen Plattfisch mit dem Pinsel, mit der Rohrfeder, mit spröder Kohle und mit weichem Blei gezeichnet. Und als dann der Butt als sprechender Fisch zu Wort kam und die ersten Kapitel in Entwürfen den Stoff einkreisten, als die chronologische Zeitfolge aufgehoben und in erzählte Zeit umgesetzt wurde, entstanden Radierungen in verschiedener Technik (Ätzung, Kaltnadel), die jeweils, ohne Illustration zu sein, der Thematik des epischen Stoffes zugehörten oder sie bis in jene Bereiche erweiterten, die der erzählenden Prosa unzugänglich und nur der Lyrik offen sind. Gedichte und Grafiken entwickeln sich, stehen zueinander in Wechselbeziehung. Oft sind die Grafiken gezeichnete Gedichte; und viele Gedichte umschreiben Konturen, stufen Grautöne ab. Wie der lyrische Vers Distanzen kürzt und dehnt, oder der kurzen Erhellung Dauer sichert, so hält die Zeichnung kaum merkliche Überschneidungen fest: Mit gleichmütiger Linie hebt sie Fremdheiten auf, sie bettet Gegensätzliches unter einer Schraffur, sie widerlegt – wie das Gedicht – die Gewohnheit, sie macht das Niegehörte sichtbar.
Die Konfrontation des Gegenständlichen ist mein Thema. Auf Stangen gespießt sind sich der Fischkopf und der alte Schuh feindselig verwandt. Das Märchenmotiv: Ilsebill küßt den Fisch – führt grafisch zur Anverwandlung der Physiognomie. Für den Zyklus «Liebe geprüft» entstanden Gedichte und Radierungen gleichzeitig und lösten andernorts Prosakapitel aus, die ihrerseits der Grafik als Prüfstein bedurften. Sie ist genauer. Sie läßt sich nicht durch Wortklang verführen. Mehr als die eindeutige Linie ist der Vers durch das Geschwätz beliebiger Deutungen gefährdet. Erst ins grafische Bild übersetzt beweist die Wortmetapher, ob sie Bestand hat.
Seht, sagt die Zeichnung, wie wenige Wörter ich brauche; hört, sagt das Gedicht, was zwischen den Linien ist. Und weil sich bei mir im Schreiben das Zeichnen fortsetzt, weil aus der zeichnerischen Struktur epische Perioden als Satzgefälle abzuleiten sind, hat mich die Frage «Bist du nun Schreiber oder Zeichner zuallererst?» nie kümmern können. Wörtlich oder zeichnerisch genommen: Es sind die Grauwerte, die unsere Wirklichkeiten tönen, stufen, eintrüben, transparent machen. Weiß ist nur das Papier. Es muß befleckt, mit harter oder brüchiger Kontur belebt oder mit Wörtern besiedelt werden, die die Wahrheit immer neu und jedesmal anders erzählen. Ein schreibender Zeichner ist jemand, der die Tinte nicht wechselt.

EUGÈNE IONESCO

AUS: WEIß UND SCHWARZ (1981)

Wenn ich machen könnte, was ich will! Ach, wenn ich machen könnte, was ich will. Ich verlasse das Atelier, andere Einfälle kommen mir: eine Form mit zwei verschiedenen Schwarz, das eine näher bei Grau, von einem dunkleren Schwarz umgeben. Das Grau könnte Tiefe bewirken, wenn es von sehr dunklem und mächtigem Schwarz umgeben wäre. Ich kehre ins Hotel zurück und frage mich, wie ich mit Zeichnen mehr, mich mehr ausdrücken könnte, ich denke auch an einige Farben, die ich verwenden möchte; sehr wenige. Vorhin, noch im Atelier, habe ich für mich selber das Braun entdeckt. Vielleicht kann es mit Orange verbunden werden? Mit Grün gewiß. Was kann dieses Braun bedeuten? Doch ich muß in einigen Tagen verreisen, und ich habe noch das Projekt der Lithographien in Schwarz und Weiß vor mir. Für später also das Experiment mit Braun. Man kann mit Zeichnen und Farbe gewiß vieles ausdrücken. Mit Farbe (nicht Farben), maßvoll ausgedrückt. Man kann damit ebensoviel, wenn nicht mehr sagen, als ich es während mehr als einem Vierteljahrhundert in meinen Theaterstücken, meinen Erzählungen, meinem Roman, meinen Essays getan habe. Sogar im Politischen. Mindestens soweit ich in meinen Schriften etwas über Ideen und Politik ausdrücken wollte. Wohlverstanden: durch andere Mittel als jene der Karikatur (die schon genug angewandt wurden) oder der Anekdote habe ich den Eindruck, eine außerordentliche Sprache zu entdecken, die ich leider nicht zu meistern vermag. Politik, Ideologie, Glauben – ohne die Wörter und nichtfigurativ. Abstrakt, figurativ aber auch. Mich verdrießt, daß ich keinen Frauenkopf hinkriege. Nur Männerköpfe – und noch dazu monströse. Zu männlich sind meine Zeichnungen, der Dämon regiert darin und das Erschreckende. Wie aber ohne Figuren die Gnade ausdrücken?

Das Heilige nur in Linien, Umrissen, Volumen, im Erfinden von Formen. Formen erfinden, wie ich Worte erfunden habe.
Antriebe sind leichter auszudrücken. Man braucht nur die Hand denken zu lassen: Wenn man an nichts denkt, dann erscheinen Formen und Ausdrücke. Ganz von selbst. Um zu vergessen, was man denkt, muß man entweder sehr gut oder überhaupt nicht zeichnen können. Jagd nach Ideen, Jagd nach Formen. In der Literatur die Jagd nach Ideen, im Zeichnen die Jagd nach Formen.

Doch auch machen oder machen können, was man machen will. Wenn ich anfange, etwas zu machen, kommt immer etwas anderes dabei heraus. Oft ist es besser, ist es vorzuziehen. Wichtig ist, daß der Rhythmus vorhanden ist. Der Rhythmus ist alles. Deshalb, ich wiederhole es, soll man das Erfinden der Hand überlassen...

Ich sage mir wieder einmal, abermals, nachdem ich es so oft gesagt habe: Man kann nichts schreiben, man kann auch nichts zeichnen ohne eine absolute naive Aufrichtigkeit, aber es ist sehr schwer, diese Aufrichtigkeit zu erreichen. Während ich zeichne, versuche ich und bemühe mich, meinen Geist von allem abzulösen, was ihn belastet, von allen Sorgen, allen Eitelkeiten; ob es gut oder schlecht ist, was ich mache, ist unwichtig. Nochmals: die Hand denken lassen. Nur dieses: wie zum Beispiel soll ich diese dreieckige Figur mit der Stirn oben setzen, wie an sie eine andere dreieckige Figur heften mit der Stirn nach unten? Dann ein anderes Blatt nehmen, die Striche ohne jeden Hintergedanken strömen lassen. Alles vergessen, was ich in Gedanken an meine Zeichnungen tun wollte beim Verlassen des Ateliers, und als ich mich im Hotel auf mein Bett lege...

PATRICIA HIGHSMITH

MEINE ZEICHNUNGEN (1995)

Warum sollte es erstaunlich sein, daß viele Schriftsteller gerne zeichnen oder bildhauern? Vielleicht versuchen sich einige hie und da auch im Komponieren. Alle Künste sind eins, und jede Kunst – auch das Ballett – ist ein Mittel, Geschichten zu erzählen. Auch ein Bild erzählt eine Geschichte. Der Schriftsteller übt sich in der spezifischen Kunst, Geschichten zu erzählen, große und kleine. Der ganze Prozeß kann Kommunikation genannt werden, der Wunsch und das Bedürfnis, sich dem Publikum, einem Freund mitzuteilen. Wozu dafür schwülstige Worte gebrauchen oder eine ganze Psychoanalyse beginnen? Jedes Kind weiß, was eine Geschichte ist; und ein Kind, das keine Hemmungen hat, brennt darauf, eine zu erzählen. Wenn die Geschichte nicht ‹stimmt›, heißt es, das Kind lügt, weil es darauf besteht, daß seine Geschichte wahr sei. Doch ein paar Augenblicke lang, während die Erwachsenen lauschen, erzählt das Kind nicht nur, es unterhält seine Zuhörer auch.

Der Schriftsteller muß seine Geschichten sowohl erleben als auch genießen können. Das ist Lüge in organisierter, bewußter Form – wie sämtliche Künste.

Ich befasse mich lieber mit der helleren Seite der künstlerischen Nebenbeschäftigung, wie Zeichnen und Malen. Meine eigenen Werke nehme ich nicht ernst. Ich habe nie richtig Malen gelernt. Es macht mir Spaß, wenn mir ein Bild gelingt; und wenn es einem Freund oder einer Freundin gefällt, sage ich: «Wenn du magst, kannst du es haben.»

Zeichnen, Malen, Modellieren – in meinem Fall auch Tische oder sonst etwas aus Holz machen – bedeutet, daß man eine Weile lang in einem anderen Element lebt. Für den Schriftsteller ist die Kunst des Malers etwas ganz anderes, Wunderbares: Ein Bild kann gesehen und im Nu erfaßt und verstanden werden, während es bei einem Buch oder einer Kurzgeschichte viel länger braucht: Ich habe große Ehrfurcht vor Malern und Komponisten, weil ich oft denke, daß jeder – oder doch fast jeder – eine Kurzgeschichte schreiben kann.

SARAH KIRSCH

BEIM MALEN BIN ICH WEGGETRETEN (2000)

Die Zeit vergeht ganz schnell. Das geht von morgens um acht bis abends um acht und du merkst es gar nicht. Musik dabei. Und Klingeln hör ich dann nicht.

Das sind irgendwelche anderen Wahrnehmungen, und das ist schön. Das ist Kontemplation. Du vergißt auch zu essen. Jeden Monat geht das so ein paar Tage, eine Woche im Schnitt, so lang dauert so ein Durchgang.

Ich schreib in der Früh sehr bald, und in der Nacht das Nachtbuch.

Beim Malen bin ich weggetreten. Manchmal tranceartig, und habe andere Wahrnehmungen. Da kannst mich fragen wie ich heiß und ich weiß es wahrscheinlich nicht. Versunkenheit – wie man als Kind so was macht. Alle Knochen tun mir weh; aber es ist ungeheuer erholsam.

Ich weiß schon, wann ich uffhör. Da zerschnipsel ich die Bogen kühn und entschlossen. Dann noch mit Kohle oder Kreide hinterher, wie man halt arbeitet dann. Nur das Aufkleben ist langweilig. Dann ist wieder ganz schön, die Titel drunterzuschreiben, was ich oft während der Arbeit schon weiß.

Beim Schreiben hast du doch manchmal Zeiten, wo du rumhängst und wo du depressiv werden kannst – aber seit ich das mache, geht's mir besser. Das ist so, als ob man sich was gönnt.

KURZBIOGRAPHIEN
UND ABBILDUNGSVERZEICHNIS

APOLLINAIRE, GUILLAUME (1880-1918)
Abb. S. 17, 74
Eigentlich Wilhelm Apollinaris de Kostrowitzky. Wurde in Rom als Sohn polnisch-italienischer Eltern geboren. Seit 1902 in Paris, wo er als Bankangestellter tätig war. Erste Kontakte zu Alfred Jarry und André Salmon, 1905 begann seine Freundschaft mit Pablo Picasso und Max Jacob. 1913 Publikation bedeutender Texte wie *Die Maler des Kubismus* und der Gedichtsammlung *Alcools*. Entwickelte vor André Breton in Lyrik, Prosa und Drama einen surrealistischen Stil.

ARNIM, BETTINA VON (1785-1859)
Abb. S. 71
Schwester von Clemens von Brentano, seit 1811 mit Achim von Arnim verheiratet. Neben dem berühmten *Briefwechsel Goethes mit einem Kinde* publizierte sie weitere, in erster Linie autobiographisch gefärbte Texte. Interessierte sich für die sozialen Fragen ihrer Zeit und setzte sich später auch für die Rechte der Frauen ein.

ARTAUD, ANTONIN (1896-1948)
Abb. S. 78
Verfaßte surrealistische Prosagedichte und Stücke für das absurde Theater. Beeinflußte das zeitgenössische Theater wesentlich, u.a. mittels seines Manifestes *Das Theater und sein Double* (1938), in dem er ein provokatives, revolutionäres Theaterkonzept entwarf und eine insgesamt antizivilisatorische Protesthaltung zum Ausdruck brachte. Das Manifest gilt heute als einer der bedeutendsten Texte über das Theater in der ersten Hälfte des 20. Jahrhunderts.

BAUDELAIRE, CHARLES (1821-1867)
Abb. S. 73
Kunstkritiker und Essayist, in seiner Literatur stark von den Erlebnissen während seiner Kindheit und Jugend beeinflußt. In erster Linie durch die Gedichtsammlung *Die Blumen des Bösen* von 1857 berühmt geworden. In seinem Schaffen noch den Idealen der Romantik verbunden, wiesen seine Werke doch schon stilistische Elemente des Symbolismus auf.

BEER-HOFMANN, RICHARD (1866-1945)
Abb. S. 75
Wuchs nach dem Tod der Mutter bei Verwandten auf. 1900 erschien die Erzählung *Der Tod Georgs*. Nach der Inszenierung seines Theaterstücks *Der Graf von Charolais* durch Max Reinhardt in Berlin wurde ihm der Volksschillerpreis zusammen mit Gerhart und Carl Hauptmann verliehen. 1939 Emigration nach New York. 1945 erhielt Beer-Hofmann die amerikanische Staatsbürgerschaft, im selben Jahr den Preis des National Institute of Arts and Letters.

BELYJ, ANDREJ (1880-1934)
Abb. S. 89
Studium der Mathematik und Geisteswissenschaften, bald Mitglied im Kreis der St. Petersburger Symbolisten. Spannungsreiche Freundschaft mit Alexander Blok. Veröffentlichte Lyrik und Romane (*Kotik Letaev, Petersburg*). 1912 Begegnung mit dem Anthroposophen Rudolf Steiner in Dornach, 1921-23 Exil in Berlin.

BLAKE, WILLIAM (1757-1827)
Abb. S. 12
Dichter, Maler und Kupferstecher, der für seine Illustrationen, u.a. von Dante und des Buchs Hiob, eine eigene Technik der handkolorierten Kupfer- oder Zinkätzung anwendete. Von der Öffentlichkeit weitgehend unbeachtet, entwickelte Blake in seinen Texten und Bildern ein mystisches Weltbild, das erst Mitte des 19. Jahrhunderts durch die Präraffaeliten in England Verbreitung fand.

BLIXEN, KAREN (1885-1962)
Abb. S. 49
Karen Baronesse Blixen-Finecke gebrauchte für ihre schriftstellerische Tätigkeit die Pseudonyme Isak Dinesen oder Tania Blixen. Von 1913-31 lebte sie auf einer Farm im Hochland Kenias, wo zahlreiche ihrer phantasievollen Erzählungen entstanden. Aufgrund wirtschaftlicher Schwierigkeiten sah sie sich 1931 gezwungen, die Farm zu verkaufen und nach Dänemark zurückzukehren.

BÖLL, HEINRICH (1917-1985)
Abb. S. 97
War von 1939-44 Soldat, 1944 vorübergehende Desertion. Arbeitete seit 1946 als Schriftsteller: Er schrieb Gesellschaftsromane (*Ansichten eines Clowns, Gruppenbild mit Dame, Die verlorene Ehre der Katharina Blum*), Erzählungen, Essays und Artikel und war auch politisch engagiert. Erhielt 1972 den Nobelpreis für Literatur.

BURLJUK, DAVID (1882-1967)
Abb. S. 87
Kunststudium in Odessa und, gemeinsam mit Majakowskij, in Moskau. Als Maler, Dichter und Organisator war er die treibende Kraft des russischen Futurismus. 1922 Übersiedlung in die USA, dort weiterhin Veröffentlichungen und Ausstellungen. Wohnte bis zu seinem Tod auf Long Island.

BUSCH, WILHELM (1832-1908)
Abb. S. 36, 37, 68, 100
Besuchte die Akademien in Düsseldorf, Antwerpen und München. Nach einem Aufenthalt in Hannover zog er sich ab 1898 nach Mechtshausen zurück. Mit seinen Bildergeschichten wurde er zum volkstümlichsten Humoristen Deutschlands, wobei die Wirkung seiner Verse in ihrer Verbindung mit den pointiert vereinfachten Konturzeichnungen besteht.

CARROLL, LEWIS (1832-1898)
Abb. S. 16, 90
Eigentlich Charles Lutwidge Dodgson. Mathematikprofessor in Oxford. Schrieb für sein Nachbarskind Alice Liddel die Geschichte von *Alice im Wunderland* und deren Fortsetzung *Alice hinter den Spiegeln*, die er 1866 und 1871 unter dem Pseudonym Lewis Carroll veröffentlichte.

COCTEAU, JEAN (1889-1963)
Abb. S. 66, 79, 130
An allen Kunstströmungen seiner Zeit interessiert, setzte Cocteau seine Ideen in der Choreographie der von ihm inszenierten Theaterstücke, im Ballet oder ab den 1930er Jahren auch im Film um. Seine frühen Romane zeigen eine Anlehnung an den Surrealismus. Zahlreiche Keramiken, Tapisserien, Gemälde und Zeichnungen belegen die Kreativität dieses Künstlers auch in den Bereichen des Kunsthandwerks und der bildenden Kunst.

DOSTOJEWSKIJ, FJODOR (1821-1881)
Abb. S. 16, 89
Entstammte einem verarmten Adelsgeschlecht und litt seit seiner Jugend an Epilepsie. Wegen Teilnahme an sozialistischen Versammlungen wurde er 1849 zum Tode verurteilt, auf der Richtstätte aber zu vierjähriger Zwangsarbeit in Sibirien begnadigt. Erst 1859, nach mehreren Dienstjahren als Soldat, kehrte er nach St. Petersburg zurück. Später ausgedehnte Reisen nach Westeuropa.

DÜRRENMATT, FRIEDRICH (1921-1990)
Abb. S. 20, 28, 65, 78
Sein Studium der Philosophie gab Dürrenmatt 1946 in der Gewißheit auf, Künstler zu werden. Bereits 1943 erschienen erste Erzählungen. 1956 wurde er mit dem Theaterstück *Der Besuch der alten Dame* international bekannt. Neben seiner Arbeit als Schriftsteller betätigte er sich auch als Maler und Illustrator.

GARCÍA LORCA, FEDERICO (1899-1936)
Abb. S. 18, 89, 138
Schloß während des Studiums in Madrid Freundschaft mit Salvador Dalí und Louis Buñuel. 1929-30 Amerikareise. Schrieb Gedichte, ab 1930 vor allem Theaterstücke (*Bernarda Albas Haus, Bluthochzeit, Doña Rosita bleibt ledig*). 1936 wurde er im spanischen Bürgerkrieg von Falangisten erschossen.

GERNHARDT, ROBERT (GEB. 1937)
Abb. S. 86
Gebürtig aus Reval/Estland. Studium der Malerei und Germanistik in Stuttgart und Berlin. Lebt seit 1964 als Schrift-steller, Zeichner und Maler in Frankfurt am Main. Verfaßt Cartoons und Bildergeschichten, Gedichte und Prosa.

GOETHE, JOHANN WOLFGANG VON (1749-1832)
Abb. S. 33, 34, 35, 54, 64, 94
Nach einem Studium der Rechte in Leipzig und Straßburg lebte er in Frankfurt am Main. In Weimar am Hof von Herzog Karl August rückte er zum Staatsbeamten auf und wurde 1782 geadelt. Suchte sich durch seine Reise nach Italien 1786-88 diesen Verpflichtungen zu entziehen. Nach seiner Rückkehr Verbindung mit der bürgerlichen Christiane Vulpius, die ihm fünf Kinder schenkte, von denen nur eines überlebte. Die Freundschaft mit Friedrich Schiller führte zum literarischen Höhepunkt der deutschen Klassik.

GRASS, GÜNTER (GEB. 1927)
Abb. S. 82, 95
Gebürtig aus Danzig. Absolvierte eine Steinmetzlehre und ein Studium der Graphik und Bildhauerei in Düsseldorf und Berlin. Lebte 1956-59 in Paris, danach wieder in Berlin, heute in Lübeck. Unternahm 1986 eine längere Indienreise. Schreibt Gedichte, Theaterstücke, Romane (*Die Blechtrommel*). Unausgesetztes politisches Engagement. Erhielt 1999 den Nobelpreis für Literatur.

GUSTAFSSON, LARS (GEB. 1936)
Abb. S. 124
Studium der Mathematik und Philosophie, 1973 Promotion, 1978 Habilitation in Philosophie. Siedelte 1983 von Uppsala nach Austin/Texas über, wo er eine Professur innehat. Er veröffentlicht Gedichte, Essays und zahlreiche Romane.

HAUFF, WILHELM (1802-1827)
Abb. S. 56
Studium der Theologie im Tübinger Stift, 1824-26 Hauslehrer in Stuttgart, 1827 Redakteur des Cottaschen *Morgenblatts für gebildete Stände*. Hauffs *Lichtenstein* begründete den historischen Roman in Deutschland. Weiter schrieb er Erzählungen und Märchen (*Kalif Storch, Zwerg Nase, Das kalte Herz*).

HESSE, HERMANN (1877-1962)
Abb. S. 52, 58
Nach schwieriger Kindheit Buchhändlerlehre in Tübingen, 1899 Anstellung in Basel, ab 1904 als freier Schriftsteller in Gaienhofen am Bodensee. 1911 Indienreise. Ließ sich 1919 nach der Trennung von seiner Familie in Montagnola/Tessin nieder. Er schrieb zahlreiche Gedichte, Erzählungen, Romane (*Demian, Steppenwolf, Das Glasperlenspiel*) und Rezensionen, erhielt 1946 den Nobelpreis für Literatur.

HIGHSMITH, PATRICIA (1921-1995)
Abb. S. 60, 61
Studium der Literatur und Zoologie in New York, erste Anstellung als Comic-Texterin, dann freie Autorin, v.a. von Thrillern und Krimis. Siedelte nach längeren Europareisen 1963 nach Suffolk/England über, 1967 nach Frankreich, 1983 ins Tessin.

HOFFMANN, ERNST THEODOR AMADEUS (1776-1822)
Abb. S. 70, 104, 108
War nach juristischer Ausbildung als Assessor und Regierungsrat in Posen und Warschau tätig, 1808 als Musikdirektor und Komponist in Bamberg, 1813-14 als Kapellmeister in Leipzig und Dresden. Zog 1814 nach Berlin um und arbeitete dort ab 1816 als Richter. Er schrieb phantastisch-groteske Erzählungen und Romane wie auch musikalische Kompositionen (Oper *Undine*).

HUGO, VICTOR (1802-1885)
Abb. S. 13, 47, 63, 84, 91, 92, 93
Führer der französischen Hochromantik. Mit dem *Glöckner von Notre-Dame* verfaßte Hugo 1831 den bedeutendsten historischen Roman Frankreichs. Nach der Errichtung des Zweiten Kaiserreichs unter Napoleon III. ging Hugo aufgrund seiner republikanischen Überzeugungen ins Exil. Hochproduktive literarische Phasen auf Jersey und Guernsey. Spätere Rückkehr nach Paris, wo er als gefeierter Autor lebte und nach seinem Tod im Pantheon beigesetzt wurde.

IONESCO, EUGÈNE (1912-1994)
Abb. S. 88
Im rumänischen Slatina geboren, übersiedelte er 1913 mit Mutter und Schwester nach Frankreich. 1925 Rückkehr nach Rumänien, wo er später Literatur studierte. 1930 erste Veröffentlichungen, ab 1931 unter dem Einfluß des Surrealismus. Wurde zum Hauptvertreter des absurden Theaters. 1937 Rückkehr nach Paris, 1969 «Grand Prix national du théâtre», mehrere Auszeichnungen der Ehrenlegion. Wurde 1971 in die Académie Française aufgenommen, starb hochverehrt in Paris.

JANSSEN, HORST (1929-1995)
Abb. S. 110, 112
Als uneheliches Kind einer Schneiderin wuchs Janssen vorerst bei den Großeltern auf und wurde später von seiner Tante Anna Johanna Janssen adoptiert. Ausbildung an der Hamburger Landeskunstschule, schon bald Meisterschüler von Alfred Mahlau. 1947 erste Veröffentlichungen. Zahlreiche Kunstpreise, Ausstellungen im In- und Ausland. Nach einem Unfall 1990 drohte die Erblindung. Schlaganfall am 25. März 1995, Tod am 31. August desselben Jahres in Hamburg.

KAFKA, FRANZ (1883-1924)
Abb. S. 98
Geboren als Sohn eines jüdischen Kaufmanns in Prag, wo er Jura studierte und bei einer Versicherungsgesellschaft arbeitete. Sein schriftstellerisches Werk ist von der schwierigen Beziehung zu seinem Vater geprägt. Seit 1922 an Tuberkulose erkrankt, gab er den Beruf auf und zog nach Berlin. Wurde für seine ersten Erzählungen mit dem Fontane-Preis ausgezeichnet. Die heute bekanntesten Werke Kafkas wurden gegen dessen Willen postum von seinem Freund und Nachlaßverwalter Max Brod veröffentlicht.

KELLER, GOTTFRIED (1819-1890)
Abb. S. 12, 41, 42, 43, 70
Keller bildete sich weitgehend selbst zum Maler aus, entschied sich dann aber doch für die Literatur. Aus seiner Geburtsstadt Zürich siedelte er 1840-42 nach München über, kehrte dann nach Zürich zurück, studierte in Heidelberg und verbrachte später einige Jahre in Berlin. Hier entstand 1854-55 der autobiographische Roman *Der grüne Heinrich*. Kellers Werk ist im Sinne Goethes stark humanistisch geprägt.

KIPLING, RUDYARD (1865-1936)
Abb. S. 88
In Bombay geboren, verfolgte Kipling zwischen 1882-92

eine journalistische Karriere in Indien. Verfechter des Britischen Empire. Schrieb über dreihundert Kurzgeschichten. Unternahm zahlreiche Reisen, u.a. nach New York, wo er 1894 das *Dschungelbuch* verfaßte, das so erfolgreich war, daß er im folgenden Jahr eine Fortsetzung herausbrachte. 1907 erhielt er den Nobelpreis für Literatur. Starb am 18. Januar 1936 in London.

KLEE, PAUL (1879-1940)

Abb. S. 113, 114

Geboren im schweizerischen Münchenbuchsee. Nach der Schulzeit in Bern begann Klee ein Kunststudium in München. 1911 Begegnung mir Wassily Kandinsky, 1912 Teilnahme an der zweiten Ausstellung des *Blauen Reiter*. 1920 Berufung an das Bauhaus in Weimar, später Berufung als Professor an die Staatliche Kunstakademie in Düsseldorf. Wurde in Deutschland als «entartet» verfemt. 1933 Rückkehr in die Schweiz, starb 1940 an Sklerodermie.

LASKER-SCHÜLER, ELSE (1869-1945)

Abb. S. 18, 107

Als expressionistische Lyrikerin in Berlin wurde Lasker-Schüler durch Herwarth Walden und seine Galerie *Sturm* mit den modernen Kunstströmungen zu Beginn des 20. Jahrhunderts bekannt gemacht. Benutzte die Pseudonyme «Prinz von Theben» oder «Tino von Bagdad». Liebesbeziehungen u.a. mit Georg Trakl und Gottfried Benn. Emigrierte 1933 über Zürich nach Jerusalem.

LERMONTOW, MICHAIL (1814-1841)

Abb. S. 10, 45

Wegen seines Gedichtes *Der Tod des Dichters* (1837) über den Tod Puschkins wurde der Offizier in den Kaukasus versetzt. 1838 kehrte er nach St. Petersburg zurück und wurde wegen eines Duells erneut in den Kaukasus verbannt. Ein Jahr vor seinem Tod entstand sein berühmtester Roman *Ein Held unserer Zeit.*

LEVI, CARLO (1902-1975)

Abb. S. 80

Bereits erfolgreich als Maler, begann Levi während seines Kampfes gegen die Faschisten in Italien, auch literarisch tätig zu werden. 1935 erfolgte seine Verbannung nach Gagliano in der heutigen Provinz Basilicata, wo er für den Widerstand tätig wurde und sein berühmtestes Werk *Christus kam nur bis Eboli* entstand.

MAJAKOWSKIJ, WLADIMIR (1893-1930)

Abb. S. 86, 87

Abgebrochenes Studium auf der Kunstschule in Moskau. Als wichtiger Vertreter des russischen Futurismus verstand er sich zudem als «Trommler» der Revolution. Er schrieb propagandistische Verse und Theaterstücke, fiel aber mit zunehmender Totalisierung des Regimes in Ungnade und wurde erst postum durch Stalin rehabilitiert. Beendete sein Leben durch Selbstmord.

MANN, HEINRICH (1871-1950)

Abb. S. 75

Lebte mehrere Jahre in Italien, später in München, wurde 1931 Präsident der Preußischen Akademie der Künste (Sektion Dichtkunst). 1933 zum Rücktritt gezwungen, emigrierte er über Prag nach Frankreich, 1940 über Spanien in die USA. Als scharfer Kritiker der wilhelminischen Ära bekannt geworden (*Professor Unrat*). Kritisierte das Dritte Reich von Amerika aus, starb in Santa Monica/USA.

MANN, THOMAS (1875-1955)

Abb. S. 75, 76, 94

In Lübeck geboren, lebte Mann seit 1893 v.a. in München. Seit 1905 mit Katja Pringsheim verheiratet. 1929 Nobelpreis für Literatur. Emigrierte 1933 nach Küsnacht/Schweiz, 1938 in die USA. Zu Beginn eher unpolitisch, bekämpfte er von den USA aus in seinen Reden den Nationalsozialismus. Zuletzt lebte er wieder in der Schweiz (Erlenbach, Kilchberg). In seinem ersten Hauptwerk *Buddenbrooks* (1901) kommt die Grundthematik seines Werkes, der Gegensatz zwischen Leben und Geist, bereits zum Ausdruck.

MICHAUX, HENRI (1899-1984)

Abb. S. 22, 23

Im belgischen Namur geboren, zog Michaux 1924 nach Paris. Seine Werke lassen die Grenze zwischen Prosa- und Versdichtung fließend erscheinen. Michaux' Prosa besteht meist aus wirklichen oder imaginären Reisebeschreibungen, später verfaßte er auch zahlreiche Dichtungen. Seit 1937 wandte sich Michaux verstärkt der Malerei zu.

MÖRIKE, EDUARD (1804-1875)

Abb. S. 54, 55

Studium der Theologie im Tübinger Stift. Während der Vikariatszeit erschien der Roman *Maler Nolten*. 1834-43 Pfarrer in Cleversulzbach, dann Pensionierung auf eigenen Wunsch. Wohnte ab 1855 mit Unterbrechungen in Stuttgart, schrieb Erzählungen (*Mozart auf der Reise nach Prag*) und zahlreiche Gedichte.

NÁDAS, PÉTER (GEB. 1942)

Abb. S. 62, 122, 123

Nach dem frühen Tod der Eltern Ausbildung zum Photographen. Arbeitete 1961-68 als Photoreporter und Journalist. Verfaßt seit 1969 als freier Schriftsteller Erzählungen, Essays, Theaterstücke und Romane (*Buch der Erinnerung*). Lebt heute in Budapest und im ländlichen Gombosszeg.

PROUST, MARCEL (1871-1922)
Abb. S. 98
Verkehrte in den vornehmen Pariser Salons, gründete die literarische Zeitschrift *Le Banquet* und zog sich 1906 wegen eines Asthmaleidens von der Öffentlichkeit zurück. Sein Hauptwerk, der siebenteilige Romanzyklus *Auf der Suche nach der verlorenen Zeit*, wurde 1913 begonnen, die drei letzten Teile erschienen postum. Die subtile Psychologie und sinnliche Detailgestaltung der Romane beeinflußten die moderne Erzählliteratur wesentlich.

RINGELNATZ, JOACHIM (1883-1934)
Abb. S. 141
Eigentlich Hans Bötticher. 1901-05 heuerte er ohne Wissen der Eltern als Matrose bei der Marine an. Trat als Kabarettist in München und Berlin v.a. mit seinen eigenen satirischen, häufig absurden Gedichten auf. 1912-14 verfaßte er erste autobiographische Erzählungen und Kindergeschichten. 1933 erhielt Ringelnatz von den Nationalsozialisten Auftrittsverbot und starb ein Jahr später verarmt in Berlin an einer Lungenkrankheit.

RÜHMKORF, PETER (GEB. 1929)
Abb. S. 153
Nach Aufgabe des geisteswissenschaftlichen Studiums ab 1958 Lektor im Rowohlt Verlag. Lebt seit 1964 als freier Schriftsteller in Hamburg, schreibt v.a. satirische, formal virtuose Gedichte. Zahlreiche Lehraufträge in den USA, England und Deutschland.

RUSKIN, JOHN (1819-1900)
Abb. S. 44
Berühmter Kunstkritiker, Maler, Schriftsteller und Sozialreformer im viktorianischen England. Fühlte sich künstlerisch zu den Präraffaeliten hingezogen. Reisen nach Italien zu Studienzwecken und Entstehung eines seiner bedeutendsten Werke: *Die Steine Venedigs*, in dem er die wichtigsten Baudenkmäler Venedigs beschreibt. Setzte sich besonders für die sozialen Rechte der Künstler seiner Zeit ein.

SAND, GEORGE (1804-1876)
Abb. S. 46
Eigentlich Aurore Dupin. Heiratete 1822 Baron Dudevant, den sie 1831 wegen des Schriftstellers Jules Sandeau verließ. Sandeau half der Autorin bei ihren ersten Versuchen als Schriftstellerin in Paris, der Erfolg stellte sich jedoch erst 1832 mit der Publikation ihres Werkes *Indiana* ein. Die Künstlerin ging zahlreiche leidenschaftliche Bindungen ein, u.a. mit Frédéric Chopin, und kann aufgrund ihrer Forderung nach absoluter Freiheit für die Frau als eine der ersten französischen Frauenrechtlerinnen gelten.

SCHNITZLER, ARTHUR (1862-1931)
Abb. S. 75
Wurde als Sohn eines jüdischen Kehlkopfspezialisten in Wien geboren und nahm später selbst das Studium der Medizin an der Universität Wien auf. Mit Sigmund Freud teilte er das Interesse für das Unbewußte. Später gab er seine medizinische Laufbahn zugunsten der Literatur auf und wurde einer der wichtigsten Gesellschaftskritiker der österreichisch-ungarischen k. u. k. Monarchie.

SCHULZ, BRUNO (1892-1942)
Abb. S. 78, 90
Wurde als Sohn eines jüdischen Seidenhändlers im polnischen Drohobycz geboren. Sein erster Erzählungsband *Die Zimtläden* von 1934 ist stark autobiographisch gefärbt und heute in zahlreiche Sprachen übersetzt. Sein umfangreiches graphisches Werk wurde vom Expressionismus und der Radierkunst Goyas geprägt. 1942 wurde Schulz während einer Razzia im jüdischen Ghetto in Drohobycz erschossen.

SCHWITTERS, KURT (1887-1948)
Abb. S. 106
Stellte seine ersten Bilder in Herwarth Waldens Galerie *Sturm* in Berlin aus, in dessen gleichnamiger Zeitschrift er auch seine frühen Gedichte veröffentlichte. Wurde zu einem der Hauptvertreter der Dada-Bewegung. Ab 1919 faßte er seine gesamte künstlerische Tätigkeit unter dem Begriff *Merz* (Fragmentarisierung des Wortes *Commerzbank*) zusammen. Im selben Jahr entstand Schwitters' berühmteste Gedichtsammlung mit dem Titel *Anna Blume*. 1935 emigrierte er nach Norwegen, 1940 nach Ambleside in England.

STIFTER, ADALBERT (1805-1868)
Abb. S. 30, 40, 57
Studierte Rechts- und Naturwissenschaften in Wien, lebte später in Linz. Stifter pflegte sein Leben lang die Malerei und das Schreiben nebeneinander, gab aber zunächst der Malerei den Vorzug. Seine Literatur zeigt eine Entwicklung von der Romantik hin zur Klassik. Seit 1863 litt Stifter an einer schweren Krankheit und versuchte, seinem Leben selbst ein Ende zu setzen, bevor er 1868 eines natürlichen Todes starb.

STRINDBERG, AUGUST (1849-1912)
Abb. S. 48, 50, 118, 119
Wuchs in ärmlichen Verhältnissen in Stockholm auf und begann 1883 ein Wanderleben durch Europa. 1899 kehrte er schließlich endgültig nach Schweden zurück. Er war insgesamt dreimal verheiratet. Neben seinen Theaterstücken (*Fräulein Julie, Totentanz, Ein Traumspiel, Gespenstersonate*) schrieb er autobiographisch gefärbte Romane, außerdem betrieb Strindberg auch die Malerei und Photographie mit großer Leidenschaft.

TÖPFFER, RODOLPHE (1799-1846)

Abb. S. 102

Der frankophone Schweizer Autor wurde als Sohn eines Landschaftsmalers in Genf geboren, konnte aber wegen eines Augenleidens nicht Maler werden. Nach einer Anstellung als Lehrer gründete er sein eigenes Erziehungsinstitut. Er verfaßte Novellen und Reiseberichte und gilt als Erfinder der Bildergeschichte.

TRAKL, GEORG (1887-1914)

Abb. S. 81

Nach einem Studium der Pharmazie wurde Trakl Militärapotheker. Schuld- und Schwermutsgefühle überschatteten das Leben des Dichters immer wieder und führten zu einer eigenen, suggestiven Bildsprache in seinen Gedichten und Prosatexten. Ein erster Selbstmordversuch 1914 führte zur Einlieferung in das Garnisonsspital in Krakau, wo er im Alter von nur 27 Jahren an einer Überdosis Drogen starb.

VERLAINE, PAUL (1844-1896)

Abb. S. 73

Kam 1851 nach Paris, wo seine ersten Dichtungen entstanden. Nach zwei Jahren Ehe mit Mathilde Mauté verließ er seine Familie und zog mit Arthur Rimbaud durch Nordfrankreich, Belgien und England. Er verwundete Rimbaud durch einen Schuß und büßte dafür zwei Jahre im Gefängnis. 1877 lernte Verlaine Lucien Létinois kennen, nach dessen Tod er jeden Halt verlor und schließlich, als Dichterfürst verehrt, in Paris in Armut starb.

WALSER, ALISSA (GEB. 1961)

Abb. S. 88

Studierte 1981-86 Malerei in New York und Wien. Übersetzungen aus dem Englischen. Veröffentlichte 1994 und 2000 zwei Bände mit Erzählungen, auch Theaterstücke. Lebt heute als Schriftstellerin und Zeichnerin in Frankfurt am Main.

WEISS, PETER (1916-1982)

Abb. S. 26, 58, 59

Gebürtig aus Nowawes bei Berlin, emigrierte er mit seiner Familie zunächst nach London und 1936-38 nach Prag, wo er vorübergehend die Kunstakademie besuchte. 1939 ließ sich die Familie in Schweden nieder, wo Weiss 1945 eingebürgert wurde. Nach einigen Ausstellungen in Stockholm und experimentellen Filmen in den 1950er Jahren wandte er sich ausschließlich der Literatur zu und schrieb Theaterstücke (*Die Ermittlung, Die Ermordung Jean Paul Marats*) und Prosa (*Die Ästhetik des Widerstands*).

WOLOSCHIN, MAXIMILIAN (1877-1932)

Abb. S. 15, 57

Das Jurastudium mußte er wegen Teilnahme an studentischen Unruhen abbrechen. Von 1900 an war er als Schriftsteller und Maler tätig, lebte kurz in Berlin und von 1900-17 in Paris, dann von 1917 bis zu seinem Tod auf der Krim. Obwohl er selbst materielle Not litt, bot er während der Oktoberrevolution als Gegner des neuen Regimes in seinem Haus zahlreichen Schriftstellern Unterkunft.

ZOLA, ÉMILE (1840-1902)

Abb. S. 116, 120, 121

In seiner Jugend eng mit Paul Cézanne befreundet, förderte er als Kunstkritiker in Paris Édouard Manet und die Impressionisten. Er verbrachte nach der Veröffentlichung seines Artikels *Ich klage an* während der Dreyfus-Affäre ein Jahr im Exil in England. Zola ist der Hauptvertreter des literarischen Naturalismus in Frankreich, v.a. durch seinen Romanzyklus *Die Rougon-Macquart* (20 Bände, 1871-93).

Peter Rühmkorf: Selbstportrait, 1996
Radierung, 20,8 x 12,9 cm.
(Peter Rühmkorf, Hamburg)

NACHWEISE UND DANK

BILDNACHWEISE

© Adalbert-Stifter-Gesellschaft, Wien: 30, 40, 57 oben
© Adam Mickiewicz-Literaturmuseum, Warschau: 78 oben links, 90 oben
Photo: Bibliothèque littéraire Jacques Doucet, Paris: 73 oben u. Mitte
© René Böll: 97
© British Library, London: 90 Mitte
© Centre Dürrenmatt, Neuchâtel: 20, 28, 65 (Photo: Dominique Uldry, Bern)
© Christ Church Library, Oxford University: 16 oben
© Joel & Ethan Coen: 126
Photo: Deutsches Literaturarchiv, Marbach am Neckar: 54 unten, 55, 56, 75, 98 oben, 104
© Diogenes Verlag AG, Zürich: 60, 61 (Photo: Schweizerische Landesbibliothek, Bern), 141 (Photo: Staatliche Graphische Sammlung, München)
© Erker-Galerie, St. Gallen: 88 Mitte
© S. Fischer Verlag GmbH, Frankfurt am Main: 75 unten (Photo: Stiftung Archiv der Akademie der Künste, Berlin), 76 (Photo: Zentralbibliothek Zürich), 94 unten (Photo: Thomas-Mann-Archiv, Zürich)
Photo: Fondation Martin Bodmer, Cologny-Genf: 12 links, 88 oben, 100, 108 oben
Photo: Georg-Trakl-Forschungs- und Gedenkstätte der Salzburger Kulturvereinigung: 81
© Robert Gernhardt, Frankfurt am Main: 86 oben
© Lars Gustafsson, Austin, Texas: 124
Photo: Philippe Eaenel: 102
Photo: Kunstmuseum St. Gallen: 12 rechts
Photo: Musée de la vie romantique, Paris: 46 unten
© Musée d'Orsay, Paris: 73 unten
© Musée Émile Zola, Médan, France: 116, 120, 121
© Péter Nádas, Budapest: 62, 122, 123
Photo: Nordiska Museet, Stockholm: 48, 50
© Photothèque des Musées de la Ville de Paris: Umschlag, 13, 47, 63, 84, 91, 92, 93 Mitte u. unten
© 2002, ProLitteris, 8033 Zürich: 18 unten (Photo: Fundación Federico García Lorca, Madrid), 22, 23 (Photo: Galerie Lelong, Zürich), 26, 58 oben und Mitte, 59, 66 (Photo: Suzanne Held, Paris), 78 rechts oben (Photo: Deutsches Literaturarchiv, Marbach am Neckar), 79 (Photo: Orlando Photo, Paris), 80 links (Photo: Galleria Nazionale d'Arte Moderna, Rom), 80 rechts (Photo: Fondazione Carlo Levi, Rom), 82 (Photo: Deutsches Literaturarchiv, Marbach am Neckar), 89 oben (Photo: Fundación Federico García Lorca, Madrid), 95 (Photo: Deutsches Literaturarchiv, Marbach am Neckar), 106 (Photo: Deutsches Literaturarchiv, Marbach am Neckar), 110, 112, 113 (Photo: Paul-Klee-Stiftung, Bern), 114, 130 (Photo: J. Vincent), 138 (Photo: Fundación Federico García Lorca, Madrid)
© Peter Rühmkorf, Hamburg: 153
© Rungstedlund Foundation, Kopenhagen (Photo: Königliche Bibliothek, Kopenhagen): 49
© Staatliches Literaturmuseum, Moskau: 10, 15, 16 unten, 45, 57 unten, 86 Mitte u. unten, 87, 89 Mitte u. unten
Photo: Staatsbibliothek Bamberg: 70 Mitte
Photo: Stiftung Hans Arp und Sophie Taeuber-Arp, Rolandseck: 16, 74
© Stiftung Weimarer Klassik/Goethe-Nationalmuseum, Weimar (Photo: Angelika Kittel): 33, 34, 35, 54 oben, 64, 71, 94 oben u. Mitte
Photo: Strindbergsmuseet, Stockholm: 118, 119
© Suhrkamp Verlag, Frankfurt am Main, und Paul Alsberg, Jerusalem (Photo: Deutsches Literaturarchiv, Marbach am Neckar): 18 oben, 107
© Suhrkamp Verlag, Frankfurt am Main (Photo: Deutsches Literaturarchiv, Marbach am Neckar): 52, 58 unten
© Andreas Thomasberger, Bad Soden: 75 oben links
© Alissa Walser, Frankfurt am Main: 88 unten
Photo: Wilhelm-Busch-Museum – Deutsches Museum für Karikatur und kritische Grafik, Hannover: 36, 37, 68
Photo: Zentralbibliothek Zürich: 41, 42, 43, 70 links u. rechts, 93 oben.

In den Bildlegenden wurde aus Platzgründen und im Sinne der Vereinheitlichung auf die Angabe verzichtet, ob die Arbeiten signiert oder datiert sind. In manchen Fällen lagen keine Angaben zu Entstehungsjahr, Technik oder Maßen vor.

TEXTNACHWEISE ZU DEN SEITEN 131–147

Wilhelm Busch: Das Gesamtwerk des Zeichners und Dichters in 6 Bänden. Hrsg. Hugo Werner. Band 6. Olten, Stuttgart, Salzburg, Fackelverlag, 1959.
Friedrich Dürrenmatt. Schriftsteller und Maler. Hrsg. Schweizerisches Literaturarchiv, Bern, und Kunsthaus Zürich. © 1994 Diogenes Verlag AG, Zürich.
Federico García Lorca: Briefe an Freunde. Interviews. Erklärungen zu Dichtung und Theater. Deutsch von Enrique Beck. © 1966 Insel-Verlag, Frankfurt am Main. Mit freundlicher Genehmigung der Enrique Beck-Stiftung, Basel.
Günter Grass: Essays und Reden II (Werkausgabe, Band 15). © 1997 Steidl Verlag, Göttingen.
Patricia Highsmith: Zeichnungen. Hrsg. Daniel Keel. © 1995 Diogenes Verlag AG, Zürich.
Eugène Ionesco: Le blanc et le noir. Übersetzung aus dem Französischen: François Bondy. © 1981 Erker-Galerie, St. Gallen.
Gottfried Keller: Sämtliche Werke und ausgewählte Briefe. Band 3. München, Hanser, 1958.
Sarah Kirsch: Beim Malen bin ich weggetreten. Hrsg. Christoph Wilhelm Aigner. Stuttgart, München, Deutsche Verlags-Anstalt. © 2002 Sarah Kirsch.
Else Lasker-Schüler: Werke und Briefe. Kritische Ausgabe. Band 3 und 4. © 1998 und 2001 Jüdischer Verlag, Frankfurt am Main.
Joachim Ringelnatz: Sämtliche Gedichte. © 1997 Diogenes Verlag AG, Zürich.
George Sand: Correspondance. Hrsg. Georges Lubin. Band 23 und 24. Paris, Bordas, 1989-90. Übersetzung aus dem Französischen: Ute Harbusch.
Adalbert Stifter: Nachkommenschaften. In: Der Heimgarten. Haus- und Familienblatt, 1. Jg., Nr. 6-8, München, 1864.
August Strindberg: Der Sohn einer Magd. Verdeutscht von Emil Schering. München, Leipzig, Georg Müller, 1909.

Trotz aller Bemühungen konnten nicht sämtliche Rechtsinhaber erreicht werden. Der Verlag verpflichtet sich, rechtmäßige Ansprüche jederzeit abzugelten.

FÜR IHRE UNTERSTÜTZUNG DANKEN WIR:

Prof. Dr. Jeremy Adler, London
Marianne Wirenfeldt Asmussen, Karen Blixen Museet, Rungsted Kyst
Marie-Thérèse Baumgartner, Association des Amis de George Sand, Palaiseau
Bayerische Staatsbibliothek, München
Martina Bretz, Kassel
Brinkmann und Bose Verlag, Berlin
Peter O. Chotjewitz, Stuttgart
Dr. Ricarda Dick, Köln
Peter E. Erismann, Schweizerisches Literaturarchiv, Bern
Walter Feilchenfeldt
Jurij Feldmann, Stuttgart
Robert Gernhardt, Frankfurt am Main
Dr. Peter Goßens, Bonn
Graf & Graf Literatur- und Medienagentur GmbH, Berlin
Galerie Michael Hasenclever, München
Anja Hauptmann und Ingeborg Hauptmann
Dr. Klaus Hildebrandt, Gerhart-Hauptmann-Gesellschaft, Nürnberg
Barbara Honigmann, Straßburg
Prof. Dr. Luzius Keller, Zürich
Paul-Klee-Stiftung, Bern
Kunst Management Judith Betzler GmbH, München
Jean-Jacques Lefrère, Paris
Jean-Louis Leprêtre, Attaché Culturel, Consulat Général de France, Zürich
Lilly Library, Indiana University, Bloomington
Dr. Josefina Lind, Malveira da Serra
Anna Lusikov, Berlin
Rainer Michael Mason, Genf
Dr. Volker Michel, Weinheim
Österreichisches Literaturarchiv, Wien
Heike Ohsoling, Sekretariat Günter Grass, Lübeck
Malgorzata Peschler, Präsidialdepartement der Stadt Zürich
Dr. Friedrich Rothe, Galerie am Savignyplatz, Berlin
Michèle Sacquin, Bibliothèque Nationale de France, Paris
Dr. Thomas Scheuffelen, Marbach am Neckar
Dr. Angelika Schneider, Diogenes Verlag AG, Zürich
Dr. Luciano Silva, Mailand
Natalja Schachalowa, Marina Gomoskowa und Elena Michailowa, Staatliches Literaturmuseum, Moskau
Dr. Alice Vollenweider, Zürich

VERZEICHNIS DER LEIHGEBER

Adalbert-Stifter-Gesellschaft, Wien
Adam Mickiewicz-Literaturmuseum, Warschau
Altonaer Museum – Norddeutsches Landesmuseum, Hamburg
Biblioteca nacional, Lissabon
Bibliothèque littéraire Jacques Doucet, Paris
Caricatura, Kassel
Centre Dürrenmatt, Neuchâtel
The Governing Body of Christ Church, Oxford
Deutsches Literaturarchiv, Marbach am Neckar
Erker-Galerie, St. Gallen
Fondation Martin Bodmer, Cologny-Genf
Fondazione Carlo Levi, Rom
Fundación Federico García Lorca, Madrid
Galerie Lelong, Zürich
Galleria Nazionale d'Arte Moderna, Rom
Georg-Trakl-Forschungs- und Gedenkstätte der Salzburger Kulturvereinigung
Harry Ransom Humanities Research Centre, Austin/Texas
Königliche Bibliothek, Kopenhagen
Kunsthaus Zürich
Kunstmuseum St. Gallen
Maison de Victor Hugo, Paris
Musée de la vie romantique, Paris
Musée Émile Zola, Médan/Yvelines
Musée Jean Cocteau, Milly-la-Forêt
Nordiska Museet, Stockholm
Schweizerische Landesbibliothek, Bern
Staatliche Graphische Sammlung, München
Staatliches Literaturmuseum, Moskau
Staatsbibliothek Bamberg
Stiftung Archiv der Akademie der Künste, Berlin
Stiftung Hans Arp und Sophie Taeuber-Arp, Rolandseck
Stiftung Weimarer Klassik/Goethe-Nationalmuseum, Weimar
Strindbergsmuseet, Stockholm
Thomas-Mann-Archiv, Zürich
Wilhelm-Busch-Museum – Deutsches Museum für Karikatur und kritische Grafik, Hannover
Zentralbibliothek Zürich

René Böll – Erbengemeinschaft Heinrich Böll, Bornheim
Jean-Paul Croisier, Genf
Jean-Louis Debauve, Paris
Dr. Hubert Burda, München
Dario Fo, Mailand
Lars Gustafsson, Austin/Texas
Suzanne Held, Paris
Ilse und Werner Kohn, Deutschland
Sarah Kirsch, Tielenhemme
Péter Nádas, Budapest
Gunilla Palmstierna-Weiss
Peter Rühmkorf, Hamburg
Christiane Sand, Gargilesse
Bibliothek Reiner Speck, Köln
Alissa Walser, Frankfurt
Carole Weisweiller, Paris
Nachlaß Zürn
Privatbesitz Ch. K. D.
Privatsammlungen, Schweiz

DIE AUTOREN

SERGE FAUCHEREAU, geb. 1939 in Rochefort-sur-Mer, lebt in Paris. Zunächst Professor für Amerikanische Literatur an den Universitäten von New York und Texas. Von 1976 bis 1987 Kurator internationaler Ausstellungen am Centre Pompidou (Paris – New York, Paris – Berlin, Paris – Moskau, Les Réalismes u.a.), seither Kurator für verschiedene Museen und Institutionen in Europa, Amerika und Asien. Er ist Mitglied mehrerer internationaler künstlerischer Kommissionen, unter anderem einer der beiden künstlerischen Berater des Brüsseler Parlaments. Zahlreiche, in mehrere Sprachen übersetzte Veröffentlichungen.

CHRISTINA FEILCHENFELDT, geb. 1967 in Zürich, lebt in Berlin. Studium der Kunstgeschichte und Italianistik in Berlin, Magisterarbeit über zwei Bildnisse Agnolo Bronzinos in den Uffizien in Florenz, anschließende Tätigkeit beim Auktionshaus Sotheby's in New York und London. Kunsthistorische Beiträge in verschiedenen Kunstzeitschriften und Ausstellungskatalogen.

UTE HARBUSCH, geb. 1967 in Köln, lebt in Stuttgart. Studium der Romanistik und Vergleichenden Literaturwissenschaft in Bonn und Paris, Promotion in Neuerer Deutscher Literaturgeschichte. Literaturausstellungen am Schiller-Nationalmuseum in Marbach a.N., Literaturspaziergänge, Veröffentlichungen zur deutschen und französischen Literatur des 19. und 20. Jahrhunderts.

PHILIPPE KAENEL, geb. 1960, lebt in Lausanne. Promotion über *Der Beruf des Illustrators 1830-1880. Rodolphe Töpffer, J.-J. Grandville, Gustave Doré*. Veröffentlichungen über Plakatkunst, Kunstkritik, die napoleonische Karikatur, das Bild in der Politik, die Photographie und über Malerei in der Schweiz.

LOTHAR MÜLLER, geb. 1954 in Dortmund, ist Redakteur im Feuilleton der *Süddeutschen Zeitung* und lebt in Berlin. Nach der Promotion über *Anton Reiser* von Karl Philipp Moritz von 1985 bis 1989 Moderator eines Kulturmagazins im NDR-Hörfunk, von 1989 bis 1994 Dozent am Institut für Komparatistik der FU Berlin. Seit 1994 Mitarbeiter, von 1997 bis 2001 Redakteur im Literaturblatt der *Frankfurter Allgemeinen Zeitung*. Rundfunksendungen, Aufsätze und Editionen zur Literatur- und Kulturgeschichte.

VOLKER PANTENBURG, geb. 1973 in Leverkusen, lebt in Berlin. Studium der Komparatistik, Philosophie und Politikwissenschaft in Bonn und Paris. Wissenschaftlicher Mitarbeiter am Institut für Komparatistik der Universität Münster, Veröffentlichungen zur Geschichte der Komparatistik, zum Film und zum Dilettantismus.

FRIEDERIKE SCHMIDT-MÖBUS, geb. 1957, lebt in Göttingen. Promotion in Kunstgeschichte. Konzeption, Organisation und Durchführung von Ausstellungen zur Kunst-, Kultur- und Literaturgeschichte vom 16. Jahrhundert bis zur Gegenwart. Veröffentlichungen zur Architektur, Kunst- und Kulturgeschichte.